W0403036

Stürmen für Deutschland

Dirk Bitzer, Jahrgang 1970, Besitzer einer Dauerkarte bei Borussia Dortmund, studierte Politik, Germanistik und Geschichte. Er arbeitet als freier Fernsehjournalist in Köln.
Bernd Wilting, Jahrgang 1956, Rechtsaußen einer Freizeitmannschaft, studierte Film- und Fernsehwissenschaft in Köln und gründete dort die Fernsehproduktionsfirma taglicht media. Den Fußball entdeckte er bei der Weltmeisterschaft von 1966.

Dirk Bitzer, Bernd Wilting

Stürmen für Deutschland

Die Geschichte des deutschen Fußballs von 1933 bis 1954

Campus Verlag
Frankfurt/New York

In Zusammenarbeit mit Joachim Kurz
Redaktion: Beate Schlanstein

Lektorat: Kai Gathemann

Bibliografische Information der Deutschen Bibliothek
Die Deutsche Bibliothek verzeichnet diese Publikation in der Deutschen Nationalbibliografie. Detaillierte biografische Daten sind im Internet über http://dnb.ddb.de abrufbar.

ISBN 3-593-37191-X

Das Werk einschließlich aller seiner Teile ist urheberrechtlich geschützt. Jede Verwertung ist ohne Zustimmung des Verlags unzulässig. Das gilt insbesondere für Vervielfältigungen, Übersetzungen, Mikroverfilmungen und die Einspeicherung und Verarbeitung in elektronischen Systemen.
Copyright © 2003 Campus Verlag GmbH, Frankfurt/Main
Umschlaggestaltung: RGB, Hamburg
Satz: Satzspiegel, Nörten-Hardenberg
Druck und Bindung: Druckhaus Beltz, Hemsbach
Gedruckt auf säurefreiem und chlorfrei gebleichtem Papier
Printed in Germany

Besuchen Sie uns im Internet: www.campus.de

Inhalt

Vorwort

Mai 2001. Die Stadt Gelsenkirchen möchte ihrem Fußballverein Schalke 04, mit dem die Stadt heute weltweit eher verbunden wird als mit Kohle und Stahl, die Ehre erweisen. Eine Straße in der Nähe der neu erbauten »Arena AufSchalke« soll nach einem Fußballidol aus der Vergangenheit des Vereins benannt werden: Fritz Szepan, Mannschaftsführer in den dreißiger und vierziger Jahren, Symbolfigur des »Schalker Kreisels«, eines Spielsystems, von dem die Experten heute noch schwärmen. Doch im Stadtrat, der über die Straßenbenennung zu entscheiden hat, wird ruchbar, dass Szepan für die Zeit zwischen 1933 und 1945 keine »weiße Weste« hat. Eine Untersuchung ergibt, dass der »Arbeiterfußballer« von der Arisierung jüdischer Geschäfte profitiert und auch nach dem Krieg keinerlei Entschädigung an die jüdischen Vorbesitzer seines Geschäfts gezahlt hat. Der gute Ruf des Vorbildfußballers ist mit einem Schlag zweifelhaft geworden. Rudi Assauer, Manager der Schalker, reagiert empört. Erstens sei Fußball per se unpolitisch, und zweitens liege das Ganze inzwischen fast 60 Jahre zurück. Irgendwann müsse Schluss sein. Erst recht, wenn es sich um Fußball handle.

Und hat Assauer nicht Recht mit seiner Kritik? Ist es nicht geradezu kleinkariert, typisch deutsch, fast 60 Jahre nach Kriegsende die alten Geschichten wieder aufzurühren? Selbstzerfleischung um einer vermeintlichen Wahrheit willen? Und ist nicht Sport tatsächlich ein Bereich, in dem Politik per Definition keine Rolle spielt?

Das vorliegende Buch präsentiert die Ergebnisse neuester Recherchen, mit deren Hilfe sich diese Fragen vielleicht einfacher beantworten lassen. Der erste Teil widmet sich der Geschichte des Fußballs seit den Anfängen

Ende des 19. Jahrhunderts. Schon die Entstehung einer Turnbewegung auf deutschem Boden war explizit politisch: Sport sollte der Wehrertüchtigung dienen. Fußball, der zu Beginn des letzten Jahrhunderts in Deutschland langsam populär wurde, passte nicht in dieses Konzept und wurde zunächst bekämpft. Übrigens haben die Funktionäre des Fußballs von Beginn an um die politische Anerkennung ihres Sports gerungen, ihn der »nationalen Sache« angeboten. Ein Liebeswerben um die politisch reaktionären Kreise, das in der Zeit des Nationalsozialismus seinen Höhepunkt erreichen sollte.

In der Weimarer Republik wurde Sport erst recht als Medium politischer Identifikation genutzt. Es entwickelten sich drei Säulen, streng getrennt nach politischen und soziokulturellen Milieus: die bürgerlich-konservative Bewegung mit dem DFB, die Arbeitersport-Bewegung und die konfessionell gebundene Sportbewegung. Die Gleichschaltung der Nationalsozialisten machte der Aufspaltung schließlich ein Ende. Der DFB bemühte sich um die Anerkennung durch die neuen Machthaber, die eher aus der Tradition der Turnbewegung stammten, und tat alles, um sich und den Sport in den Dienst der »Bewegung« zu stellen. In diesem Bemühen hatten die stets autoritär fixierten DFB-Funktionäre allerdings einen Gegner in den eigenen Reihen: den Fußball, oder besser: die Gesetze des Spiels. Denn es lässt sich nicht kalkulieren, wer gewinnt. Die Auswahlmannschaften des DFB jedenfalls fielen ihren Führern in brauner Uniform immer ausgerechnet dann in den Rücken und verloren ihre Spiele, wenn es besonders drauf ankam …

Im zweiten Teil des Buches wird die Rolle des Fußballs während des Zweiten Weltkriegs beleuchtet. Als viele Kicker längst auf dem »Felde der Ehre« starben, wurde der Fußball auf die Funktion des Durchhaltevergnügens reduziert: Seht her, wir spielen noch. Buchstäblich bis zum letzten Mann kämpften manche Soldatenmannschaften an der Front.

Der dritte Teil erzählt vom Fußball im zweigeteilten Nachkriegsdeutschland. »Für jeden Mann an jedem Ort – einmal die Woche Sport«, empfahl die neue politische Führung der werktätigen Masse in der DDR. Fußball, der sich nur bedingt für deren Ziele nutzen lässt, zählte keineswegs zu den Lieblingssportarten der Parteifunktionäre. In der Bevölkerung allerdings hatte er nach wie vor viele Anhänger, und das zwang die Politiker, sich dieses Sports anzunehmen: Blieb der sportliche Erfolg der politisch opportunen Vereine aus, wurden an höchster Stelle quer durch die DDR-Liga Mannschaften zusammengestellt und mit den entsprechenden Versetzungsbescheiden der Spieler realisiert.

Diese Aufmerksamkeit der Politik erfuhr der Fußball in der Bundesrepublik zunächst nicht. Unbeachtet von der Öffentlichkeit nutzten die alten Funktionäre die Gunst der Stunde, um mit der Wiedergründung des DFB zu alter Macht zurückzukehren und einige sportpolitische Entscheidungen zu treffen, die den Fußball des westlichen deutschen Teilstaats in der Folgezeit prägen sollten.

Mit dem Gewinn des Weltmeistertitels 1954 realisierte sich spät und ausgerechnet unter demokratischen Verhältnissen der so lange unerfüllt gebliebene Traum der deutschen Fußballfunktionäre: ein Sieg auf internationalem Feld, der Fußball als erster Repräsentant deutscher Überlegenheit. Während der Sieg von Bern in der heimischen Öffentlichkeit als »Wir sind wieder wer« durchaus politisch gewertet wurde, ließ der oberste DFB-Funktionär seiner Begeisterung darüber freien Lauf, dass endlich der Beweis gelungen war: Fußball dient der nationalen Sache.

Zurück zu Rudi Assauer und seiner Empörung über die späte Kritik am Schalker Helden Fritz Szepan. Gewiss ist dem Manager zuzustimmen, dass die Auseinandersetzung mit der Geschichte des deutschen Fußballs reichlich spät kommt. Früher wäre besser gewesen. Vor allem, weil Beteiligte wie Szepan sich dann selbst hätten äußern können. Aber dies ist nicht geschehen, wie in vielen anderen gesellschaftlichen Bereichen auch. Akten wurden unter Verschluss gehalten oder vernichtet, Funktionäre hatten kein Interesse an einer Aufarbeitung, die Zeit wurde tabuisiert. Erst heute, 60 Jahre danach und mehr als zehn Jahre nach dem Zusammenbruch der DDR, wird die Mauer des Schweigens durchlässiger. Davon profitiert auch das vorliegende Buch.

Rudi Assauers Zorn ist übrigens inzwischen verraucht. Seinen Plan, eine Straße in der Nähe der Schalker Arena nach Fritz Szepan zu benennen, hat er Anfang des Jahres 2002 ad acta gelegt: Zu deutlich waren die Hinweise von Historikern, dass Szepan vielleicht sportlich, nicht aber charakterlich eine derartige Auszeichnung verdient hat. Persönlich will Rudi Assauer den ehemaligen Schalker Spieler in guter Erinnerung behalten, allerdings nur noch für seine Leistungen auf dem Platz ...

Fußball unterm Hakenkreuz

1. Das politische Erbe

Fußball und der DFB bis 1933

Über »Fußlümmelei« und »englische Krankheit«

Von einem guten Start kann man wahrlich nicht reden. Voller Hoffnung versammelt sich zunächst die junge Auswahlmannschaft des Deutschen Reiches am 23. November 1899 in Berlin, um sich dort mit England, dem Mutterland des Fußballs, zu messen. Bereits die Erwartungen im Vorfeld sind groß, doch der kalte Novemberregen macht den Organisatoren einen Strich durch die Rechnung. Lediglich 1 000 Neugierige finden sich auf dem Athletik-Sportfeld am Kurfürstendamm zusammen, um dem ersten Spiel zweier Länderauswahlmannschaften Europas beizuwohnen. Neben dem schlechten Wetter ist es wohl auch die ungünstige Anstoßzeit - 14 Uhr an einem gewöhnlichen Wochentag -, die eine größere Kulisse verhindert.

Der erste große Auftritt des Fußballzwergs Deutschland gerät dann auch sportlich zum Desaster. Während die deutsche Mannschaft einfachstes »kick and rush« spielt und den Ball zumeist blind mit der Pieke nach vorne drischt, überzeugen die Engländer mit technischer Brillanz. Staunend sehen die Zuschauer auf den Rängen, dass die Engländer sogar in der Lage sind, den Ball zu stoppen - so was hat man in Deutschland noch nie gesehen. Nach 90 Minuten steht es schließlich 13:2 für die Gastmannschaft. Eine bittere Lehrstunde für den späteren dreimaligen Fußballweltmeister.

Dieser Fehlstart des deutschen Fußballs taucht allerdings bis zum heutigen Tage in keiner offiziellen Statistik des Deutschen Fußball-Bundes (DFB) auf. Der Grund dafür ist ganz einfach: Der DFB wird erst zwei

Monate später, am 28. Januar 1900, im Leipziger Mariengarten auf dem »Ersten Allgemeinen Deutschen Fußballtag« gegründet.[1] Klar, dass bei der deutschen Neigung zur Ordnung ein Länderspiel ohne einen übergeordneten Verband keine Aufnahme in die Annalen findet. Beim nächsten, nunmehr offiziellen Länderspiel acht Jahre später läuft es dann schon bedeutend besser – zumindest auf dem Papier. Zwar verliert man auch am 5. April 1908, doch die Niederlage gegen die Schweiz fällt mit 3:5 noch vergleichsweise harmlos aus. Auch das nächste Spiel, das bereits 15 Tage später stattfindet, wird verloren. Abermals wird das Spiel in Berlin ausgetragen, und wieder heißt der Gegner England. Auch hier unterliegen die Deutschen, wenngleich diesmal »nur« mit 1:5.

Überhaupt sind die Länderspiele der Anfangsjahre des Fußballs eine reichlich kuriose Angelegenheit. Oftmals erfahren die Nationalspieler lediglich aus der Zeitung von ihrer Nominierung, und zumeist müssen sie sich selbst darum kümmern, wie sie zum Austragungsort der Begegnung gelangen. Nicht selten stehen Teams dann mit zwei Spielern weniger auf dem Feld, sodass einige Male fußballerisch begabte Zuschauer vom Fleck weg zum Nationalspieler gemacht werden, damit das Spiel endlich beginnen kann.

Doch es sind weniger die kleinen Unpässlichkeiten oder die sportlichen Misserfolge der ersten Jahre, die dem Fußball in Deutschland anfangs einen schweren Stand bescheren. Die größte Hürde ist vielmehr die zunächst fehlende gesellschaftliche Anerkennung. Und das hängt vor allem mit der Herkunft der Sportart aus dem britischen Empire zusammen, das als Kolonialreich der Hauptkonkurrent für die Großmachtambitionen des Deutschen Reiches ist. In den siebziger Jahren des 19. Jahrhunderts sorgen vor allem Menschen, die aus beruflichen oder familiären Gründen in England gewesen sind, nach ihrer Rückkehr von der Insel für eine rasche Verbreitung des Fußballsports in Deutschland. Aber der neue Sport wird auch in Deutschlands so genannten »Engländerkolonien« leidenschaftlich gespielt: In Handelszentren wie Hamburg, Berlin und Frankfurt, in Residenzstädten wie Dresden und Hannover oder in mondänen Kurorten wie Baden-Baden vertreiben sich in Deutschland lebende britische Unternehmer, Ingenieure und Langzeit-Touristen die Zeit mit Cricket, Hockey, Rudern oder eben Fußball.

Mit der Zeit erfreut sich der neue Sport aus England vor allem unter den Schülern der höheren deutschen Lehranstalten großer Beliebtheit;

in den achtziger und neunziger Jahren des 19. Jahrhunderts entstehen so erste Schülermannschaften und Fußballclubs. Auch eine ganze Reihe von Lehrern interessiert sich für das Freizeitvergnügen namens *Association Football* oder *Soccer:* Der Pädagoge Konrad Koch führt bereits 1874 den Fußball am Braunschweiger Gymnasium Martina-Catherineum ein, und andere Pädagogen folgen seinem Beispiel. Die Begeisterung wird allerdings nicht überall geteilt: Die Kirche etwa fürchtet um die Beschaulichkeit und Ruhe des Sonntags, während die Staatsgewalt nicht nur vor allem die angeblich sittenwidrige Spielbekleidung moniert, sondern auch gegen die obligatorischen Menschenaufläufe nach den Spielen mit aller Macht einschreitet und die Versammlungen auflöst. Hinzu kommen zahlreiche Fußballverbote der Schulbehörden sowie andere staatliche Sanktionen. In Bayern beispielsweise bleibt das Fußballspiel an den Schulen bis 1913 strikt untersagt.

Die stramm national gesinnte Deutsche Turnerschaft wittert in dem neuen Sport eine ernsthafte Bedrohung ihrer Monopolstellung auf dem Gebiet der Leibesertüchtigung und geht besonders erbarmungslos mit den Fußballanhängern um. Nach den gescheiterten Versuchen, den Fußball in die bestehende Struktur der Turner zu integrieren, verschärft sich der Ton zwischen den beiden Sportorganisationen deutlich: Allein die Einführung eines ursprünglich englischen Spiels gilt den Nachfahren des Turnvaters Jahn als Verrat am Vaterland. Fußball, so die einhellige Meinung, sei »englisches Unkraut«[2], eine »ausländische Natter [...], die ausgemerzt«[3] gehöre. Außerdem sei Fußball ein äußerst roher und unästhetischer Sport, eines deutschen Sportsmannes ganz und gar unwürdig. So schreibt etwa Karl Planck, ein süddeutscher Turnführer, in seiner Kampfschrift mit dem Titel *Fußlümmelei – Über Stauchballspiel und englische Krankheit:* »Was bedeutet aber der Fußtritt in aller Welt? Doch wohl, dass der Gegenstand, die Person nicht wert ist, dass man auch nur die Hand um ihretwillen rührte. Er ist ein Zeichen der Wegwerfung, der Geringschätzung, der Verachtung, des Ekels, der Abscheu. [...] Zunächst ist jene Bewegung ja schon, auf die bloße Form hin gesehen, häßlich. Das Einsinken des Standbeins, die Wölbung des Schnitzbuckels, das tierische Vorstrecken des Kinns erniedrigt den Menschen zum Affen.«[4] Zugleich streut die Deutsche Turnerschaft eifrig Gerüchte über die angebliche Brutalität des Fußballspiels, das neben zahlreichen Verletzten immer wieder auch Todesopfer[5] fordere: »In solchem Sport ist eine kräftigende

Körperübung überhaupt nicht mehr zu erblicken, sondern nur noch eine widersinnige Manier.«[6]

Der Fußball und das Militär

Der neu gegründete DFB tritt in seinen Anfangsjahren den Vorwürfen der »Engländerei« und der »Nachäffung englischen Wesens« auf seine Weise entgegen. Eiligst bemüht, den Eindruck alles Undeutschen rasch aus dem Weg zu räumen, wird schon bei der Gründungsveranstaltung des DFB die »Ausmerzung englischer Spielausdrücke«[7] gefordert: »Man will auf den deutschen Spielplätzen gut deutsche Kunstausdrücke einführen und jenes häßliche Kauderwelsch, das dort leider vielfach herrscht, gänzlich ausrotten.«[8] So wird aus dem *captain* der »Führer«, aus dem *drop-out* ein »Lager-Tritt«, aus *free-kick* ein »Frei-Tritt« und aus einem *penalty goal* ein »Straftreffer«. Zugleich wird auch die zumeist englische Namensgebung der Fußballvereine moniert, die sich »Football-Club Dresden« oder »The English Football Club Berlin« nennen. Namensbestandteile wie Borussia, Germania oder Teutonia reichen vielen Funktionären als Legitimation einer nationalen Gesinnung nicht mehr aus. Sie verlangen nach deutlicheren Bekenntnissen zu Volk und Vaterland: »Man möchte dünken, dass auch ›Wotan‹, ›Siegfried‹, ›Hagen‹ und ›Hermann‹ nicht übele (sic!) Taufpaten für Fußballvereine abgeben könnten.«[9]

Die Eindeutschung der Fußballsprache bewirkt vor allem eines – eine deutliche Annäherung an die martialische Sprache des Militärs. So liest sich etwa eine Beschreibung des Spiels aus jener Zeit eher wie eine Kriegsberichterstattung: »Zwei Parteien von gewöhnlich elf Kämpfern befinden sich im Kriegszustande. Es handelt sich darum, einen großen Lederball vermittels der Füße auf feindliches Gebiet und womöglich in das Heiligtum des Feindes, den durch die beiden Pfähle gekennzeichneten ›Stand‹ zu bringen. [...] Zum Verständnis der unten folgenden Regeln bemerken wir noch, dass jede Partei unter einem ›Kapitän‹ respective Führer steht, der seine Kräfte über das Feld verteilt. In erster Linie, nahe dem zu erwartenden Ball, wird er einen oder zwei geschickte, ausdauernde und offensiv tüchtige Spieler stellen, dann wird das Gros seiner Armee folgen, er selbst sich in der Rückgarde derselben halten um im Falle der Not wirksam einer drohenden Gefahr entgegenzutreten [...].«[10]

Diese Angleichung an die Sprache und Denkweise des Militärs ist keineswegs zufällig, sondern vielmehr gewollt. Denn zum einen glauben die DFB-Funktionäre, in der Schuld des Militärs zu stehen. Da geeignete Spielfelder in den Anfangsjahren des Fußballs Mangelware waren, hatten sich die Fußballer häufig an die zuständigen Offiziere mit der Bitte gewandt, Exerzierplätze für den Spielbetrieb freizugeben. Und oft genug hatten die militärischen Befehlshaber der Bitte Folge geleistet. Nun ist es nach der Meinung der führenden Köpfe des deutschen Fußballs an der Zeit, den Wohltätern etwas zurückzugeben, und zwar »durch Stellung besonders tüchtiger Rekruten«[11]. Zum anderen verbirgt sich hinter der Anbiederung auch ein klares politisches Kalkül. Denn wenn es gelingen würde, beim Militär prominente Fürsprecher zu gewinnen, dann wäre der Weg frei zu einem weiteren Ausbau der gesellschaftlichen Akzeptanz des Fußballsports. Und so werden die Funktionäre des DFB nicht müde, immer wieder auf die Art- und Seelenverwandtschaft von Fußball und militärischem Handwerk hinzuweisen und die Gemeinsamkeiten hervorzuheben: »Der Sport zwingt zu steten Vergleichen mit dem Können anderer, und die Begegnungen mit anderen Nationen mehren sich täglich. Da wird das Bewußtsein wach, deutsches Können zu vertreten, und der Krieg im Frieden wird zur besten Schule angewandten Vaterlandsstolzes.«[12]

Und mehr noch, gerade für die Wehrertüchtigung, bislang eine Domäne der Deutschen Turnerschaft, kann der Fußball einiges leisten, wie der DFB und andere Fußballverbände wiederholt betonen. Denn der Fußball fördert und trainiert Eigenschaften, die auch beim Militär gefragt sind: »Ein gutes Kampfspiel stellt hohe Anforderungen an gewecktes und schlagfertiges Wesen: Umsicht und Mut, Geistesgegenwart und schnelle Auffassungsgabe werden stetig geübt und gesteigert. Wie zwei gerüstete Heere ziehen die Spielparteien auf dem Schlachtfeld gegeneinander zum Angriff und zur Verteidigung. Ein jeder hat den Platz, auf welchen er gestellt ist, mit dem Aufgebot aller körperlichen und geistigen Mittel und Kräfte zum Vorteil seiner Partei auszufüllen und alles zu tun, um seinen Leuten, seiner Farbe, den Sieg zu sichern.«[13]

Um das Militär von den positiven Auswirkungen des Fußballs auf die Wehrhaftigkeit der Armee zu überzeugen, werden die Militärakademien, Kadettenanstalten, Unteroffiziersschulen und Garnisonen regelmäßig mit Werbematerialien, Spielregeln und Sportzeitungen eingedeckt. Und damit gleichzeitig ein Anreiz für die Gründung von Militärfußballvereinen geschaffen wird, stiftet der DFB-Bundesvorstand eine Trophäe für den Sieger einer Pokalrunde zwischen zwei sächsischen Armeekorps.

Das Werben bleibt nicht ohne Folgen. Denn kaum zehn Jahre nach der Gründung des Deutschen Fußball-Bundes schafft der Fußball den Durchbruch in der kaiserlichen Armee und ist dort endgültig akzeptiert. Und mehr noch: Bereits im Jahre 1913 vermeldet der Deutsche Fußball-Bund zufrieden, dass der Fußball in Marine und Heer auf dem besten Wege sei, »sich vor allen anderen Leibesübungen die Vorherrschaft zu sichern«[14].

Selbst der preußische Kriegsminister zeigt sich vom Nutzen überzeugt. Er schätzt am Fußball »als besonderen Vorzug die Erziehung zur selbstlosen Opferwilligkeit des einzelnen und zur Zurückstellung persönlichen Ehrgeizes im Interesse des gemeinschaftlichen Erfolges und ebenso die Unterwerfung unter die Anordnungen des Parteiführers, des Schiedsrichters, der Vereinsleitung und in größeren Verhältnissen des Bundesvorstandes«.[15] Als sich nun noch namhafte Fürsprecher aus den deutschen Fürstenhäusern finden, sind die Weichen für eine breite gesellschaftliche Anerkennung gestellt. Prinz Heinrich von Preußen, der Bruder Kaiser Wilhelms II., entpuppt sich ebenso als Fußballfan wie Kronprinz Wilhelm und Prinz Friedrich Karl von Preußen, der sogar im Trikot des SC Charlottenburg selbst die Kickstiefel schnürt.

Innerhalb weniger Jahre schafft es also der DFB, der gesellschaftlichen Ächtung zu entkommen und sich als durch und durch staatstragende Institution darzustellen. Der DFB lässt keinen Zweifel daran aufkommen, dass man den Militarismus und Nationalismus des Deutschen Reiches voll und ganz unterstützt und mitträgt. Zwar gibt es auch innerhalb des Verbandes einen eher »internationalistisch« ausgerichteten Flügel um Walther Bensemann, der den Aspekt der Völkerverständigung betont wissen will. Doch spätestens der Beitritt des DFB in den paramilitärisch-nationalistischen Jungdeutschlandbund im Jahre 1911 macht klar, dass die Konservativen beim Deutschen Fußball-Bund das Sagen haben.

Und so ist es kein Wunder, dass der DFB den Kriegsausbruch im Jahre 1914 ebenso frenetisch begrüßt wie die Deutsche Turnerschaft: »Durch den Sport wurdet Ihr für den Krieg erzogen, darum ran an den Feind und nicht gezittert!«[16] Bis zum Ende des Ersten Weltkriegs wird sich an dieser »Nibelungentreue« des DFB zu den Prinzipien des nationalkonservativen Preußentums nichts ändern. Zu keiner Zeit gibt es kritische Stimmen aus dem DFB, auch nicht ab dem Frühjahr 1918, als in der Heimat immer mehr Menschen protestieren und streiken. Im Gegenteil: Noch im September 1918 ruft der Westdeutsche Spielverband dazu auf, »dem Vernichtungswillen unserer Feinde [...] das Schwert entgegen zu halten«.[17]

»Teutsch, treu und tüchtig«

Ein Sport wird zur Massenbewegung

Nach dem Ende des Ersten Weltkriegs erlebt der Fußball in Deutschland einen regelrechten Boom. Zählte der DFB zu Kriegsausbruch 1914 noch 189294 Mitglieder, sind es zu Beginn des Jahres 1920 schon 467965. Im Jubiläumsjahr 1925 werden bereits 823425 Mitglieder registriert, und im Jahr 1931 überschreitet der DFB die Millionengrenze.

Zugleich ändert sich langsam auch die soziale Struktur der Fußballvereine: Denn mit der Einführung des Acht-Stunden-Tages sind nun auch vermehrt Arbeiter und kleine Angestellte in der Lage, sich in ihrer Freizeit dem Fußball zu widmen - entweder selbst als Aktive oder als Zuschauer auf den Rängen. Doch nur ein Teil der zunehmend sportbegeisterten Arbeiterschaft strömt in die bestehenden, zumeist bürgerlichen Vereine des DFB. Denn parallel zu den konservativen Vereinen haben sich ab 1890 bereits zahlreiche Arbeitersportvereine gebildet, die im Arbeiter-Turn- und Sportbund (ATSB) und in anderen Dachverbänden organisiert sind. Und trotz zahlreicher Repressionen und der schlechteren finanziellen Ausstattung gehören dem ATSB Ende der zwanziger Jahre 770000 Mitglieder und 8000 Fußballvereine an.

Politisch und ideologisch trennen die Vereine des ATSB und des DFB Welten - geht es den einen doch vor allem um den Aspekt der Völkerverständigung, während die anderen vor allem den erzieherischen Wert des Sports für die Nation betonen. Auf diese Weise entstehen im Laufe der zwanziger Jahre zwei vollkommen voneinander losgelöste Fußballsysteme in Deutschland, die eigene Meisterschaften und Länderspiele austragen.[18] Erst die Machtergreifung der Nationalsozialisten macht der Arbeitersportbewegung ein Ende und sorgt dafür, dass der Fußball im deutschen Reich unter der alleinigen Ägide des DFB steht.

Politiker unterstützen den Fußball und fördern ihn. Freilich nicht ganz uneigennützig: Denn tatsächlich wird Sport im Allgemeinen und Fußball im Besonderen als ein adäquater Ersatz für die militärische Ausbildung angesehen, die in Deutschland laut Versailler Vertrag strengstens untersagt ist. Und zugleich bietet der Fußball auch eine höchst willkommene Ablenkung für die von Inflation und schleichender politischer Destabilisierung geplagten Bürger. In rascher Folge werden nun mit öffentlicher Unterstützung zahlreiche Stadien und Fußballarenen gebaut: 1922 entsteht das Duisburger Wedau-Stadion und 1923 das Müngersdorfer Stadion, das auf eine Initiative des damaligen Kölner Oberbürgermeisters Konrad Adenauer zurückgeht. 1927 öffnet Dortmunds berühmtes Stadion »Rote Erde« seine Pforten und 1928 entsteht die legendäre Schalker »Glückauf-Kampfbahn«. Der plötzliche Boom des Fußballsports befremdet viele Funktionäre des DFB allerdings mehr, als dass er sie erfreut. Ein rasches Anwachsen des Fußball-Bundes und seiner Teilverbände lässt einschneidende Veränderungen befürchten, wie der Westdeutsche Spielverband rückblickend eingesteht: »Die Umwälzungen auf politischem Gebiet hatten eine erschreckende Radikalisierung im Gefolge, die sich naturgemäß auch auf die sportliche Bewegung auswirken mußte. Auch hier glaubte ein Teil der jüngeren Generation in maßloser Überschätzung ihres eigenen Wertes und in vollkommener Verkennung des tieferen Sinnes des Wortes ›Freie Bahn dem Tüchtigen‹ [...], mit der alten Ueberlieferung [sic!] einfach brechen zu müssen. Sie verlangten eine neue Verfassung auf ›breiterer demokratischer Grundlage‹, die jedem einzelnen den ›Platz an der Sonne‹ garantierte; dabei übersahen sie ganz, dass die Verfassung des W.S.V. sich ja schon seit seiner Gründung auf rein demokratische Prinzipien aufbaute und dem wirklich Tüchtigen den ›Platz an der Sonne‹ – wenn auch unter schwierigen Umständen – zu erringen seit jeher ermöglichte.«[19]

Schon Anfang der zwanziger Jahre mahnt der damalige DFB-Präsident Gottfried Hinze zur Zurückhaltung bei der Aufnahme der in Scharen in die Vereine strömenden Mitglieder: »Pflicht der Vereine ist es zunächst, bei der Aufnahme von Mitgliedern vorsichtiger zu sein. Das Wohl und Wehe des Vereins und unseres Sportes muß über alles gehen, selbst auf die Gefahr hin, mit der Zahl der Mitglieder hinter der anderer Vereine zurückzustehen.«[20] Hinze steht dem DFB bereits seit 1905 vor, er ist Mitglied der Gründergeneration des Bundes.

Selbst grundlegende demokratische Reformen, die in Aussicht gestellt werden, bleiben aber trotz aller gegenteiligen Behauptungen ein reines Lippenbekenntnis. Stattdessen orientiert man sich lieber am Vorbild einer »Führergemeinschaft« und verschlankt die Führungsspitze des DFB zu Beginn der zwanziger Jahre erheblich. Die Entscheidungsgewalt konzentriert sich auf den elfköpfigen Bundesvorstand, bestehend aus dem ersten Vorsitzenden, seinem Stellvertreter, dem Geschäftsführer und einem Beisitzer sowie jeweils einem Vertreter der sieben Landesverbände. Der Bundestag des DFB wird weitgehend entmachtet und verschwindet zeitweilig ganz aus den Statuten des Verbandes.

Die Frage des Amtssitzes des DFB führt schließlich zum Rücktritt des langjährigen DFB-Präsidenten Hinze und zur Amtsübernahme durch Felix Linnemann, der bereits als Vizepräsident gefordert hatte, der DFB müsse mit einer zentralen Führung und straffen Organisation den veränderten Zeitumständen begegnen. Bis dahin gibt es mit Georg Blaschke nur einen ehrenamtlichen Geschäftsführer, der von seinem Wohnort Kiel aus seiner Arbeit nachgeht. Bereits seit 1919 fordert der Bundesausschuss des DFB die Verlegung der Geschäftsstelle nach Berlin, Hinze hatte diese Zentralisierung abgelehnt. Als er dann 1925 zurücktritt, bezieht der DFB unter dem neuen Präsidenten Linnemann Quartier in Berlin, dem »Zentrum der Macht« in Deutschland.

In der Folge baut Linnemann den DFB zu einem leistungsfähigen Repräsentanten Deutschlands aus: Die deutsche Nationalmannschaft, die internationale Spiele bislang noch ohne eigenen Trainer bestreitet, erhält mit Otto Nerz im Oktober 1926 den ersten Reichstrainer. Nerz, eine Entdeckung von Linnemann, bringt aus Studienreisen in Sachen Fußball das »W-M-System« mit nach Deutschland: Die Abwehr bildet dabei das W, die Offensivabteilung das M, also eine 2-3-3-2-Aufstellung. International repräsentiert die Nationalmannschaft Deutschland damit erstmals halbwegs positiv: Zuvor standen von 1920 bis zum Spiel gegen Schweden am 20. Juni 1926 elf Niederlagen zehn Siege und sieben Unentschieden gegenüber. Nach dem Oktober 1926 schauen die Verantwortlichen bis zum Jahresende 1932 dann auf eine immerhin durchaus positive Bilanz: Sechzehn Siege bei elf Niederlagen und sieben Unentschieden.

Von entscheidender Bedeutung für die professionelle Führung des DFB ist die Besetzung einer neuen Planstelle, der des hauptamtlichen

Geschäftsführers. Mit Georg Xandry präsentiert Linnemann 1928 einen Mann, der die professionelle Abwicklung der Alltagsgeschäfte übernimmt. In seinem neuen Verbandssitz in Berlin steht Linnemann nun einer Organisation vor, die in Verwaltung und Mannschaftsbetreuung ihrer wachsenden Bedeutung in der Gesellschaft gerecht werden kann.

Dass sich aber auch in den Sportverbänden das Personal häufig noch schwer tut, den Schritt aus dem Kaiserreich in die Demokratie der Weimarer Republik zu vollziehen, zeigt sich im Jahre 1923 in Form eines viel diskutierten Grundsatzartikels. Unter dem Titel »Die drei scharfen T des WSV« versucht Dr. Josef Klein, Vorsitzender des Westdeutschen Jugendausschusses und Mitglied des DFB-Jugendausschusses, die Grundlagen für ein neues Ethos des Verbandes zu schaffen, um »Nationalstaat und Leibesspiel in einen innerlichen und unzerstörbaren Zusammenhang zu bringen«.[21] Laut Klein ist der Sport in Deutschland längst zu einer Volksbewegung geworden; allerdings kennzeichne sich diese Bewegung dadurch, dass sie stark in der »teutschen« Nation verwurzelt sei. Wenn man die Aufgabe ernst nehmen wolle, in und für Deutschland Menschen durch Sport heranzubilden, dann müsse die »Leibesspielbewegung« eine enge Anbindung an Nation und Nationalstaat suchen.

Zugleich erteilt Klein dem Fußball als Instrument der Begegnung und Völkerverständigung eine harsche Absage: »Also weg mit all dem unkritischen und letzten Endes feigen Gerede von dem internationalen Verbrüderungszweck des Sports, der immer nur in einen würdelosen Anbiederungs- und Anschmusungszweck ausarten muß, solange wir Deutsche in den Augen der Welt inferioren Ranges sind.« Gleichzeitig mahnt Klein unter dem Schlagwort »Treu« einen »sportlichen Idealismus« an und fordert einen »Kampf bis aufs Messer gegen die materialistische Versumpfung unserer Zeit«. Der Inbegriff dieser moralischen Verwahrlosung ist für Klein vor allem die Weimarer Republik, die keine Ideale mehr besäße und stattdessen dem reinen Materialismus fröne. Der Artikel schließt unter dem Schlagwort »Tüchtig« mit der Forderung nach einem »Bekenntnis zum Führermenschen«, der stark genug sei, um die Fesseln der Republik abzustreifen. In diesem Typus sieht Klein »die bewußte und entschlossene Abkehr von dem Glauben eines Aufklärungszeitalters nach der französischen Revolution an den allmächtigen Verstand [...]«. Kleins Pamphlet, das auch im »Zentralorgan des deutschen Fußballs«, dem *Kicker,* nachgedruckt wird, erntet ebenso begeisterte Zustimmung wie wütende Ablehnung. Besonders erfreut zeigt sich der frühere Vorsitzende des DFB, Friedrich-Wilhelm Nohé: »Wenn solche ideale Sportauffassung wieder Wurzeln schlägt, dann möchte ich nicht verzagen an der gesunden Weiterentwicklung des deutschen Fußballsports; dann erlischt das Trug- und Zerrbild der heutigen Fußballsintflut, wie sie seit Kriegsschluß den europäischen Kontinent überschwemmt [...].«[22] Trotz der aufkommenden Diskussion in der Öffentlichkeit übernimmt der Ausschuss des Westdeutschen Spielverbandes Kleins Grundsatzüberlegungen »einmütig und offiziell«, und von Seiten des DFB ist allenfalls verhaltene Kritik an den antirepublikanischen Forderungen Kleins zu hören. Im Grunde spricht Klein wohl vielen Funktionären des DFB aus dem Herzen, die mit der Weimarer Republik nur wenig anfangen können und sich nach dem Kaiserreich sehnen.

Der Karriere des Dr. Josef Klein schadet der umstrittene Artikel übrigens nicht. Am 6. Juni 1933 sorgt er für die Einführung des Hitlergrußes bei der Vorstellung der Mannschaften im WSV und erreicht am 7. August, dass die Gruß-Regel für den gesamten DFB verbindlich wird. Von 1932 bis 1936 sitzt Klein sogar für die NSDAP im Reichstag, bis er sich schließlich mit der Partei zerstreitet und 1942/43 als Schutzhäftling in ein Konzentrationslager kommt.

Von edlen Amateuren und gierigen Profis

Zwar kann Klein nicht für jeden seiner Punkte Zustimmung finden, doch zumindest in einem herrscht in den Reihen des DFB weitgehende Übereinstimmung: Ein Abrücken vom »Amateurismus« ist für den DFB schlichtweg unvorstellbar. Im Gegenteil: Mit der schleichenden Professionalisierung des Fußballs seit 1919 sieht sich der DFB mehr und mehr gezwungen, Gegenmaßnahmen zu ergreifen.

Eigentlich setzte das Problem des Profitums jedoch schon viel früher ein, wie mancher Zeitgenosse richtig analysiert: »Als man um den Sportplatz einen Zaun zog, in diesen Zaun eine Tür machte und dahinter den Kassierer setzte, der nur gegen Eintrittsgeld die Zuschauer hineinließ, da war die Stunde des Professionalismus auch für den Fußballsport gekommen.«[23]

Ein Grund für Handgelder und andere Zuwendungen ist sicherlich die wirtschaftliche Situation in Deutschland; ein Punkt, der auch den DFB-

Oberen nicht verborgen bleibt. So konstatiert etwa der erste Jahresbericht des Fußball-Bundes nach dem Ende des Krieges: »Die schwierigen Arbeitsverhältnisse nach dem verlorenen Krieg lassen ein Umsichgreifen des verkappten Berufsspielertums befürchten.«[24] Doch trotz allen Verständnisses für die wirtschaftlichen Schwierigkeiten der Spieler hält der DFB weiterhin eisern am »Prinzip des reinen Amateurismus« fest – und zwar hauptsächlich aus politischen und ideologischen Gründen: »Das Ringen um den Sieg bildet den Mann, die Unterordnung unter die Regeln des Spiels bildet den Bürger, die Anstrengung nicht zum eigenen Vorteil, sondern für den Gewinn der ganzen Mannschaft weckt das Gemeingefühl und gewöhnt an Disziplin. Gerade die Disziplin aber ist vor allem gut und heilsam, sie ist eine der Grundlagen für die bürgerliche Erziehung.«[25]

Wenn aber bei Sportwettkämpfen Preise oder Prämien locken, dann – so die Befürchtung – verkümmere der Sport mehr und mehr zum Selbstzweck, zur bloßen Jagd nach Geld. Immer wieder verweisen die Funktionäre des DFB auf die Folgen der Professionalisierung des Fußballs im »Warenhaus England G.m.b.H.«[26], in dem es bereits seit dem Ende des 19. Jahrhunderts Berufsspieler gibt. Selbst wenn die englischen Mannschaften sportlich von den Deutschen nicht zu schlagen sind, so hat man doch die Gewissheit, dass »unser festländischer Begriff des Sports reiner ist als der englische«.[27] Sport als Dienst am Vaterland – das kann man von einem bezahlten Profi kaum erwarten, so die einhellige Meinung der Funktionäre. Und angeblich ergreifen von den englischen Fußballern »wahrhaftig nicht soviel die Waffe für ihr Vaterland [...], als sie könnten und sollten«,[28] wie man in Deutschland nicht ohne Genugtuung feststellt. Dass sich die Entwicklung hin zu einem Berufsspielertum kaum aufhalten lassen wird, ist allerdings auch den DFB-Oberen klar. Trotzdem beschränkt man sich lange Zeit darauf, den Schaden möglichst klein zu halten und den Profifußball mit allen zur Verfügung stehenden Mitteln zu verhindern.

1930 kommt es zu einem ersten großen Skandal, als sich ausgerechnet der Arbeiterverein Schalke 04 vor der Spruchkammer des Westdeutschen Spielverbandes verantworten muss. Das Fußballgericht stellt fest, dass »1. die Spieler der ersten Mannschaft regelmäßig Spendenbeträge erhalten haben, die über das zulässige Maß weit hinausgehen; 2. neben diesen Spesen regelmäßig für ihre Mitwirkung eine regelrechte Entlohnung erhalten haben; 3. mehrere dieser Spieler außerdem weitere Zuwendungen in Form von Geschenken, Darlehen und Vorteilen in ihrer beruflichen Stellung angenommen haben«.[29] Im Zuge des Verfahrens werden 14 Spieler von Schalke zu Berufssportlern erklärt und damit suspendiert, acht Vorstandsmitglieder aus dem WSV ausgeschlossen und Schalke mit einer Geldstrafe von 1 000 Reichsmark belegt.

Auch international greift der DFB zu drastischen Maßnahmen, um gegen die grassierende Professionalisierung ein Zeichen zu setzen. So boykottiert man von 1925 bis 1928 Profimannschaften aus Österreich, Ungarn und der Tschechoslowakei; allerdings in der Gewissheit, dass das Berufsspielertum in den kleinen Nachbarländern »ohne Mitwirkung Deutschlands weder leben noch sterben« könne.[30] Spiele gegen englische oder schottische Profimannschaften hingegen werden vom DFB-Vorstand ohne größere Probleme genehmigt. Ein Vorstoß des DFB-Präsidenten Felix Linnemann im Jahr 1932 zur Regelung des Berufsfußballs in Deutschland sorgt für neuerliche Bewegung in der Frage. Doch spätestens mit der Machtergreifung der Nationalsozialisten ist das Thema für zwölf Jahre vom Tisch. Und nicht wenige der Verbandsfunktionäre sind wohl darüber erleichtert.

Der DFB auf dem internationalen Parkett

Nach dem Ersten Weltkrieg wird der Fußball mehr und mehr zum Spielball internationaler Konflikte und nationaler Interessen. Vorbei sind die Zeiten, in denen – allen politischen Missstimmungen zum Trotz – sowohl auf dem Fußballfeld als auch auf den Zuschauerrängen eine ausgesprochen freundliche Atmosphäre geherrscht hat. Statt begeistertem Beifall für die gegnerische Nationalmannschaft, wie bei den ersten Spielen der Deutschen in den Niederlanden vor dem Krieg, bilden nun Schmährufe und Pfiffe die neue Hintergrundkulisse bei Länderspielen. Der Krieg hat tiefe Gräben zwischen den Völkern hinterlassen, die auch der Fußball nicht überwinden kann – oder will.

So sorgt bereits das erste Spiel der deutschen Nationalmannschaft nach dem Ersten Weltkrieg am 27. Juni 1920 gegen die Schweiz in Zürich für einigen Zündstoff. Denn die Eidgenossen durchbrechen mit dieser Partie (Endstand 4:1 für die Schweiz) die fußballerische Isolation Deutschlands nach dem Krieg und ziehen sich damit den Zorn anderer Nationen zu.

Großbritannien, Frankreich und Belgien drohen mit einem Fußballboykott gegen die Schweiz.

Als diese Ankündigung jedoch ohne Folgen bleibt, beantragt Großbritannien schließlich sogar den Ausschluss Deutschlands aus dem Weltfußballverband FIFA[31], dem jedoch nicht stattgegeben wird. Allerdings zeigt sich auch der Deutsche Fußball-Bund wenig entgegenkommend und macht kaum Anstalten, von sich aus Schritte zur Aufhebung der Isolation zu unternehmen: »Wir nahmen diesen Beschluß durchaus nicht tragisch, weil uns ein sofortiger Verkehr mit den bisherigen Feindstaaten durchaus unerwünscht gewesen wäre.«[32] Und an dieser Haltung wird sich im Laufe der zwanziger Jahre nur wenig ändern.

Dabei gibt es durchaus Angebote der ehemaligen Kriegsgegner, frühzeitig wieder für eine Normalisierung der internationalen Sportbegegnungen zu sorgen. Doch als die englische Football Association 1920 auf diplomatischem Wege halboffiziell anbietet, in Deutschland anzutreten und im Gegenzug die deutsche Nationalmannschaft nach London einzuladen, winken die Vertreter des DFB dankend ab. Generell verlegt sich der DFB darauf, lediglich Interesse an internationalen Begegnungen zu signalisieren und »nicht selbst Verbindungen mit dem Auslande zu suchen, sondern den anderen Staaten den ersten Schritt zur offiziellen Wiederaufnahme des Spielverkehrs zu überlassen«.[33] Und tatsächlich, die Rechnung geht auf: Es finden sich mehr und mehr neutrale Länder wie Norwegen, Schweden oder die Niederlande, die zum Beweis ihrer Eigenständigkeit gegen Deutschland antreten. Der vermeintliche Hass der Welt gegen Deutschland bestärkt die DFB-Führung gleichzeitig darin, den seit langem gepflegten Nationalismus der Kaiserzeit nur unwesentlich verändert weiterzuführen. Von den ehemaligen Kriegsgegnern ist bezeichnenderweise lediglich das bereits faschistisch regierte Italien im Jahr 1923 dazu bereit, gegen die deutsche Nationalmannschaft anzutreten.

Zwischen 1920 und 1933 erreicht die deutsche Nationalmannschaft 23 Siege, 13 Unentschieden und 19 Niederlagen. Bei dieser Bilanz muss man jedoch berücksichtigen, dass nur wenige Spiele gegen starke Mannschaften wie Großbritannien oder das österreichische »Wunderteam« stattfinden. Von den olympischen Fußballturnieren 1920 und 1924 bleibt die deutsche Nationalmannschaft ausgeschlossen, 1928 verliert man unglücklich gegen den späteren Goldmedaillen-Gewinner Uruguay.

Mit der Verpflichtung des Reichstrainers Dr. Otto Nerz 1926 und der

Umstellung auf das taktische System des englischen Trainers Herbert Chapman gewinnt die deutsche Mannschaft zwar schrittweise an Spielstärke, doch der Vorstoß in die Weltspitze bleibt vorerst noch aus.

Zusammenfassend betrachtet ist der DFB in der Weimarer Republik keineswegs so unpolitisch, wie man dies später rückblickend gerne interpretieren wird: »Der Fußballsport hielt sich bewußt abseits von Politik und militärischen Aufgaben.«[34]

Nur wenige Funktionäre reden dem aufkommenden Nationalsozialismus das Wort wie Dr. Josef Klein. Jedoch bildet völkisches, nationalistisches und antidemokratisches Gedankengut die Grundlage, die wenig später die reibungslose Gleichschaltung des DFB ermöglichen wird.

2. Der Fußball macht mobil

Der DFB und das Führerprinzip

Mit der Machtübernahme Hitlers am 30. Januar 1933 beginnt für den DFB und die weiteren Sportverbände in Deutschland eine Phase der Unsicherheit: Inwiefern wird die von den Machthabern so genannte »Braune Revolution« auch die Sportverbände erfassen? Die Stellung des Sportes im nationalsozialistischen Staat ist 1933 noch unklar. Zwar äußert Hitler bereits in *Mein Kampf* konkrete Ziele im Sport: »Dabei kann diese Erziehung in großen Zügen schon die Vorbildung für den späteren Heeresdienst sein. Das Heer soll dann [...] den körperlich bereits tadellos vorgebildeten jungen Menschen nunmehr in den Soldaten verwandeln.«[1] Aber es gibt innerhalb der NSDAP und ihren Organisationen bis 1933 kein Gremium, das diese Ziele für alle Sportarten verfolgt. Sport wird als Wehrsport vor allem in der SA betrieben: Gelände- und Kampfspiele schulen die Sportler militärisch und im Sinne der »Volksgesundheit«. Zumindest hierin liegen Teile der deutschen Sportverbände mit den Nazis auf einer Linie. Eine Übereinstimmung, die jedoch nicht ausschließt, dass Hitler den Sport unter die Verwaltung einer Parteigruppierung stellt. Diese Entscheidung würde das Ende der Vereine und damit auch der Verbände bedeuten. Schaffen die Funktionäre es aber, den Beschluss abzuwenden, bietet eine Neuordnung auch die Chance, den Machtbereich des eigenen Verbandes zu erweitern ...

Anlässlich des Fußballspiels Deutschland – Frankreich äußert Felix Linnemann im März 1933 die Hoffnung, dass »der Kampf gegen den Bolschewismus nicht nur ein Frühling Deutschlands sei, sondern sich als ein Frühling für alle westlichen Kulturstaaten erweisen werde«.[2] Und auf einer Tagung Anfang April 1933 beschließt die DFB-Führung um Linnemann: »Der Vorstand des Deutschen Fußball-Bundes und der deutschen Sportbehörde fordert von seinen Vereinen, mit allen Kräften an der nationalen Erneuerung mitzuwirken.«[3] Eine nüchterne Erklärung, verglichen mit denen anderer Sportverbände wie der Deutschen Turnerschaft, die sich wortstark in den Dienst der neuen Machthaber stellen. Den schlichten Worten folgen aber Taten. Im gleichen Monat veröffentlicht der *Kicker* die Meldung, der DFB überweise anlässlich von Hitlers Geburtstag 5 000 Mark an die Hitler-Spende mit der Bitte, das Geld »im Sinne des Führers zu verwenden«[4].

Am 12. April 1933 tagt in Berlin die Vollversammlung der im Deutschen Reichsausschuss für Leibesübungen (DRA) zusammengeschlossenen Sportverbände, um ihre Stellung in der veränderten politischen Landschaft zu bestimmen. Bereits im Vorfeld der Tagung haben die Funktionäre erste Auswirkungen des neuen politischen Systems auf den deutschen Sport bemerken können. Unter anderem ist Theodor Lewald, der bisherige Vorsitzende des DRA, aufgrund seiner jüdischen Abstammung von seinem Amt zurückgetreten. Felix Linnemann, neben seinem Amt als DFB-Präsident der bislang dritte Vorsitzende des DRA, verbleibt als der erfahrenste Funktionär an der Spitze des Ausschusses. Offiziell wählen ihn die Verbände aber nicht zum ersten Vorsitzenden: Das Reichsinnenministerium wünscht, die Wahl eines neuen Vorsitzenden zu verschieben, da die neue Regierung noch nicht über die künftige Ordnung des Sports entschieden hat.

Als Hans von Tschammer und Osten von Hitler zum Reichssportführer ernannt wird, hat Hitler vor allem ein Ziel: Das Ausland über die Rassepolitik des Dritten Reiches zu beruhigen, um den drohenden Olympia-Boykott abzuwenden.

Am 28. April hat der deutsche Sport eine neue Führung: Hitler sieht keine Notwendigkeit, ihn einer Parteiorganisation zu unterstellen; er ernennt stattdessen eigens einen Reichssportkommissar (später Reichssportführer) – Hans von Tschammer und Osten, SA-Obergruppenführer und NSDAP-Mitglied seit 1930, soll die Geschicke des Sports lenken. Die Fachwelt staunt, denn einen ausgewiesen Sportfachmann hat Hitler mit Tschammer nicht bestimmt. Doch auf diplomatischem Parkett beruhigt Tschammer, alter Adelsspross und mehrsprachig gewandt, die internationalen Zweifel, ob das nationalsozialistische Deutschland tatsächlich der geeignete Staat zur Ausrichtung der Olympischen Spiele 1936 ist. Die Spiele aber sind bereits bei der Machtübernahme fester Bestandteil von Hitlers außenpolitischer Propaganda eines friedliebenden Deutschlands.

Über die Zukunft des Sports im Dritten Reich lässt Tschammer dessen Vertreter nicht lange im Unklaren. Parallel zum Reichssportkommissariat duldet er keinen eigenständigen Dachverband wie den DRA. Er steht jetzt vor der Entscheidung, den DRA per Anordnung aufzulösen. Das allerdings hätte die in der Partei befürchteten negativen internationalen Reaktionen zur Folge. Außerdem würde der im Sportbereich unerfahrene, frisch gebackene Reichssportkommissar mit einer derart harschen Maßnahme riskieren, die Unterstützung der erfahrenen Sportfunktionäre zu verlieren. Der eleganteste Weg wäre daher die Selbstauflösung des DRA. Den einzelnen Verbänden böte sich damit die Chance, an einer Neuordnung mitzuwirken.

Unter diesen Prämissen beginnen die drei Bevollmächtigten des Dachverbandes DRA – es sind der Vorsitzende des Deutschen Ruderverbandes, Heinrich Pauli, der Turner Edmund Neuendorff und der DFB-Präsident Felix Linnemann – Sondierungsgespräche, die am 9. Mai in ein konkretes Ereignis münden: der von Linnemann verfassten Selbstauflösung: »Der DRA in seiner jetzigen Form wird aufgelöst.«[5] Im Juli 1933 berät der DFB-Bundestag über die von Tschammer erlassene Neuordnung des Sports. Der organisierte Fußball findet sich darin als Reichsfachschaft wieder. Gleichgeschaltet nach dem Führerprinzip. Der DFB nimmt an. Der DFB-Vorsitzende Felix Linnemann fordert: »Heute haben wir die selbstverständliche Pflicht [...], die vom Staat ganz neu gestellte Ordnung, das Prinzip der Führerschaft, zu übernehmen.«[6] Nach einer 28-minütigen Debatte ist die Umstellung auf das autoritäre Führerprinzip beschlossene Sache.

Die Funktionäre des DFB, wie Linnemann, bleiben auch nach der Gleichschaltung in Amt und Würden und erfüllen nun sogar zwei Funktionen: in der Fachschaft und im DFB. Denn den Fußball-Bund lässt

Tschammer formal weiter bestehen. Der DFB ist als Mitglied internationaler Sportorganisationen wie der FIFA bei der Pflege internationaler Kontakte durchaus nützlich; eine neu geschaffene NS-Organisation könnte diese nur unter großem Misstrauen aufbauen. Gleichgeschaltet übernimmt der DFB die Außenvertretung des deutschen Fußballs.

Mit der Gleichschaltung löst der Fußball-Bund auch ein verbandsinternes Problem. So haben in der Vergangenheit die mächtigen sieben Regionalverbände im DFB häufig Beschlüsse und Entscheidungen sabotiert, wie etwa bei der Frage nach der Einführung des Profitums. Bundesführer Linnemann fordert nun die Auflösung dieser Verbände entsprechend den Plänen des Reichssportführers. Die Regionalverbände folgen ihm, sodass Deutschland nun sportlich in 16 Gaue unterteilt wird, an deren Spitze ein Gauführer steht. Die Clubs erhalten per Führerprinzip eine Einheitssatzung, nach der der Vereinsführer von oben bestimmt werden kann - die Vereinsgremien können ihn nicht ablehnen.

Ein Jahr nach der Auflösung des DRA zentralisiert Tschammer den deutschen Sport in einem neu geschaffenen Deutschen Reichsbund für Leibesübungen (DRL). Anstelle der Verbände werden hier einzelne Fachämter die jeweiligen Sportarten koordinieren. Fußball ist für das Fachamt II vorgesehen, in dem auch Rugby und Cricket verwaltet werden. Die Verbände sind zur Eingliederung aufgefordert, und der DFB reagiert am schnellsten: »Wir sind heute stolz darauf, dass sich die Amtswalter des Deutschen Fußball-Bundes versammelten, um als erste sportliche Organisation ihre Auflösung zu beschließen und sich mit allem ›lebenden und toten Inventar‹ in den eben gegründeten Reichsbund für Leibesübungen der NSDAP einzugliedern«,[7] verkündet Felix Linnemann nach einem entsprechenden Beschluss des DFB-Bundestages. Personell bleibt an der DFB-Spitze durch die Eingliederung in das Fachamt Fußball weiterhin alles beim Alten: Unter anderem wird DFB-Bundesführer Linnemann Fachamtsleiter, und mit Geschäftsführer Georg Xandry hat der DFB seit einem Jahr sein erstes prominentes Mitglied in der NSDAP. »Einer vom Fachamt mußte ja in der Partei sein«,[8] wird dieser später zitiert. Eine vertrauensbildende Maßnahme des DFB, der offiziell als »Kameradschaftsgemeinschaft der Vereine« weiter besteht.

Auch auf dem Platz wird das Arrangement zwischen Fußball und Nationalsozialismus deutlich: Seit Ende 1933 müssen beide Mannschaften vor Spielbeginn den Arm zum »Deutschen Gruß« heben. Allerdings gibt

Der deutsche Gruß wird bereits 1933 vom Westdeutschen Spielverband eingeführt, Ende des Jahres ist verbindlich vor allen Spielen zu grüßen. Der Arm ist während der gesamten Nationalhymne erhoben zu halten, erinnert sich der ehemalige Nationalspieler Albert Sing (Sechster von links)

es Fußballer, denen ihre persönliche Integrität wichtiger ist als ihre Karriere. Sie verweigern die Inszenierung, werden aber dafür aus ihren Vereinen ausgeschlossen. Die gleichgeschaltete Sportpresse, wie zum Beispiel *Die Fußballwoche,* sorgt für die entsprechende Öffentlichkeit: »Der Spieler Walter Pahl vom VfB Dobberzin (Kreis Finowtal) wird wegen Tätlichkeit und Verweigerung des Hitlergrußes aus dem Gau 3 ausgestoßen. Ausschluß aus dem DFB folgt«,[9] heißt es schlicht.

»Immer schon hat der Sport bahnbrechend auch in parteipolitischem Sinne gewirkt und dürfte auch in dieser Beziehung als Vorläufer der nationalen Bewegung angesprochen werden«,[10] mit diesen Worten wirbt Linnemann bereits auf dem DFB-Bundestag im Juli 1933 erfolgreich um das Vertrauen des Reichssportführers. Verband und Funktionäre fallen der »nationalen Bewegung« nicht zum Opfer, und es gelingt der DFB-Führung sogar, den Verband mit der Machtübernahme Hitlers zum Zentrum des Fußballs in Deutschland aufzubauen, denn zuvor spielten neben dem DFB mit dem katholischen Sportverband DJK, der Deutschen Turnerschaft und dem Arbeiter-Turn- und Sportbund (ATSB) noch drei konkurrierende Verbände Meisterschaften unter ihren Mitgliedern aus. Allein der Arbeitersport stellte vor der Machtübernahme mehrere tausend Fußballteams. Als die Nationalsozialisten sie aus politischen und religiösen Gründen zerschlagen, gibt es nur noch einen Deutschen Meister, gekürt vom gleichgeschalteten DFB beziehungsweise vom Fachamt Fußball.

1938 entbrennt schließlich neuer Streit zwischen Organisationen wie der SA, der SS und »Kraft durch Freude«. Erneut droht dem Reichssportführer und den Verbandsfunktionären die Entmachtung, falls die bisherigen Strukturen im Sport aufgelöst werden. Sie flüchten sich in die Arme der NSDAP: Den DRL ersetzt nun der Nationalsozialistische Reichsbund für Leibesübungen (NSRL). Von Hitler persönlich erhalten die Funktionäre die Bestandsgarantie ihrer Verbände: »Der NSRL ist eine von der Partei betreute Organisation«,[11] lautet sein Erlass vom 21. Dezember 1938. Die Führungsspitze des DFB übersteht auch diese Neuerung unverändert.

3. *»Für Juden ungeeignet«*

Die Arisierung des Fußballs

Julius Hirsch legt den Stift aus der Hand. Noch einmal liest er den Brief an den Karlsruher Fußballverein, den er gerade verfasst hat. »Ich lese heute im Sportbericht Stuttgart, dass die großen Vereine, darunter auch der KFV, einen Entschluss gefaßt haben, dass die Juden aus den Sportvereinen zu entfernen seien. Leider muß ich nun bewegten Herzens meinem lieben KFV, dem ich seit 1902 angehöre, meinen Austritt anzeigen.«[1] Es ist der 10. April 1933. Julius Hirsch ist ehemaliger Nationalspieler und vertrat Deutschland unter anderem bei der Olympiade 1912. Mit seinem Verein, dem Karlsruher FV, wurde er 1910 Deutscher Meister, 1914 mit der Spielvereinigung Fürth. Er ist der erste jüdische Nationalspieler Deutschlands, verheiratet mit einer evangelischen Frau.

In den deutschen Sportvereinen sind vor der Machtübernahme Hitlers etwa 40 000 jüdische Sportler aktiv. Wie in vielen Bereichen des gesellschaftlichen Lebens sind sie scheinbar integriert in eine Gemeinschaft, die sie nach 1933 abrupt fallen lässt. Schon vor 1933 gibt es bei den Gegnern von Clubs mit vielen jüdischen Mitgliedern das Schimpfwort »Judenclub«, und so beginnt die Arisierung des Sports direkt nach dem Regierungsantritt Hitlers, vorerst ohne dass die Nationalsozialisten und der Reichssportführer von den Vereinen die Erfüllung eines systematischen Planes fordern. Es ist ein Prozess des unausgesprochenen Verstehens und Einvernehmens, ohne wortgewaltige Reden. Ausgangspunkt ist ein zunächst harmlos klingendes Gesetz, das Hitler am 7. April 1933 erlässt: Das Gesetz zur »Wiederherstellung des Berufsbeamtentums«. Es verpflichtet die Beamten auf den nationalsozialistischen Staat. Juden sind damit von allen Ämtern ausgeschlossen. Missliebige Beamte können ihrer Ämter enthoben und entlassen werden. Betroffen davon sind ebenfalls Ehrenbeamte, zu denen auch die Sportfunktionäre zählen. Und Juden.

Am 19. April 1933 setzt der DFB dieses Gesetz auch im Fußball um: »Der Vorstand des Deutschen Fußball-Bundes und der Vorstand der Deutschen Sportbehörde halten Angehörige der jüdischen Rasse, ebenso auch Personen, die sich als Mitglieder der marxistischen Bewegung herausgestellt haben, in führenden Stellungen der Landesverbände und Vereine nicht für tragbar. Die Landesverbände und Vereine werden aufgefordert, die entsprechenden Maßnahmen, sofern diese nicht bereits getroffen wurden, zu erlassen.«[2] Landesverbände und Vereine buhlen zum Teil schon offen um die Gunst der neuen Machthaber, indem sie die Bestimmungen des Beamtengesetzes, das sich nur auf leitende Funktionäre bezieht, auch auf einfache Vereinsmitglieder ausdehnen wollen. So verfassen am 9. April 1933 süddeutsche Vereine eine Resolution, in der sie sich »freudig und entschieden an die Seite der neuen Regierung« stellen, die Einführung von Wehrsport fordern und im Sinne eines »Arierparagraphen« die »Entfernung der Juden aus den Vereinen«[3] anbieten. Es ist dieses Schreiben, auf das hin Julius Hirsch den Karlsruher FV, Mitunterzeichner der Resolution, verlässt.

Das Beamtengesetz gibt den »arischen« Funktionären ein Mittel, ihre jüdischen Kollegen ohne lärmende Propaganda durch politisch erwünschte zu ersetzen. An einem demonstrativen Pogrom im Sport ist dem Reichssportführer nämlich nicht gelegen. Denn ein eindeutiger »Arierparagraph«, der auch die Sportler an der Basis einschließen würde, würde eines von Hitlers Lieblingsprojekten gefährden: die Olympischen Spiele 1936 in Berlin. Das Ausland beobachtet den Antisemitismus im nationalsozialistischen Deutschland kritisch, nachdem bereits 1933 ein erster Boykott jüdischer Geschäfte stattfindet. Ausländische Sportverbände erwägen im Gegenzug, als Protest gegen die Rassenpolitik Deutschlands die Olympischen Spiele zu boykottieren. Hitler, der Deutschland mit den Spielen als friedliebende Nation inszenieren will, droht also eine wichtige Propaganda-Bühne zu verlieren, und er sichert deshalb zu, jüdische Sportler nicht aus der deutschen Olympia-Mannschaft auszuschließen. Jüdische Sportvereine dürfen vorerst bestehen bleiben.

Die Verbände und Vereine müssen nun das richtige Maß in der Umsetzung der nationalsozialistischen Rassenpolitik finden. Die Deutsche

Turnerschaft erregt beispielsweise das Missfallen des Reichssportführers mit dem Beschluss, alle Juden aus ihren Reihen auszuschließen. Eine eindeutige Anweisung dazu hatte Tschammer nämlich nicht gegeben. Er betont im Gegenteil, dass auch jüdische Sportler die Möglichkeit hätten, Sport zu treiben. Die »Richtlinien für den Sportbetrieb von Juden und sonstigen Nichtariern« erklären sogar »die Bildung und Betätigung jüdischer usw. Sportvereine für zulässig«, erlauben ihnen Trainingsspiele mit Vereinen des DRL sowie die »Benutzung öffentlicher und privater Übungs- und Kampfstätten«[4]. Für die Olympiade liegt Tschammer damit voll auf Linie, und zugleich lassen seine grundsätzlichen Äußerungen kein Misstrauen bei seinen Vorgesetzten aufkommen: »Für uns bedeuten die Leibesübungen Dienst am deutschen Menschen, Erhaltung und Pflege unserer Rasse. Ich will nicht über einen Kamm scheren, aber dass es dem jüdischen Turner und Sportler im neuen Deutschland nicht möglich ist, eine führende oder mitbestimmende Stellung einzunehmen, hat er inzwischen selbst eingesehen. Der arische Mensch ist einzig und allein berechtigt, führende und mitbestimmende Stellungen im deutschen Turn- und Sportwesen einzunehmen.«[5]

Der DFB verhält sich ganz im Sinne des Reichssportführers. Entsprechend dem Vorbild Tschammers äußert Linnemann zwei Jahre vor der Olympiade sogar: »Der Spielverkehr mit den arischen Sportvereinen ist den jüdischen Sportvereinen nicht verboten.«[6] Doch dass er jederzeit bereit ist, sich von dieser zurückhaltenden Politik abzuwenden, hatte Linnemann bereits 1933 deutlich gemacht. Im Entwurf einer Vereinssatzung forderte er, die Religionsfrage so zu formulieren, »dass die Abstammung rassenmäßig überprüft werden kann«.[7] Keine offizielle Ausschlusserklärung, aber ein Signal an die Machthaber, dass der DFB die Rassenpolitik der Nationalsozialisten verstanden hat.

Letztendlich funktioniert die diskrete Umsetzung auch ohne ausdrückliche Order: Viele Vereine verabschieden von sich aus noch vor den Rassegesetzen von 1935 einen eigenen »Arierparagraphen«. Damit ist eine Neuaufnahme jüdischer Mitglieder verhindert, und die bisherigen jüdischen Mitglieder wissen um ihre schwierige Stellung im Verein. Viele treten freiwillig aus. Die Arisierung erfolgt also ohne Aufsehen, ganz im offiziellen Sinne. Die Anerkennung von oben formuliert der ehemalige DFB-Pressewart Guido von Mengden, der sich zum Pressewart des Reichssportführers hochgedient hat. Nachdem er ein Jahr vor der Olympiade pflichtschuldigst auf die bestehenden jüdischen Sportvereine verweist, dürfen sich vor allem die bürgerlichen Sportvereine angesprochen fühlen: »Es ist alleinige Angelegenheit des deutschen Volks zu bestimmen, in welchem Umfang Fremdrassige in seinem öffentlichen Leben eine Rolle spielen.«[8]

Viele jüdische Sportler, die in ihren alten bürgerlichen Vereinen nicht mehr erwünscht sind, treten den jüdischen Sportbewegungen bei. So verdreifacht die »Maccabi«-Sportbewegung die Zahl ihrer Clubs, allerdings bleiben viele Sportler nicht lange im Verein. Der Grund: »Maccabi« ist zionistisch geprägt, und als Reaktion auf die Machtübernahme der Nationalsozialisten verstärkt die Bewegung ihre Bemühungen, die Mitglieder für eine Auswanderung zu schulen. »Maccabi«-Mitglieder betätigen sich nicht nur sportlich. Neben dem Training lernen sie auch Hebräisch und jüdische Geschichte und bereiten sich auf den Tag vor, an dem sie dem nationalsozialistischen Deutschland den Rücken kehren können. Doch nicht alle jüdischen Sportler sind bereit, ihre Heimat kampflos zu verlassen. Vor allem in den »Schild«-Vereinen des »Verbandes jüdischer Frontkämpfer« können die Mitglieder sich nicht vorstellen, dass ihr Vaterland, für das sie im Ersten Weltkrieg ihr Leben riskierten, sich nun tatsächlich gegen sie wenden würde. Mit Tapferkeit, Treue, Disziplin und Wehrhaftigkeit - traditionellen Werten der deutschen Sportbewegung - wollen sie den Repressalien der Nationalsozialisten begegnen.[9]

Noch bis 1938 können jüdische Vereine so bestehen. Aber sie sind bei der Genehmigung von Spielen und der Benutzung öffentlicher Anlagen auf Entscheidungen der kommunalen Behörden angewiesen, und das gibt Raum für Willkür-Entscheidungen, die die jüdischen Vereine benachteiligen. Mit dem Erlass der Nürnberger Rassegesetze 1935 sind Juden ohnedies bereits offiziell »Menschen zweiter Klasse« in Deutschland geworden. Der vorläufige Höhepunkt der Judenverfolgung in Deutschland, die Reichskristallnacht im November 1938, steht dann auch für das Ende der jüdischen Sportbewegung im Dritten Reich. Ihre Mitglieder werden verhaftet und in Konzentrationslagern ermordet, die Nationalsozialisten lösen die Vereine auf und beschlagnahmen ihr Vermögen.

Nach seinem Austritt aus dem Karlsruher FV im Jahr 1933 versucht der ehemalige Nationalspieler Hirsch den Arisierungsbestrebungen der Vereine zum Trotz, als Trainer seinen Lebensunterhalt zu verdienen. Er inseriert sogar in der Fachpresse: »Ich glaube ganz bestimmt, Ihrer

Mannschaft durch meine langjährige ersprießliche Tätigkeit ein Fußballspiel lehren zu können, das es ihr ermöglichen wird, in jeder Weise in der Nationalliga zu bestehen.«[10] Keine Resonanz. Vier Monate vor der Reichskristallnacht folgt schließlich ein gescheiterter Selbstmordversuch. Im Jahre 1939 lässt Hirsch sich scheiden, um seine christliche Frau zu schützen. Er arbeitet jetzt als Hilfsarbeiter. Im Februar 1943 wird Hirsch mitgeteilt, dass er sich zu einem »Arbeitseinsatz« einzufinden habe. Der ehemalige Nationalspieler glaubt nicht an die Gerüchte über die Vernichtungslager im Osten und lehnt das Angebot eines befreundeten Lokführers ab, ihn aus Deutschland herauszuschaffen. Kurz darauf wird Hirsch nach Auschwitz abtransportiert. Eine Postkarte an seine Tochter Esther aus Auschwitz vom 3. März 1943 ist sein letztes Lebenszeichen, danach verliert sich seine Spur. 1950 erklärt schließlich das Amtsgericht Karlsruhe den ehemaligen Nationalspieler mit Datum vom 8. Mai 1945 – dem Tag der Kapitulation Deutschlands – für tot und verfügt eine »Entschädigung« von 3 450 Mark. Seine beiden Kinder, die als »Mischlinge ersten Grades« ebenfalls deportiert worden sind, überleben das Konzentrationslager.

4. Amateure oder Profis?

Die ersten Handgeldskandale

Sepp Herberger, Bankangestellter und in den zwanziger Jahren eines der größten Fußballtalente Deutschlands, steht 1921 im Mittelpunkt des Interesses des DFB. Der Stürmer Herberger hat seinen Heimatverein Waldhof Mannheim verlassen und ist zum Lokalrivalen VfR Mannheim gewechselt. Die Entscheidung erleichtert der VfR durch die Zahlung eines Handgeldes, das Herberger bereitwillig annimmt. Angeblich 10 000 Mark, 1921 kein Pappenstiel. Doch der Handel fliegt auf. Herberger, der im gleichen Jahr sein Debüt als Nationalspieler gegeben und beim 3:3 gegen Finnland zwei Tore erzielt hat, steht vor dem vorzeitigen Ende seiner Karriere. Denn wer für Honorar spielt, gilt beim DFB als Berufsspieler – und die duldet der Fußball-Bund 1921 noch nicht in seinen Reihen. Fliegen die Zahlungen auf, müssen die Spieler mit längeren Sperren rechnen. Herberger versucht sich zu retten, indem er das Geld einfach zurücküberweist. Doch auch dieses Manöver und seine brillanten Spielanlagen stimmen die Verantwortlichen nicht gnädig: Herberger wird für ein Jahr gesperrt.

Der Fall Herberger steht symbolisch für die vom DFB bekämpfte Entwicklung des Profitums im deutschen Fußball. In den zwanziger Jahren gerät der DFB immer mehr unter Druck, Profifußball zuzulassen. Der bis dahin größte Skandal fliegt 1930 auf. Inzwischen sind Handgeldzahlungen an Spieler in Deutschland üblich. Bis die Weltwirtschaftskrise 1929 auch das Fußballpublikum ans Sparen denken lässt, steigen die Zuschauerzahlen kontinuierlich. Die Eintrittsgelder bringen Gewinn, und den meisten Vereinen geht es finanziell nicht schlecht. Die Spielerbezahlung erfolgt oft über ein System schwarzer Kassen. Als prominentester

Vertreter dieser Praxis, die inoffiziell die Abkehr vom Ideal der Volkserziehung und -gesundheit bedeutet, wird schließlich 1930 ausgerechnet der Verein angeklagt, den die Nationalsozialisten wenige Jahre später zum Vorzeigeverein hochstilisieren werden: der FC Schalke 04.

Unter dem Posten »Baugelder« für die neu errichtete Glückauf-Kampfbahn in Gelsenkirchen finden die Kassenprüfer des Westdeutschen Spielverbandes auch Zahlungen an die Spieler des Vereines. Der Fall wird vor der Spruchkammer des WSV verhandelt, und das Urteil steht stellvertretend für den rigorosen Amateurgedanken im WSV. Vierzehn Spieler und acht Vorstandsmitglieder werden als Berufsfußballer aus dem Verband ausgeschlossen. Schalke verliert fast alle Spieler der ersten Mannschaft. Der Kassenwart Willi Nier ertränkt sich daraufhin im Rhein-Herne-Kanal. Tausende kommen zur Trauerfeier in die Glückauf-Kampfbahn. Die Vereine in Deutschland reagieren mit Anteilnahme – denn bezahlt wird überall ...[1]

Ein Jahr später, am 1. Juni 1931: Die Kampfbahn Gelsenkirchen quillt über vor Menschen. Die Schalker Spieler sind wieder zugelassen, und zum ersten Spiel gegen Fortuna Düsseldorf strömen 40 000 Zuschauer ins Stadion. 30 000 weitere stehen vor den Toren, weil sie keinen Platz finden. Das Spiel endet 1:0 für Schalke; viele Reporter können nur das Ergebnis an ihre Redaktionen weitergeben, denn vom Spiel haben sie in dem überfüllten Stadion nichts gesehen. Endlich haben die Fans ihre Helden auf dem Platz wieder, allerdings äußert der deutsche Vertreter bei der FIFA, Peco Bauwens, in einem Briefwechsel mit dem Generalsekretär Ivo Schricker Zweifel, inwiefern nach der Wiederzulassung der Schalker Spieler denn nun finanziell alles mit rechten Dingen zugehe.

Tatsächlich sind die Zahlungen mit den bisherigen Mitteln nicht zu stoppen. Beharren die DFB-Funktionäre auf ihrer Haltung, könnte der Verband selbst ernsthaft Schaden nehmen. Es droht die Abspaltung von Vereinen und ein neuer Zusammenschluss von Proficlubs. Doch einen Konkurrenzverband wird es nicht geben: Am 16. Oktober 1932 beschließt der Bundestag des DFB, künftig zweigleisig zu fahren und neben dem Amateurfußball auch Profivereine zuzulassen. »1. Der DFB regelt den Berufsfußballsport. 2. Die Leitung dieses Berufsfußballsports muss nach den international anerkannten Beschlüssen in den Händen von ehrenamtlich tätigen Personen liegen. Aus dieser grundsätzlichen Stellungnahme heraus warnt der Bund vor dem Anschluß an illegale Organisationen.«[2]

Für den Mai 1933 plant der DFB einen weiteren Bundestag, auf dem die Funktionäre ihre offizielle Kehrtwende noch einmal debattieren wollen. Am 30. Januar 1933 übernehmen jedoch die Nationalsozialisten die Macht in Deutschland, die den Sport vorrangig als Mittel zur Steigerung der Wehrkraft des Volkes und zur nationalen Erziehung verstehen. Die Einführung von Profifußball, der sich auf wenige Spitzenmannschaften konzentriert und nicht die breite Masse erfasst, erscheint nun politisch nicht mehr opportun. Die Nationalsozialisten propagieren die alten Ideale der deutschen Sportbewegung, freilich in ihrem Sinne. Von der Volksgesundheit hin zur Wehrkraftsteigerung des Volkes ist es nur ein kleiner Schritt. Allerdings kümmern sich die neuen Machthaber nicht um die bereits bestehenden Berufssportverbände, wie im Boxen, und lassen sie bestehen. Die angestrebte Kontrolle des Breitensportes erreichen sie durch die Gleichschaltung der Sportverbände in den Jahren 1933/34 sowie durch einen Beschluss des Reichssportführers im August 1936: Tschammer legt die sportliche Erziehung der 10- bis 14-jährigen Kinder in die Hände der Hitlerjugend (HJ). Die 14- bis 18-jährigen dürfen in Sportvereinen spielen, allerdings nur, wenn sie Mitglieder der HJ sind.

Nach der Machtübernahme der Nationalsozialisten beruft der DFB den ursprünglich geplanten Bundestag nicht mehr ein, und die Funktionäre setzen ihren Beschluss zur Einführung des Berufsfußballs nicht um. Sie schalten sich gleich. Unter der Hand wird auch danach weiter gezahlt. Erst 1972, neun Jahre nach Einführung der Fußball-Bundesliga, gibt der DFB die Spielergehälter endgültig frei und lässt damit Vollprofis zu.

Der ehemalige Nationalspieler Sepp Herberger spricht später nur ungern über seinen ersten Skandal von 1921. Der Bundestrainer Herberger verwendet aber viel Zeit und Worte darauf, Spieler wie Fritz Walter zu überreden, nicht um des Geldes willen zu ausländischen Clubs zu wechseln. Denn dort winkt das große Geld.

5. *»Judenclubs« und »Nazivereine«*

Die Machtübernahme an der Basis

FC Bayern München

München, 12. Juni 1932. Ein Korso von offenen Kutschen, gezogen von Schimmeln, bahnt sich den Weg durch die jubelnde Menge auf dem Münchener Marienplatz. Vor dem Rathaus halten die Droschken. Heraus steigen die Spieler und Betreuer der ersten Mannschaft der Bayern und stolzieren ins Rathaus, denn der Oberbürgermeister der Stadt gibt einen Empfang für den neuen Deutschen Meister, den FC-Bayern München. Mit ihm feiern knapp 100 000 Menschen, bestückt mit FC-Bayern-Fähnchen. Sie feiern die erste Deutsche Meisterschaft einer Fußballmannschaft aus München. Sie feiern einen so genannten »Judenclub«.

Was bei den Gegnern des FC Bayern schon vor 1933 als Schimpfwort kursiert, zielt hämisch auf einige liberale Wurzeln des Fußballs in München[1]: »Terra Pila«, lateinisch für »Weltkugel«, hieß einer der ersten Münchener Fußballclubs, und der Name sollte die Weltoffenheit ausdrücken, für die der Verein und seine Mitglieder schon im 19. Jahrhundert standen. Bei seiner Gründung im Jahre 1900 übernimmt der FC Bayern diese Tradition, und es ist bezeichnend, dass der Verein seinen ersten Vereinssitz im »Künstlerviertel« Schwabing aufschlägt. Auch Ressentiments gegenüber Juden kennt man im Verein daher nicht und wählt 13 Jahre nach der Vereinsgründung einen jüdischen Präsidenten. Kurt Landauer wird den FC Bayern an die Spitze des deutschen Fußballs führen – 1926 und 1928 gewinnt der FC Bayern bereits die Süddeutsche Meisterschaft, bevor er 1932 Deutscher Meister wird. Große Talente wie »Ossi« Rohr vom VfR Mannheim oder Conny Heidkamp vom Düsseldorfer SC zieht es

Die Abbildung zeigt die erste Meistermannschaft des FC Bayern, gruppiert um eine Spielszene des Finales 1932. Die letzte Meisterschaft der Weimarer Republik spielen zwei so genannte »Judenclubs« gegeneinander aus: Der FC Bayern schlägt Eintracht Frankfurt mit 2:0.

nach München. Jüdische Spieler gibt es zwar nicht in der Meister-Mannschaft, doch viele Vereinsmitglieder sind jüdischer Herkunft, wie etwa der erfolgreiche Jugendleiter Otto Behr.[2]

Mit der Machtübernahme der Nationalsozialisten beginnt der sportliche Abstieg der Bayern. Präsident Landauer tritt aus politischen Gründen zurück, Jugendleiter Behr emigriert. Der Verein verliert seine sportliche Führung, und auch die Nachwuchsförderung ist nur noch mit Mühe möglich. Als »Judenclub« gebrandmarkt, ist der FC Bayern nun nicht mehr attraktiv für junge Spieler, die andere Vereine vorziehen. Hans Schiefele, heute Ehrenpräsident und in den dreißiger Jahren Jugendspieler beim FC Bayern, erinnert sich: »In der Nazi-Zeit, da hat der FC Bayern sehr leiden müssen. Wir mussten auf viele Spieler verzichten, die in Rüstungsbetrieben beschäftigt oder als Wehrmachtssoldaten eingezogen waren. Der TSV 1860 hatte zur gleichen Zeit an der Spitze politisch wohlgelittene Leute und hat viele gute Spieler zusammengezogen. Wer etwas am Ball konnte und als Soldat nach München versetzt wurde, der ging zum

Der erste Titel des Rekordmeisters im Jahre 1932: Die Spieler des FC Bayern um »Conny« Heidkamp (Mitte) und »Ossi« Rohr (Rechts) mit der Viktoria, die bis 1944 vom DFB als Meistertrophäe vergeben wurde.

TSV 1860 München. Der hatte so eine ganz großartige Mannschaft, [...] und da war der FC Bayern natürlich ganz stark benachteiligt.«[3]

Nicht alle Mitglieder des FC Bayern lehnen den Regierungswechsel allerdings ab. In einer Vereinschronik, die der Club 1950 herausgibt, heißt es: »Andere witterten Morgenluft und glaubten, im Trüben fischen zu können. Auch begannen gewisse Kräfte jetzt schon mit einem Wettlauf um die Gunst der neuen Herrscher im Lande.«[4] Laut Festschrift von 1950 ist vor allem die Skiabteilung des Vereins ein Sammelbecken von Mitgliedern, die mit der bisherigen Vereinspolitik unzufrieden sind und nun mehr Einfluss gewinnen wollen. Und tatsächlich gehört der FC Bayern zu den Unterzeichnern jener Resolution von süddeutschen Vereinen, die bereits im April 1933 die »Entfernung der Juden aus den Sportvereinen« fordern. Kurt Landauer war bereits am 22. März des Jahres zurückgetreten.

Unter den Nationalsozialisten gerät der Verein unter Druck: zum einen durch den vom DFB verordneten Ausschluss jüdischer Funktionäre gemäß dem Gesetz zur Wiederherstellung des Berufsbeamtentums, zum anderen, weil die NSDAP politische Säuberungsaktionen in den

Vereinen beginnt. So müssen die Vereine dem Stadtverband für Leibesübungen eine Aufstellung ihrer Vorstandsmitglieder vorlegen. Und neben der Frage der arischen Herkunft hat diese Liste auch die politische Einstellung der Vorstände zu benennen. Es dauert trotzdem geraume Zeit, bis ein linientreuer Nazi an der Spitze des FC Bayern steht. Im Konflikt zwischen dem alten Mitgliederstamm und jenen Kräften, die unter den Nationalsozialisten »Morgenluft wittern«, wechselt der Verein oft die Führung. Nach Kurt Landauer übernimmt 1933 Siegfried Herrmann die Vereinsführung, der zuvor lange Jahre eng mit Kurt Landauer zusammengearbeitet hatte. Als er ein Jahr später zurücktritt, kann die Skiabteilung ihren Kandidaten durchbringen, doch auch Karl-Heinz Oettinger bleibt nur bis 1935. Es braucht drei weitere Vereinsführer, bis die Nationalsozialisten sich im Verein durchsetzen. 1943 ernennt der Gausportführer ihren Wunschkandidaten, den Bankier Sauter, zum »Kommissarischen Gemeinschaftsführer«. Er wird es bis zum Kriegsende bleiben, und mit seinem Amtsantritt bekommen auch die Spiele des FC Bayern linientreuen Charakter: SA-Kapellen spielen nun ihre Musik im Stadion.[5]

Die häufigen Wechsel an der Spitze verhindern kontinuierliche Arbeit, und der FC Bayern München stürzt auch sportlich in eine Krise. Der ehemalige »Judenclub« wird nämlich von Spitzenspielern gemieden und hat kaum Gelegenheit, in den eigenen Reihen sportliche Aufbauarbeit zu betreiben, da der Nachwuchs seit 1936 in der Hitlerjugend gedrillt wird. Die Zahl der Jugendlichen, die regelmäßig für den Verein kicken, liegt unter zweihundert. In den Saisons 1938/39 sowie 1939/40 zittern die Bayern sogar um den Klassenerhalt.

Der Krieg verhilft den Bayern dann nach langen Jahren wieder zum ersten Erfolg. Seit 1942 gelten kriegsbedingt Reisebeschränkungen in der Gauliga, und Reisen über 50 Kilometer Entfernung sind verboten. Die Gauliga Bayern wird daher in zwei kleinere Hälften geteilt, sodass der FC Bayern jetzt in der Gauligagruppe »Südbayern« spielt. Die Konkurrenz ist nun nicht mehr übermächtig, erster Meister dieser Gruppe ist allerdings der Lokalrivale TSV 1860 München. In der darauf folgenden Saison 1943/44 freuen sich dann zwar die Bayern über den Titel »Südbayerischer Meister«, werden aber prompt von ihrer Vergangenheit eingeholt: Während der nationalsozialistische Oberbürgermeister Fiehler ein Jahr zuvor den Titel der Sechziger noch im Rahmen einer Privataudienz in seinem Haus mit der Mannschaft feierte, verweigert die Stadt dem FC Bayern diesmal die Ehrung. In der schriftlichen Erklärung heißt es, »dass bei 1860 andere Beziehungen zur Stadt bestehen durch die Ratsherren Gleixner und Ketterer«, maßgeblich ist aber vor allem »dass der FC Bayern bis zur Machtübernahme von einem Juden geführt worden ist«.[6] Ein Buchgeschenk, selbst abzuholen im Büro vom Leiter des Stadtamtes für Leibesübungen, ist die einzige Ehrung des so genannten »Judenclubs«.

In der Saison 1944/45 ist kaum noch ein geregelter Spielbetrieb möglich. Die beiden Gruppen der bayerischen Gauliga werden aufgelöst und in jeweils drei kleine Gruppen aufgeteilt. Der FC Bayern spielt in der Gruppe Oberbayern-München, und im Gegensatz zu anderen Gruppen können hier die Teams alle Pflichtspiele bestreiten. Der Verein beendet die letzte Kriegssaison als Tabellenführer seiner Gruppe. Als am 8. Mai 1945 der Krieg vorbei ist, wird Deutschland in vier Besatzungszonen geteilt. In München haben nun die Amerikaner das Sagen.

Offiziell ist Vereinsfußball nach dem Krieg verboten. Wie alle Sportvereine war auch der FC Bayern Mitglied des Nationalsozialistischen Reichsbundes für Leibesübungen, den die Alliierten als parteinahe Organisation verbieten, und dieses Verbot erstreckt sich auch auf die Vereine. Bald nach der Kapitulation setzen die Amerikaner aber eine deutsche Zivilverwaltung in München ein, und schon wenige Tage darauf wirbt der FC Bayern um deren Vertrauen: »Wir sind bereit, Ihnen bedingungslos und treu Gefolgschaft zu leisten, hat doch mit Ihrer Amtsübernahme auch für uns ›Bayern‹ wieder eine Zeit neuen Aufbaus begonnen, nachdem wir bisher als ›Juden-Club‹, der es ablehnte, sich eine nationalsozialistische Vereinsführung aufzwingen zu lassen, mit allen Mitteln gedrückt wurden. [...] Wir ersuchen Sie [...] uns bei der Vergebung der städtischen Sportplätze wohlwollend zu berücksichtigen, da unsere gesamten Anlagen, Sportgeräte und Verwaltungseinrichtungen den Luftangriffen zum Opfer fielen und wir bei den bisherigen Sportbehörden keinerlei Unterstützung fanden.«[7]

Ohne Genehmigung allerdings bestreiten die Bayern ihr erstes Spiel nach dem Krieg. Am 24. Juni 1945 unterliegen sie dem ebenfalls in München ansässigen FC Wacker mit 3:4. Die Amerikaner sind zur Stelle. Xaver Heilmannseder, der provisorische Präsident des FC Bayern, wird von der Militärpolizei verhaftet, da er es versäumt hat, das Spiel anzumelden. Zwei Tage bangen die Bayern um Heilmannseder, der nicht einfach nur Präsi-

Das einzige bekannte Foto von Gastwirt Xaver Heilmannseder (hinten rechts mit Hut), der dem FC Bayern München als erster Präsident nach dem Krieg vorstand, stammt noch aus der Zeit des Dritten Reiches. Für den Verein war Heilmannseder ein Glücksfall: Auch nach Kriegsende versorgte er die Spieler mit Lebensmitteln.

dent ist: Vor allem ist er Gastwirt. Lebensmittel sind knapp in der Nachkriegszeit, doch der Wirt Heilmannseder hat Beziehungen und verpflegt in seinem Gasthof die Spieler mit deftigen Mahlzeiten. Der Wirt und die Bayern haben Glück, denn der neue Polizeipräsident von München zeigt sich dem Verein verbunden. Als er sich des Falls annimmt, lässt die Militärpolizei Heilmannseder schließlich frei. Ein für den 22. Juli 1945 geplantes Spiel des FC Bayern gegen den nationalsozialistisch belasteten Nachbarn TSV 1860 München genehmigen die Amerikaner zunächst nicht. Erst eine Woche später kann die Begegnung stattfinden. Obwohl die Sechziger, ganz im Gegensatz zu den Bayern, in hohem Maße vom Dritten Reich profitierten, haben jene keinerlei Berührungsängste mit dem alten Rivalen. Derby-Fieber ... Das Spiel endet 2:2 unentschieden.

Während auf lokaler Ebene die Militärkommandanten den Ball immer öfter laufen lassen, herrscht auf höchster Ebene weiter Misstrauen. Der »Alliierte Kontrollrat«, die Militärregierung der vier Siegermächte in Deutschland, erinnert die Militärkommandanten im September 1945 daran, »daß die Geschichte von Sportvereinen unter dem Naziregime zeigt, daß sie ein mächtiges Werkzeug zur Verbreitung von Nazilehren und Einprägung von Militarismus bilden. Es ist klar, daß die gegenwärtige Lockerung von Einschränkungen ihrer Tätigkeit eine Gefahr enthält, dass sie wieder in dieser Weise missbraucht werden.«[8]

Zwei Jahre später steht beim FC Bayern ein Mann an der Spitze, der über jeden Zweifel erhaben ist: Kurt Landauer leitet von 1947 an als Präsident wieder den FC Bayern. Der Verein ringt immer noch um gesicherte Spiel- und Trainingsmöglichkeiten mit der Stadt. Das Stadion an der Grünwalder Straße, in dem sowohl der FC Bayern als auch der TSV 1860 München spielen, zeigt noch arge Kriegsschäden, und die Bayern trainieren auf einem gepachteten Sportplatz der Bayerischen Hypotheken- und Wechselbank. Landauer schaltet sich sofort ein und sucht das Gespräch mit den Ämtern. »Es wurden laufende Fragen und die Instandsetzung des Stadions an der Grünwalder Straße besprochen. Herr Landauer hat seine Hilfe zugesagt«,[9] ist das Ergebnis eines Gesprächs beim Stadtsportamt. Eigentlich ist das Stadion an der Grünwalder Straße in städtischem Besitz ...

Als nicht das Geld, sondern der Zusammenhalt den Erfolg ausmachte, war die Mannschaft des FC Bayern auch privat eine feste Gemeinschaft, erinnert sich Otto Schweizer (Vorn, Mitte)

Auch die Frage der Trainingsmöglichkeiten lässt sich nun lösen. Nachdem der Pachtvertrag des FC Bayern für sein bisheriges Trainingsgelände ausläuft, sieht das Städtische Amt für Leibesübungen ein, dass »der Stadt erhebliche Beträge durch die Spiele des Vereins im Stadion an der Grünwalder Straße zufließen und die Beträge für die Stadt nur erhalten bleiben, wenn die Mannschaft von ›Bayern‹ gut ist [...] die Voraussetzung hierzu sind anständige Trainingsmöglichkeiten«. Der FC Bayern wird zum Wirtschaftsfaktor, mit dem man rechnet. Bei jedem Spiel fließen zehn Prozent der Einnahmen als Stadionmiete in die Stadtkasse.

Die Säbener Straße wird zum Sitz des FC Bayern. 1948 erhält der Verein von der Stadt den Zuschlag für die dortigen Sportplätze, auch heute liegt dort noch die Vereinszentrale. Allerdings wurde ein Teil des Geländes nach dem Krieg von den Amerikanern beschlagnahmt. Landauer legt sich mit der Stadtverwaltung an, wirft dem Stadtsportdirektor vor, dass dieser nicht energisch genug bei den alliierten Behörden protestiert habe. Ein Stadtrat nimmt den angegriffenen Sportdirektor jedoch in Schutz: Dreimal sei der Sportdirektor aus dem Büro des zuständigen amerikanischen Offiziers hinausgeworfen worden. Diese Behandlung sei unter der Würde eines Deutschen. »Wenn man etwas erreichen will, muss man oft gehen«, entgegnet Landauer. Der Stadtrat resigniert: Landauers Erfahrungen mit den Alliierten seien »durch die persönliche Beziehung von Herrn Landauer zu den Leuten möglich gewesen, die Herrn Landauer als Privatmann anders einschätzten als einen Beamten oder Angestellten bei einer Behörde, der bei diesen Herren ein Dreck ist«.[10]

Als Präsident des FC Bayern wird Kurt Landauer 1951 abgewählt, 1961 stirbt er. Ein Jahr nach seinem Tod übernimmt Wilhelm Neudeck den Vereinsvorsitz, unter ihm beginnt der Aufstieg des FC Bayern zum erfolgreichsten Club der Liga mit 17 Meistertiteln.

München, Oktoberfest 1993. Lothar Matthäus, »Leitwolf« der WM 1990 und Profi im Dienst des Rekordmeisters FC Bayern München, ruft einem niederländischen Besucher zu: »Dich haben sie bei Adolf wohl vergessen.« Es gibt Schlagzeilen in der Presse. Der Verein lädt den Niederländer nach München ein, um eventuelle Missverständnisse auszuräumen. Dieser verzichtet allerdings. Einer Anfrage nach einem Beitrag zum Fonds für die Entschädigung von Zwangsarbeitern im Dritten Reich bescheidet der FC Bayern eine Absage mit Hinweis auf die Repressalien, denen der Club unter den Nationalsozialisten ausgesetzt war.

Eintracht Frankfurt

Nürnberg, 12. Juni 1932. Endspiel um die Deutsche Meisterschaft in der Nürnberger ›Noris‹. Es ist das letzte freie Endspiel vor der Machtübernahme Hitlers, und die Gegner sind Eintracht Frankfurt und Bayern München. Im Frankfurter Team spielt Rudi Gramlich. Sein Sohn Klaus erinnert sich an Erzählungen des Vaters: »Mein Vater erzählte mir, dass sie in ihren großen Autos schon durch Fürth gefahren sind, und da wurde die Mannschaft schon mit Steinen beworfen und beschimpft: ›Ihr Judenbuben aus Frankfurt.‹ Er sagte aber auch immer, dies hatte keinen Einfluss auf das Spielergebnis.«[11] Da es gegen den FC Bayern die gleichen Vorwürfe gibt, spielen beim Endspiel 1932 in der späteren Stadt der Reichsparteitage der NSDAP zwei so genannte »Judenclubs« den Deutschen Meister untereinander aus. Vor 55 000 Zuschauern geraten die Frankfurter erst durch den berühmt gewordenen »Staub«-Elfmeter von Bayernspieler »Ossi« Rohr in Rückstand und verlieren schließlich 0:2. Bei der Heimkehr nach Frankfurt empfängt eine jubelnde Menschenmasse das Team, wie es sich für einen Meister gehört.

In ihrer Heimatstadt heißen die Eintracht-Spieler »Schlappe-Kicker«. Die Firma J. & C. A. Schneider, einer der Sponsoren der Eintracht, zählt zu den größten Hausschuh-Produzenten Europas. Die Firmenleitung ist jüdischen Glaubens, vor 1933 leben in der Stadt über 25 000 Juden. »Frankfurt bezeichnete man unter anderem auch als Neu-Jerusalem. Wir hatten hier ganz, ganz klassische jüdische Familien, die ›von Weinbergs‹ [...] und man lebte mit den Juden zusammen, sie waren Frankfurter Bürger. Sie fühlten sich in dem Sinne gar nicht mehr als Juden, sie waren Frankfurter, sie waren Deutsche. Sehr, sehr oft hat der Großvater schon im Ersten Weltkrieg gedient und es war selbstverständlich, daß man miteinander verkehrt hat«, beschreibt Klaus Gramlich die Eindrücke seines Vaters.

Firmensponsoren wie Schneider sind für Fußballclubs nicht nur aus finanziellen Gründen interessant. Noch verbietet der DFB den Spielern das Profitum und verlangt von jedem, dass er einen Arbeitsplatz nachweisen kann. Ein »Scheinamateurismus« entsteht: Die Vereine »parken« ihre Spieler bei Unternehmen, die dem Verein verbunden sind und schon mal ein Auge zudrücken, wenn der Arbeitsplatz der Spieler zur Trainingszeit oder bei Spielen verwaist ist. Von den Eintracht-Spielern beschäftigt die jüdische Firma Schneider unter anderem den Mittelfeldspieler Rudi Gramlich als Ledereinkäufer. Vorfälle wie beim Endspiel 1932 in Nürnberg erlebt der ehrgeizige Spieler laut Auskunft seines Sohnes nur selten auf seinen Geschäftsreisen: »Er hatte, ob er im Auto fuhr oder im Zug, seine Sportsachen dabei. Er war Chefeinkäufer einer großen Schuhfabrik [...] und er wusste genau, wo die Sportplätze sind, und trainierte dann für sich alleine. Oder aber er erkundigte sich vorher, ob die Mannschaft trainiert, die dort zu Hause war und dann trainierte er mit. Er war natürlich als Eintracht-Spieler, beziehungsweise als Nationalspieler, herzlich willkommen.«

Bei Eintracht Frankfurt beispielsweise können Juden vor 1933 ohne Probleme in leitende Positionen gelangen. Die Finanzen des Vereins verwaltet Hugo Reiss als Schatzmeister, er sitzt auch im Vorstand. Doch ab Januar 1933 stellt die Eintracht sich um. Äußert der Verein nach dem freiwilligen Austritt eines langjährigen jüdischen Mitgliedes im April 1933 noch Betroffenheit darüber, »daß Sie infolge der politischen Verhältnisse in unserem Vaterland Ihren Austritt erklärt haben«,[12] so unterzeichnet er im gleichen Monat ebenfalls die Resolution süddeutscher Clubs, in der diese die Entfernung von Juden aus den Vereinen fordern und die nationalsozialistische Regierung ihrer treuen Gefolgschaft versichern.

Drei Wochen bevor Reichssportführer Tschammer in seinen Leitsätzen zur Zukunft des Sportes die Durchführung des Führerprinzips in den Verbänden offiziell fordert, gibt sich die Eintracht eine neue Struktur: Eine Versammlung von Ehrenmitgliedern, Ehrenspielführern und älteren Mitgliedern ernennt im Mai 1933 den bisherigen Vorsitzenden Graf von Beroldingen zum kommissarischen Vorsitzenden und beschließt: »Der Verein wird heute nach dem Führerprinzip geführt.«[13] Eine schriftliche Satzungsänderung erfolgt aber noch nicht, denn die Versammlung wartet die angekündigten neuen Richtlinien des Reichssportführers für die Vereine ab. Der dennoch mit Führervollmachten ausgestattete alte neue Eintracht-Vorsitzende von Beroldingen beruft auf dieser Versammlung auch seine Mitarbeiter. Der jüdische langjährige Schatzmeister Reiss findet sich nicht mehr darunter.

Ende des Jahres schaltet sich die Eintracht dann auch offiziell gleich. Mit »Sieg-Heil«-Rufen und dem »Horst-Wessel-Lied« verabschiedet sich der Verein von seiner langjährigen Tradition. Nach dem Tod des bisherigen Vereinsvorsitzenden Graf von Beroldingen gelangt mit dem SA-Mann Hans Söhngen ein Vereinsführer an die Spitze der Eintracht, der den ehemals als »Judenclub« titulierten Verein auf Parteilinie bringt: »Darum muß sich jeder, der zum heutigen Sport eine Beziehung hat, klar darüber sein, daß er sich entweder freudig und vorbehaltlos zur Verfügung stellt, oder aber – wenn er das nicht fertigbringt – ein für alle mal von der Bildfläche verschwindet.«[14]

Während die Vereinsführung sich politisch profiliert, kann die Mannschaft auf dem Platz in den dreißiger Jahren keine entsprechenden Akzente setzen. Im DFB-Einheitsdress mit Schirmmütze und Clubjacke repräsentiert jedoch Mittelfeldregisseur Rudi Gramlich die Eintracht international bei der WM 1934 in Italien. Allerdings nur kurzfristig. Beim 2:1 Sieg der deutschen Mannschaft gegen Schweden in der Zwischenrunde spielt Gramlich sein einziges Spiel dieser WM, dann reist er vorzeitig aus beruflichen Gründen ab. In Frankfurt steht ein größerer Ledereinkauf an, der für die Firma Schneider überlebenswichtig ist. Klaus Gramlich berichtet: »Die jüdischen Unternehmen [...] wurden kontingentiert. Das heißt also, [mein Vater] durfte nicht mehr soviel einkaufen, wie er einkaufen wollte, um die Produktion sicherzustellen. Das Ledergeschäft während der WM bot diese Möglichkeit, darum reiste er ab. Das war ihm wichtig, [...] ihm ging der Beruf vor.« Übel genommen haben Rudi Gramlich die neuen Machthaber das nicht: 1936 spielt er im deutschen Olympia-Aufgebot. Auch er verliert vor den Augen Hitlers am 7. August 1936 im Berliner Poststadion mit 0:2 gegen Schweden. Danach ist Schluss mit der Nationalmannschafts-Karriere. Rudi Gramlich arbeitet an seiner beruflichen Laufbahn. Er kündigt bei seinem jüdischen Arbeitgeber, gründet ein eigenes Ledergeschäft und tritt der SS bei.[15] Zwei Jahre später absolviert er sein vorerst letztes Spiel für die Eintracht und macht jetzt außerhalb des Platzes am Frankfurter Riederwald Karriere: Spieler, Geschäftsmann und SS-Mitglied – als Eintracht Frankfurt 1939 Gramlich zum neuen Vereinsführer bestimmt, vereint er in seiner Person Sport, Verwaltung und Politik zum Wohle des Vereines.

Sportlich kann die Eintracht aber nicht von ihrem neuen Vereinsführer profitieren, denn auch in Frankfurt wird eine kontinuierliche Vereinsarbeit seit dem Beginn des Zweiten Weltkrieges immer schwieriger. Außerdem braucht die SS jetzt den Sportfachmann Gramlich: »Er hat Sportschulen gebaut, selbstverständlich wurden die von der SS genutzt.

Und er sagte mir, dass er sehr wesentlich dazu beigetragen hat, dass in Polen und der Tschechoslowakei ein Großteil des so genannten ›Sokol‹-Vermögens – das war eine Art Arbeiter-Turnbewegung – nicht ins Reich transferiert, sondern im Land investiert wurden.« Gramlichs Sohn ist überzeugt, dass sein Vater nur sportlich tätig wurde.

Am Frankfurter Riederwald steht mittlerweile die Flakabwehr der deutschen Wehrmacht am Stadion. Immer häufiger ist Frankfurt nun Ziel heftiger Bombardements der Alliierten, und bei einem Angriff 1943 verliert die Eintracht ihre traditionelle Spielstätte. Ein geregelter Spielbetrieb ist gegen Kriegsende nicht mehr möglich; die Gauliga Südwest, in der Frankfurt 1939 spielte, wird während der Kriegsjahre mehrfach unterteilt. Auf Platz zwei in der Dritten Staffel der Gauliga Hessen-Nassau beschließt Eintracht Frankfurt die letzte Kriegssaison, und zwar als Kriegssportgemeinschaft mit dem Lokalrivalen FSV. Eine Notgemeinschaft, durch die beide Vereine zusammen aber immerhin eine komplette Elf auf den Platz schicken können. Zu viele Spieler sind eingezogen oder schon gefallen.

Den ehemaligen Eintracht-Spieler Rudi Gramlich verhaften amerikanische Soldaten am Ende des Krieges in Hirschberg an der Saale. Der SS-Mann verbringt mehrere Jahre in einem Internierungslager und spielt dort sogar Fußball, wie sein Sohn Klaus erzählt: »Die Amerikaner waren natürlich daran interessiert, dass dort kein Lagerkoller entstand, und förderten daher körperliche Betätigung. Und wie hätten sie das besser tun können als durch Fußball. Fußball wird überall gespielt. Und es hatte sich natürlich auch schon rumgesprochen, dass mit meinem Vater dort ein Nationalspieler im Gefangenenlager war. Man hat ihn dann gebeten, Spiele zu arrangieren, und da hat er sich die besten Fußballspieler im Lager rausgesucht und hat sie trainiert. Dann hat man Gegner gesucht: Mal spielten sie gegen andere Gefangenenlager, dann spielten sie gegen die amerikanische Armee. Denn das war die einzige Möglichkeit, um mal aus dem Lager herauszukommen, und das bedeutete natürlich auch die Gelegenheit, draußen etwas mehr zu essen oder sogar Alkohol zu bekommen.«

Vom Fußball selbst verstehen die Amerikaner allerdings nicht sehr viel. Das nutzt der Stuttgarter Fritz Walter gemeinsam mit den VfB-Funktionären Ernst Schnaithmann und Gustav Sackmann zur Gründung der Oberliga Süd, der größten Spielvereinigung, die es zu diesem Zeitpunkt in Deutschland gibt. Sie umfasst 16 Vereine aus der ganzen amerikanischen Zone. Wohl wissend, dass die Amerikaner jeder Sportorganisation als möglicher Propagandastelle misstrauen, beantragt das Stuttgarter Trio nur die Genehmigung für eine einfache Spielrunde einzelner Vereine untereinander. Die amerikanischen Behörden erteilen die Genehmigung, und im November 1945 beginnt der Spielbetrieb.[16] Die Eintracht ist dabei - obwohl formal als Verein noch gar nicht wieder gegründet. Der Verein kann nicht wie der FC Bayern München darauf verweisen, sich den Nationalsozialisten lange widersetzt zu haben. Im Juni 1946 wählt die Eintracht auf einer vorbereitenden Gründungsversammlung einen Mann zum Präsidenten, der den zuständigen Behörden Vertrauen vermitteln kann: den Captain der US-Armee, Günter Reiss. Er ist der Neffe des bis 1933 tätig gewesenen jüdischen Schatzmeisters Hugo Reiss und wird bis zum Ende des Jahres 1946 als erster ordentlicher Vorsitzender den Verein führen.

Die *Frankfurter Rundschau* veröffentlicht in einer Ausgabe vom 15. November 1947 Fotos, die Rudi Gramlich in SS-Uniform mit angeschlagenem Gewehr hinter Menschen zeigt, welche mit erhobenen Händen an einer Häuserwand stehen. Seinem Sohn Klaus erklärt er die Szene als Routineeinsatz: »Laut seiner Schilderung hatte dies nichts mit Erschießungen zu tun, sondern war eine einfache Bewachung, und es war natürlich kein Zufall, dass dieses Photo gerade von der *Frankfurter Rundschau* veröffentlicht wurde, denn der Chefredakteur [. . .] wohnte in unserem Haus, in das wir nicht mehr einziehen durften.« Rudi Gramlichs Einstufung im Entnazifizierungsverfahren: minder belastet. Laut Klaus Gramlich sagt auch ein Angehöriger der Familie Adler, die 1938 Deutschland verließ und in deren Fabrik Gramlich tätig gewesen war, für ihn aus. Der Urteilsspruch erfolgt 1948, und die *Frankfurter Rundschau* bemängelt,

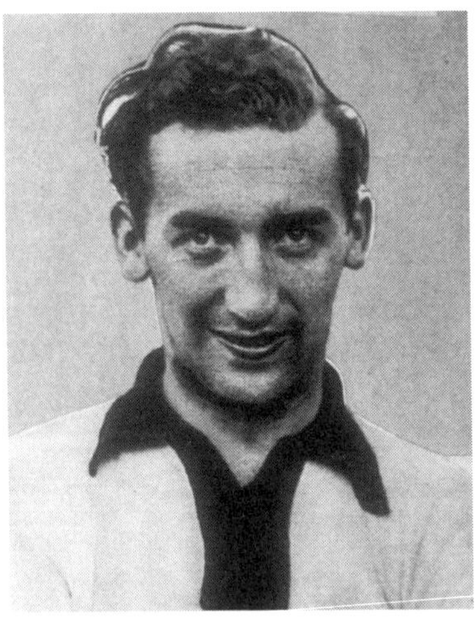

»Rudi« Gramlich, in den Dreißiger Jahren einer von Deutschlands besten Fußballern, will nach dem Krieg eine neue sportliche Karriere starten, muss dann aber Fragen zu seiner Mitgliedschaft in der SS beantworten.

dass die Spruchkammer nicht vor Ort die Vorwürfe gegen Gramlich geprüft habe.

Spielerlegende Rudi Gramlich kehrt zurück zur Eintracht, in der er 1949 den Vorsitz des Spielausschusses übernimmt und 1950 zum stellvertretenden Vorsitzenden gewählt wird. Inzwischen haben auch die Amerikaner in Frankfurt ihren Spaß am Fußball entdeckt. Klaus Gramlich erinnert sich noch an das Erstaunen der Zuschauer über die fremden Uniformen auf der Tribüne neben seinem Vater: »Bekannte meines Vaters sagten immer: ›Bei euch, bei der Eintracht, sitzen ja mehr amerikanische Generäle auf der Tribüne, als beim Neujahrsempfang des Bundespräsidenten sind.‹« Rudi Gramlich bemüht sich um ein gutes Verhältnis zu den Besatzungstruppen und kann bei der Eintracht auch seine Erfahrungen als Vereinsführer von 1939 bis 1942 nutzen. 1955 schließlich wählt ihn der ehemalige so genannte »Judenclub« zum Vorsitzenden; bis 1970 wird er diesen Posten innehaben und den Verein in der Saison 1958/59 zur Deutschen Meisterschaft führen. Klaus Gramlich, den sein Vater bereits als kleinen Jungen mit ins Eintracht-Stadion genommen hat, folgt dem Vorbild seines Vaters: Von 1983 bis 1988 ist er Präsident der Eintracht.

Oberliga-Saison 1993. Die Lokalrivalen Eintracht Frankfurt und Kickers Offenbach treffen aufeinander. Die Polizei nimmt mehrere Offenbacher Fans in Gewahrsam, die antisemitische Parolen geschrien haben. Der damalige Präsident der Kickers, Jürgen Bittdorf, sagt im Interview mit der *Offenbach-Post,* dass es antisemitische Äußerungen nicht gegeben habe, und »Judenpack« schon gebrüllt werde, seit es die Frankfurter Eintracht gebe.[17]

TSV 1860 München

Das »Löwenstüberl«, die Vereinsgaststätte des TSV 1860 München, spiegelt noch heute die kleinbürgerliche Umgebung des Stadtteils Giesing wider, in dem der Verein seit 1908 verwurzelt ist: Das Haus ist alt, der Raum ist eng, die Einrichtung rustikal. Gipslöwen in den Fenstern. Urdeutsche Gemütlichkeit, kein Vergleich mit der Imitation eines amerikanischen Diners in Chrom und rotem Leder, die der FC Bayern wenige hundert Meter entfernt in das moderne Verwaltungsgebäude des »FC Hollywood« integriert hat.[18]

»Klotzen statt Kleckern«, in den zwanziger Jahren denkt man im Verein zunächst in großen Maßstäben. Der TSV kauft 1922 von der Stadt ein Grundstück an der Grünwalder Straße und beginnt mit dem Bau eines modernen Sportstadions. Vier Jahre später ist es fertig und wird auf den Namen »Heinrich-Zisch-Stadion« getauft. Den Bauherren TSV 1860 München gibt es zu diesem Zeitpunkt nicht mehr. Der Verein hat sich 1924 in den Turnverein TV 1860 München und den Sportverein SV 1860 München gespalten. Denn obwohl der Verein im Arbeiterstadtteil Giesing liegt, prägt den Turn- und Sportverein nicht die »rote« politische Arbeiterschaft, sondern die Nähe zur nationalistischen Deutschen Turnerschaft (DT). Und die beansprucht in Deutschland traditionell die Führungsrolle bei den Leibesübungen und hat ihren Vereinen verboten, neben der Mitgliedschaft in der DT auch in einem Sportverband Mitglied zu sein. Die Turner verachten den wettkampforientierten Sport. Die beiden TSV-Splitter TV und SV 1860 München bleiben dennoch personell und organisatorisch eng miteinander verbunden; mit der offiziellen Scheidung ist dem Anspruch der DT Genüge getan. Heinrich Zisch, bereits im Ersten Weltkrieg Vorsitzender des Vereins und Namensgeber des neu gebauten Stadions, ist 1929 sogar gleichzeitig Präsident des TV und des SV 1860 München.

Sportlich sind beide Zweige von 1860 in ihren Bereichen erfolgreich. Die Fußballabteilung des SV 1860 München steht 1931 sogar im Endspiel um die Deutsche Meisterschaft, verliert aber gegen den Titelverteidiger Hertha BSC. Angeblich legt der Schiedsrichter Abseits- und Elfmeterregeln stets zugunsten der Hertha aus und ignoriert – offensichtlich überfordert – auch die Entscheidungshilfen seiner Linienrichter. Die Münchener unterliegen knapp mit 2:3. Die Fußball-Chronik des TSV 1860 München zitiert ein Telegramm der Hertha, das am nächsten Tag in München eintrifft: »Wir gratulieren dem wahren deutschen Meister.«[19]

Trotz der sportlichen Erfolge plagen die Sechziger bald große finanzielle Sorgen. Gerade im Arbeiterviertel Giesing macht sich die Weltwirtschaftskrise von 1929 bemerkbar: Immer weniger Zuschauer geben Geld für einen Stadionbesuch aus, die Einnahmen sinken. Seit einem Jahr ist die Schuldentilgung für das Stadion nicht mehr aus eigener Kraft möglich und der Neubau wird zum Klotz am Bein. 1933 liegt die Arbeitslosenquote der Vereinsmitglieder um 40 Prozent. Schulden, die 1932 aufgelaufen sind, übernimmt schließlich die Stadtverwaltung. Als die Nationalsozialisten die deutsche Sportbewegung mit einer neuen Einheitssatzung zentralisieren und auf das Führerprinzip verpflichten, schließen sich beide Vereine am 13. März 1934 wieder zum TSV 1860 München zusammen. Bis zum Ende des Dritten Reiches werden nun nur noch SA-Mitglieder an der Spitze des Vereines stehen.

Dem wieder vereinigten TSV ist die Gunst der neuen Machthaber sicher: Ein hoher Anteil von Blutordensträgern ist unter den Vereinsmitgliedern, die Hitler bereits 1923 beim Marsch auf die Feldherrenhalle begleitet haben.[20] Noch vor der Machtübernahme der Nationalsozialisten grüßen die Sechziger in ihrer Korrespondenz mit »Heil Hitler«[21]. Die Nähe zahlt sich aus: Die Stadt stützt den Verein, als er erneut in eine finanzielle Krise gerät. Die Begründung für die städtische Hilfe lautet, die »Löwen« seien aufgrund ihrer sportlichen Erfolge in der Vergangenheit ein besonderes Aushängeschild Münchens. 1935 kaufen das Amt für Leibesübungen und weitere Stadtreferate gemeinsam mit der Städtischen Sparkasse dem TSV einen vereinseigenen Sportplatz ab. Damit rettet die Stadt München erneut die Sechziger vor der Zahlungsunfähigkeit. Die Vereinsoffiziellen wissen, dass die Stadt in wirtschaftlich schwerer Zeit ein wichtiger Partner des Vereins ist, und so sorgen sie dafür, dass seit Oktober 1935 die Kommunalpolitiker dem Verein auch offiziell eng verbunden sind: Im Rahmen seines 75-jährigen Vereinsjubiläums verleiht der TSV dem Münchener Oberbürgermeister Fiehler sowie dem Leiter des städtischen Amtes für Leibesübungen, Ludwig Behr, die Ehrenmitgliedschaft im Verein.[22]

Zwei Jahre später schreibt der Verein wieder rote Zahlen. Die Sparkasse lehnt ein weiteres Darlehen über 80 000 Reichsmark ab. Im Stadtrat sitzt zu diesem Zeitpunkt auch Emil Ketterer, Vereinsführer des TSV seit 1936, im Verein seit 1908 und ein Nationalsozialist der ersten Stunde, der bereits 1923 der NSDAP beigetreten ist. Im Zivilberuf Internist, gründet Ketterer mit Kollegen den Nationalsozialistischen Deutschen Sportärztebund und ist Chef des Sanitätswesens der SA. Ketterer befürwortet als Arzt ausdrücklich das Euthanasie-Programm der Nationalsozialisten.[23]

Im Rat kann Ketterer jedoch keine Mehrheit für eine erneute finanzielle Zuwendung der Stadt erreichen und stößt hier nun sogar auf offenen Widerstand. Eine weitere einseitige Bezuschussung kommt nicht in Frage, denn andere Münchener Clubs, die ebenfalls sportliche Erfolge aufweisen, fördert die Stadt nicht in dem Maße wie die Sechziger. Der Verein steht vor dem Bankrott. Jetzt lässt Ketterer alte Beziehungen spielen, die bis in Hitlers Vorzimmer reichen: Wilhelm Brückner, persönlicher Adjutant des Reichskanzlers, ist ebenfalls altes Mitglied von 1860 München. 1937 schreibt Ketterer in höchster Not an den alten Sportkameraden: »Lieber Wilhelm [...] denn wenn der Führer es wünscht [...].«[24] Den »Führer« selbst will Brückner zwar nicht einschalten, macht aber eigene Vorschläge, die sich allerdings an der Grenze der Legalität bewegen und im Münchener Stadtrat auch keine Mehrheit bekommen. Dann findet die Stadt eine einfache Lösung, wie sie dem Verein finanziell helfen kann: Sie kauft ihm mit Ratsbeschluss vom 13. Juli 1937 für fast 360 000 Reichsmark das Stadion ab. Für die Stadtkasse eine riesige Investition, und der TSV ist saniert.

Auch sportlich geht es nun wieder aufwärts. Die Saisons 1937/38 sowie 1938/39 beendet der TSV jeweils als Zweiter der Gauliga. Dann bricht im September 1939 der Zweite Weltkrieg aus. Viele Vereinsmitglieder müssen an die Front einrücken, und da der TSV zeitweise kaum mehr eine komplette Mannschaft aufstellen kann, fusioniert er übergangsweise mit dem Post SV. Viele Vereine in Deutschland, die wie der TSV die fehlenden Spieler nicht ersetzen können, halten den Spielbetrieb durch solche Spielzusammenschlüsse in Gang. Doch sie sind nur von kurzer Dauer: Reichssportführer Tschammer verbietet die spielerischen Notgemeinschaften schon nach kurzer Zeit. Mühsam beenden die Sechziger die Saison 1939/40 mit eigenen Kräften, schaffen aber den Klassenerhalt.

Ein Jahr darauf sieht die Lage schon wieder vollkommen anders aus. Im Wiener Praterstadion hoffen die »Löwen«-Fans unter den 40 000 Zuschauern, nach dem Triumph des FC Bayern München 1932 nun auch endlich einmal selbst einen Deutschen Meister aus München zu stellen. Im Rückspiel der Endrunde um die Deutsche Meisterschaft unterliegt der TSV 1860 aber Rapid Wien mit 0:2. Im Hinspiel hatten die Sechziger die Wiener noch 2:1 geschlagen und überhaupt eine glänzende Saison gespielt.

Die Politik ist mitverantwortlich für diesen Höhenflug. Nach Kriegsausbruch gestattet Reichssportführer Tschammer eingezogenen Spielern, für Vereine an ihrem jeweiligen Einsatzort zu spielen, ohne Mitglied dieses Vereines zu werden. Der Fußball rollt somit weiter und in München stationierte Soldatenspieler verstärken den TSV. 1941 kommt der wohl stärkste Zugang mit Ernst Willimowski, der bei der WM 1938 noch im polnischen Nationaldress spielte. Ein torgefährlicher Stürmer, wie er auch Reichstrainer Sepp Herberger in der Nationalmannschaft bislang fehlte. Am 1. Juni 1941 gibt Willimowski sein Debüt in der deutschen Nationalmannschaft und steuert gleich zwei Tore zum 4:1-Sieg der Deutschen bei. Bis die Nationalsozialisten Länderspiele im darauf folgenden Jahr verbieten, wird Willimowski den gegnerischen Mannschaften in acht Spielen noch dreizehn Mal »einschenken«.

Berlin, 15. November 1942. Endspiel um den Vereins-Pokal, im Volksmund auch Tschammer-Pokal genannt. Vom Reichssportführer gestiftet, wird er seit der Saison 1935 ausgespielt. 1942 steht der TSV erstmals im Finale, und rund 75 000 Zuschauer verfolgen das Endspiel der Münchener gegen Schalke 04. Der Gegner der Sechziger ist in der laufenden Saison zum sechsten Mal Deutscher Meister geworden, sechs Nationalspieler sind in der Mannschaft. Die Schalker spielen ballverliebt. Für die Münchener, als klare Außenseiter ins Spiel gegangen, schiebt Willimowski überraschend kurz vor Schluss den Ball ins Netz: 1:0, die Schalker machen jetzt auf und stürmen vors Münchener Tor, wodurch hinten Lücken entstehen: Bertl Schmidhuber schießt den 2:0-Endstand für die »Löwen«. Begeisterter Empfang in München! Der TSV 1860 ist nun auch sportlich aus dem Schatten des ungeliebten Lokalrivalen FC Bayern getreten.

Im Oktober 1943 wird das Stadion an der Grünwalder Straße bei einem alliierten Bombenangriff schwer getroffen, die Tribünen werden weitgehend zerstört. Nachdem die beiden Gruppen der bayrischen Gauliga 1944 aufgelöst und durch sechs Regionalgruppen ersetzt werden, beendet 1860 die Saison hinter dem erstplatzierten FC Bayern. Danach tragen beide Vereine am 23. April 1945 noch ein Freundschaftsspiel aus, bei dem die Löwen 2:3 unterliegen. Am 8. Mai 1945 kapituliert Nazi-Deutschland. Laut eigener Vereinsfestschrift von 1985 beginnt nun »die schwerste Zeit des TSV 1860 München in seiner 125-jährigen Geschichte«.[25]

Der TSV gilt als nationalsozialistisch belastet. Den bisherigen Vereinsführer Emil Ketterer internieren die amerikanischen Besatzungstruppen. Ein Unbelasteter sondiert für den Verein, welche Perspektiven dieser in der neuen Zeit hat. Heinrich Zisch, vor der Machtübernahme Hitlers bereits Vorsitzender des Vereins, schreibt im August 1945 an den Münchener Oberbürgermeister Scharnagel und bittet um ein klärendes Gespräch. Sie sind beide 1933 Lokalgrößen der Münchener Gesellschaft gewesen. Scharnagel, der letzte demokratisch legitimierte Oberbürgermeister Münchens, ist von den Amerikanern kurz nach Kriegsende erneut als Oberbürgermeister eingesetzt worden. Der TSV-Vertreter Zisch dringt aber nicht bis zum Oberbürgermeister vor, das Gespräch findet auf Abteilungsleiter-Ebene statt: Anton Fingerle, Leiter des Schul- und Kulturamtes und damit auch zuständig für den Sport, notiert nach dem Gespräch: »Der Hauptpunkt war die Fortführung der Arbeit des Turn- und Sportvereins von 1860 in einer den neuen Weisungen entsprechenden Form. Ich gewann den Eindruck, als ob der Verein durch eine Anzahl seiner führenden Persönlichkeiten so stark belastet wäre, daß der Verein sich selbst über seine Zukunftsmöglichkeiten nicht im Klaren ist. [...] Ich forderte ihn auf, auf jeden Fall die Fragebögen der für die Weiterführung vorgesehenen Personen den verantwortlichen Stellen vorzulegen.«[26]

Während die Funktionäre verdächtig sind, gilt dies nicht für ehemalige und aktive Spieler. Sie sorgen dafür, dass der Verein nicht völlig zerfällt und den Spielbetrieb wieder aufnimmt. Gegen das reine Spielen hat Amtsleiter Fingerle nichts einzuwenden: »Es darf wohl als selbstverständlich angesehen werden, daß gerade das Fußballspiel nicht das mindeste mit Militarismus oder ähnlichen Zielen zu tun hat, daß vielmehr alle Beteiligten nur ein Interesse haben, nämlich das am rollenden Ball.«[27] Im Gegensatz zum Fußball sind andere Sportarten wie Motorfliegen oder Fechten wegen ihres militärischen Potenzials nach dem Krieg verboten.

Nachdem im stark zerstörten Stadion an der Grünwalder Straße bereits im August 12 000 Zuschauer miterleben, wie die »Löwen«-Mannschaft dem Lokalrivalen FC Bayern mit 0:4 unterliegt, ist das Interesse der Mannschaft an einer Teilnahme an der neu gegründeten Süddeutschen Oberliga umso größer. Bei der Besetzung der Oberliga wird die Tradition des Vereines berücksichtigt – und zwar nur die sportliche. Der TSV rechnet sich daher gute Chancen für eine Teilnahme aus und ist beim Start tatsächlich gesetzt. Er spielt in den kommenden Jahren auf mittlerem Niveau, steigt zwischenzeitlich sogar für eine Saison in die Zweite Liga ab. Lange Jahre warten Fans und Mannschaft auf einen zählbaren Erfolg. Erst Trainerlegende Max Merkel, seit 1960 unter Vertrag, schafft den ersten Erfolg der Nachkriegszeit mit dem TSV: 1964 hält sein Team den Deutschen Vereinspokal in den Händen, bei dem es sich eigentlich um den Tschammer-Pokal handelt, den der TSV 1942 schon einmal gewonnen hat. Nur eine kleine Veränderung hat die Trophäe aus der

NS-Zeit erfahren, seit der Deutsche Fußball-Bund sie 1953 erstmals nach dem Krieg wieder vergibt. Das Hakenkreuz, das der Reichssportführer in den Silberpokal gravieren ließ, verdeckt jetzt eine aufgesetzte Silberplatte mit dem Schriftzug »DFB«.

Wenige Jahre zuvor hatte der TSV mit einer bedeutenden Person seiner Vergangenheit abgeschlossen: Über den ehemaligen Präsidenten Emil Ketterer, den überzeugten Nationalsozialisten der frühesten Stunde, heißt es 1960 in der Festschrift des Verbandes zum 100-jährigen Bestehen, dass der Mann, der sich so ungeheure Verdienste um den Verein erworben habe, gänzlich ungerechterweise interniert worden sei.[28]

FC Schalke 04

»Die Entwicklung von unten herauf, das Leben mit dem Volk und in dem Volke, die zähe Aufbauarbeit durch viele Jahre, das Sich-nicht-entmutigen-lassen durch Niederlagen und Rückschläge, der fanatische Wille zum Ziel und Sieg, das haben die Schalker mit Adolf Hitler gemeinsam, das verbindet sie ohne viel Worte mit dem Nationalsozialismus.«[29] Nationalsozialistische Schriftsteller feiern den Fußballclub Schalke 04: dieses Zitat stammt aus dem Jahr 1936. Schalke ist Deutschlands erfolgreichster Fußballverein der dreißiger und vierziger Jahre: acht Mal im Finale um die Deutsche Meisterschaft, davon sechs Siege. Im Meisterjahr 1937 wird Schalke auch Pokalsieger: der erste deutsche Verein, der das »Double« schafft. Seit Beginn der Saison 1933/34 bis zur letzten Kriegssaison 1943/44 ist der Club jedes Jahr Meister der Gauliga Westfalen. An diesem Verein kommen die Nationalsozialisten nicht vorbei.

Im Ruhrgebiet wird Fußball traditionell »gearbeitet«: Die Zuschauer, meist Arbeiter der umliegenden Montanbetriebe, fordern Einsatzwillen, Aufopferungsbereitschaft und Kampfgeist auf dem Platz. Dann ist – wenn es denn geschieht – auch eine Niederlage akzeptabel. Schalke ist ein Arbeiterverein, gehört aber nicht dem politisch orientierten Arbeiter-Turn- und Sportbund an, sondern ist Mitglied im DFB, dem bürgerlichen Fußballverband Deutschlands. Einer der wenigen erfolgreichen Vereine mit »Malocher«-Image: Bei jedem Spiel, das die Mannschaft gegen Vertreter bürgerlicher Clubs gewinnt, kehrt sich im Sport auch die Lebenssituation der Anhänger um.

Im ersten Jahr der Machtübernahme stehen die Schalker mit Fortuna

Düsseldorf im Endspiel um die Deutsche Meisterschaft. Auf den Rängen des Müngersdorfer Stadions tummeln sich am 24. März 1933 lange vor Spielbeginn die Anhänger des Revierclubs. Lange haben sie auf dieses Ereignis gewartet, denn in der untergeordneten Ruhrgauliga stand Schalke seit 1927 fast durchgängig auf dem ersten Platz. Bislang haben es die Schalker bis ins Halbfinale der Saison 1931/32 gebracht und das Finale gegen Fortuna Düsseldorf 1933 mit 0:3 verloren.

Die Hand hoch zum Gruß erhoben steht der Verein 1934 erneut im Finale. Seit Ende 1933 schreibt der DFB den deutschen Gruß bei Beginn jedes Spiels vor. Die Helden, die die Zuschauer bejubeln, sind vor allem Ernst Kuzorra und Fritz Szepan, beide seit 1931 miteinander verschwägert. Sie sind die Antreiber des »Schalker Kreisels«, eines schnellen Passspiels, bei dem die gesamte Mannschaft ständig in Bewegung ist und die gegnerischen Teams damit schwindlig spielt. Diesmal gewinnt im Berliner Poststadion die Schalker Mannschaft mit 2:1 gegen Nürnberg, und zwar dank des aufopferungsvollen Einsatzes von Ernst Kuzorra. Er hat extra eine dringend notwendige Operation wegen eines Leistenbruches verschoben und quält sich durch das ganze Spiel. Er bringt Schalke den Sieg: Kurz vor dem Abpfiff schießt er den Siegtreffer. Dann bricht er zusammen und muss vom Platz getragen werden. Mit dem Sieg beginnt die Inszenierung Schalkes durch die Nazis.

Hunderttausende Fans feiern am nächsten Tag die siegreiche Mannschaft auf dem Schalker Markt vor der Vereinsgaststätte Thiemeyer. In die blau-weißen Vereinsfarben mischen sich braune Töne: SA- und SS-Staffeln marschieren auf, Musikzüge der HJ spielen für den Deutschen Meister. Es gibt einen Fackelumzug und auf der offiziellen Siegesfeier dürfen neben den Vereinsvertretern auch NSDAP-Mitglieder zur Menge sprechen. Das »Horst-Wessel-Lied« und ein gemeinsames »Sieg-Heil« beschließen die Feierlichkeiten im Sinne der neuen Machthaber.

Tibulski, Kalwitzki, Szepan und Kuzorra sind Deutsche Meister. Ein Problem für die Nationalsozialisten, die die Überlegenheit der arischen Rasse propagieren, denn die Namen der Meister sind zum Teil slawischen Ursprungs. Und dass im Ruhrpott unter anderem viele Nachfahren polnischer Arbeiter leben, ist in Deutschland allgemein bekannt. Aber die gleichgeschaltete Sportpresse nimmt den Verdacht einer slawischen Abstammung von den Spielern. Im Mai 1934 erklärt die Zeitschrift *Fußball* die verdächtigen Spieler pauschal zu Deutschen, genauer gesagt: zu Masuren.[30] Masuren ist bekannt als eine ostpreußische Landschaft, in der slawisch klingende Namen nicht ungewöhnlich sind.

Die Schalker Helden, allen voran die Spielmacher Szepan und Kuzorra, sind damit jedenfalls auch für die Nationalsozialisten salonfähig. 1936 – Schalke ist 1935 zum zweiten Mal Deutscher Meister geworden – veröffentlichen die Buchautoren Heinz Berns und Hermann Wiersch *Das Buch vom Deutschen Fußballmeister – Die Geschichte zweier Mannen und einer Mannschaft,* worin sich angebliche politische Äußerungen der beiden Schalker Stars finden. Fritz Szepans Erinnerungen an den Gewinn des dritten Platzes bei der WM 1934 im ebenfalls faschistischen Italien geben die Autoren folgendermaßen wieder: »Ich stand vor Mussolini. Auge in Auge mit dem Duce, oben wehen die Farben unseres Reiches [...]. Da stand ich ›kleiner‹ Schalker, der Mann aus dem ›Kohlenpott‹, auf einmal vor Italiens Regierungschef, um eine Ehrung für Deutschland zu empfangen, eine Ehrung, die ausschließlich Adolf Hitler zukam, aus dessen Geist wir gespielt haben ...«[31] Im gleichen Buch erläutert Ernst Kuzorra die Übereinstimmung von Sport und Politik aus Sicht der Schalker und fügt hinzu: »Wir nehmen keinen Anstoß daran, daß man uns eine Arbeitermannschaft nennt, wenn auch nicht alle von uns Handarbeiter sind. Arbeiter aber, meine ich, ist heute ein stolzes Wort. Gerade hier im Gebiet, und Gott sei Dank heute wieder in ganz Deutschland. Jeder Deutsche, der seine Pflicht tut, sei es an höchster, sei es an geringster Stelle, ist in dem neuen, weiten, echten Sinne des Wortes ein Arbeiter.«[32] Zeitzeugen wundern sich über die klare und scharfe Formulierung, denn als eloquent sind die beiden Spieler nicht bekannt. Und tatsächlich geben die Buchautoren in ihrem Werk zumindest für Ernst Kuzorra zu, das Gespräch redaktionell überarbeitet zu haben – natürlich ganz in seinem Sinne.

Am 5. November 1938, vier Tage vor den Pogromen der Reichskristallnacht, findet sich ein neuer Eintrag in der Stadtchronik Gelsenkirchen: »Das bisherige jüdische Kaufhaus Julius Rode & Co. Am Schalker Markt ist in arische Hände übergegangen. Es wird geführt von Fritz Szepan, dem Schalker Mittelstürmer [...].« Fritz Szepan ist zu diesem Zeitpunkt bereits über ein Jahr Mitglied der NSDAP. Nach Recherchen von Historikern bezahlt er etwa 7 000 Reichsmark für das Geschäft, was nur ein Bruchteil des eigentlichen Wertes ist. Das Textilgeschäft liegt im Umfeld der Vereinsgaststätte Thiemeyer, und die Erbengemeinschaft Thiemeyer ist Besitzer des Hauses, in dem sich das Geschäft befindet. 1938 kündigt die Erbengemeinschaft den jüdischen Besitzern, und Fritz Szepan profitiert von diesem Schritt.[33] Der Star der Arbeitermannschaft hat Erfahrung als Unternehmer: Zuvor betrieb Szepan eine Gastwirtschaft, davor bis 1931 gemeinsam mit seinem Mannschaftskameraden Ernst Kuzorra einen Zigarrenladen, den Kuzorra nach Szepans Ausscheiden alleine weiterführt. Von Ernst Kuzorra ist der Satz überliefert, dass er mit der Menge Kohle, die er untertage gefördert habe, noch nicht mal ein Erbsengericht hätte warm machen können.

Im Jahr 1939 wird die gesamte Schalke-Mannschaft um einen Rang in der SA befördert. Es ist die nationalsozialistische Anerkennung für den 9:0-Sieg der Ruhrpott-Elf im Finale 1939. Der höchste Sieg, der je in einem Endspiel um die Deutsche Fußballmeisterschaft erzielt wurde und bei dem Schalke Admira Wien deklassiert. Seit dem »Anschluss« 1938 spielen auch österreichische Mannschaften mit um die Deutsche Meisterschaft. Es ist der vierte Titel in sechs Jahren für die Schalker, die fast schon auf das Finale abonniert scheinen. Wann genau die Mannschaft in die SA aufgenommen wird, ist nach heutiger Quellenlage nicht festzustellen. Die Tatsache, dass sie aber geschlossen Mitglied ist, lässt eine Aufnahme ehrenhalber vermuten. Als »echt nationalsozialistisch in ihrer Einsatzfreude, in dem unerschütterlichen Kampfgeist und in der Hingabe an die Sache«[34] lobt auf der Siegesfeier der Gesandte des SA-Stabschefs die Spieler. Der Ideengeber auf dem Platz, Fritz Szepan, berät künftig auch den Reichssportführer. Tschammer nimmt ihn in den Reichsführerring des Fachamtes Fußball auf.

»Das war Politik, nicht Sport!«[35], zitiert die Überlieferung Ernst Kuzorra, als er am 22. Juni 1941 in Berlin die Ehrennadel für die Vizemeisterschaft, verliehen vom Reichssportführer, ausschlägt. 3:0 führte Schalke gegen die Mannschaft aus Wien, verlor aber schließlich doch noch mit 3:4. Begünstigt von drei Elfmeterentscheidungen des Schiedsrichters ist mit Rapid erstmals ein Team aus der »Ostmark« Deutscher Meister geworden. Und genau das soll politisch beabsichtigt gewesen sein, argwöhnen die Schalker um Kuzorra. Denn das Selbstbewusstsein des lange Jahre erfolgreichen österreichischen Fußballs ist arg strapaziert: In der großdeutschen Nationalmannschaft setzt Reichstrainer Herberger nach dem fehlgeschlagenen Experiment einer verordneten 50-Prozent-Regel bei der WM 1938 mehr Spieler aus dem »Altreich« als aus der »Ostmark« ein. Und im Vereinsfußball fehlt trotz regelmäßiger Teilnahme österreichi-

Ernst Kuzorra ist neben seinem Schwager Fritz Szepan der Mittelpunkt des Schalker Kreiselspiels. Den erfolgreichen Arbeiter-Club aus dem Ruhrgebiet und seine Spieler instrumentalisieren die Nationalsozialisten besonders in ihrer Propaganda.

scher Teams an der Endrunde der Meisterschaft noch der letzte große Erfolg, bis eben 1941 Rapid die »Victoria« nach Wien holt. Die Ehrennadel für die Schalker nimmt statt Ernst Kuzorra schließlich Fritz Szepan in Empfang.

Filmkameras fangen vom Spielfeldrand die Niederlage der Schalker ein. Es sind die Dreharbeiten für den Kinofilm »Das große Spiel«. Damit wird Fußball nun auch im Film Teil der nationalsozialistischen Unterhaltungspropaganda, und mit ihm der Mythos von Schalke 04. Die Geschichte des Films: In die Bergmanns-Elf des kleinen Ruhrgebietsclubs Gloria 03, die die harte Arbeit untertage zu einer Mannschaft mit besonders großem Teamgeist zusammengeschweißt hat, kommt ein neuer Spieler. Schnell wird der Neue - Position Mittelstürmer - zum Star und Hoffnungsträger der Mannschaft, verliebt sich aber in die Freundin eines Mitspielers, die ihm ebenfalls zugetan ist. Ausgerechnet vor dem großen Finale um die Deutsche Meisterschaft eskaliert die Affäre, und bei einem Handgemenge in der Spielpause verletzt der eifersüchtige Freund den neuen Mittelstürmer so schwer am Knie, dass der Trainer ihn nicht zum Wiederanpfiff aufs Spielfeld schicken kann. Als die kleine Ruhrgebietstruppe hoffnungslos zurückliegt, reißt der Neue sich zusammen und hinkt auf den Platz zurück. Mit einer konsequenten Mannschaftsleistung, bei der jeder Spieler seine individuellen Probleme zurückstellt, macht Gloria 03 gegen den bislang übermächtigen Gegner das Unmögliche möglich und gewinnt schließlich doch noch das verloren geglaubte Spiel. Im Kino läuft der Film 1942. In diesem Jahr stockt erstmals der Vormarsch der deutschen Truppen an der Ostfront, die Kämpfe ziehen sich in den Winter. An der so genannten

»Heimatfront« in Deutschland fordern die Nationalsozialisten von den Menschen noch mehr Entbehrungen, um einen Sieg der kämpfenden Truppe zu ermöglichen.

Im gleichen Jahr gewinnt Schalke seine sechste und letzte Deutsche Meisterschaft im Dritten Reich, seit 1939 »Kriegsmeisterschaft« genannt. »Es ist das größte Erlebnis, das heutige deutsche Volk in seinem schweren Existenzkampf, seinen einmaligen gewaltigen Erfolgen an allen Fronten und mit seiner übermenschlichen Arbeit, mit seinen sportlichen und kulturellen Leistungen in der Heimat zu sehen. Es zeigt der ganzen Welt, welch ungeheure Gesundheit und Kraft in seinem Innern liegt, und wie es über den Sieg denkt.«[36] Mit diesen Worten schlägt Gelsenkirchens Oberbürgermeister Böhmer auf der öffentlichen Meisterfeier am Schalker Markt die Brücke zwischen Fußball und Krieg.

Mit Beginn des »totalen Krieges« müssen auch Schalker Spieler verstärkt an die Front einrücken. Leistungsträger wie der Linksaußen »Ala« Urban, der fünf Mal für Schalke im Endspiel um die Deutsche Meisterschaft stand, lassen hier als Soldaten ihr Leben. 1943 erreicht der Vorzeige-Verein noch das Halbfinale der Meisterschaft, 1944 scheitert er bereits in der Vorrunde.

Nach Kriegsende kehren die überlebenden Spieler heim in eine völlig zerstörte Stadt: Von allen Ruhrgebietsstädten hat Gelsenkirchen am meisten unter den alliierten Bombenangriffen gelitten. Doch Stahl und Kohle, im Dritten Reich noch kriegswichtige Güter, sind auch für den Wiederaufbau in ganz Deutschland notwendig, sodass die wenigen unversehrten Anlagen schon wenige Tage nach Kriegsende wieder produzieren.

Die Spieler von Schalke 04 finden sich schnell wieder zusammen. Der Mythos des Vereins und die großen Namen der Spieler um Szepan und Kuzorra sichern jetzt den Lebensunterhalt, denn die umliegenden Vereine laden die immer noch ballversierten Schalker gern zu Spielen ein. Gezahlt wird in Naturalien, die auf dem freien Markt nur schwer erhältlich sind. Szepan und Kuzorra bilden wieder unangefochten das Herz der Mannschaft. Einsatzwille, Aufopferungsbereitschaft und Kampfgeist sind auch nach dem Krieg noch Tugenden, die von der hart arbeitenden Anhängerschaft tagtäglich gefordert werden. Die alten Spieler erinnern an den Lohn dieser Tugenden. Und das ist in den wirtschaftlich schlechten Zeiten der vierziger Jahre erst einmal alles, was das Publikum von den Spielern will – natürlich neben dem gewohnt erfolgreichen Fußball.

Ab 1946 erlauben die britischen Besatzungsbehörden auch wieder organisierte Meisterschaftsspiele, in zwei Spielgruppen wird nun erstmals wieder ein Westfalenmeister gekürt. Ein Titel, den Schalke seit 1933 jede Saison gewann. Schon damals machte das Duo Szepan/Kuzorra das Spiel. Am 18. Mai 1948 trifft das Team der Schalker im Entscheidungsspiel auf den Reviernachbarn Borussia Dortmund, ein Team, das in den dreißiger Jahren noch keinen Konkurrenten für die »Knappen« darstellte. Doch nun beginnt eine bis heute andauernde Rivalität. Die Dortmunder besiegen die Schalker mit 3:2, und in der Presse ist nicht der Titelgewinn der Dortmunder das berichtenswerte Ereignis, sondern die Niederlage der Schalker: »Schalke nicht mehr Westfalenmeister«, lautet eine Schlagzeile.

Die Mannschaft aus Gelsenkirchen, vor allem aber die Spielmacher Szepan und Kuzorra, sind alt geworden: Fritz Szepan ist Jahrgang 1907, Ernst Kuzorra sogar 1905 geboren. Mit den »alten Herren« kann Schalke fußballerisch in den ersten Nachkriegsjahren nicht an die großen Erfolge anknüpfen. 1950 verabschiedet der Verein schließlich Szepan und Kuzorra mit einem Spiel gegen den brasilianischen Meister Belo Horizonte. Szepan ist zu diesem Zeitpunkt bereits seit einem Jahr Trainer des Clubs, und er wird es bis 1954 bleiben. Im Jahre 1958 gewinnt Schalke 04 die Deutsche Meisterschaft zum siebten und bislang letzten Mal – der Schalker Mythos bleibt unantastbar.

Dresdner Sportclub

Rund 80 000 Zuschauer staunen nicht schlecht, als die Akteure des Meisterschaftsendspiels zwischen dem FV Saarbrücken und dem Dresdner SC am 21. Juni 1943 auf den Rasen des Berliner Olympiastadions laufen. Ein hörbares Raunen geht durch die Menge, als sie unter den Spielern des SC den Einarmigen erblicken, dessen linker Trikotärmel leer ist. Und schließlich bricht in dem Moment unbeschreiblicher Jubel los, in dem die Anhänger der Sachsen den Spieler erkennen – es ist tatsächlich Herbert Pohl, der nach einhelliger Meinung der Experten zusammen mit Schubert und Dzur das Prunkstück der Dresdner bildet!

Als in Deutschland die Nationalsozialisten 1933 an die Macht kommen, ist der Dresdner SC in Sachsen die Fußball-Hochburg: Ostsächsischer Meister, Mitteldeutscher Meister und Mitteldeutscher Pokalmeister. Bei der Neueinteilung der deutschen Sportlandschaft 1934 durch Reichssportführer Tschammer wird Dresden Amtssitz des Gaues 5, und die von nun an ausgespielten Gaumeisterschaften gewinnt auf Anhieb der DSC. Mit dem Ministerialrat Kunz steht ein altes DSC-Mitglied an der Spitze des Gaues.

Schon lange vor Ausbruch des Krieges sammeln sich bei Spielen des DSC viele Uniformen auf der Tribüne: Die Nazis finden Gefallen an den Ballkünsten des Clubs. Neben Ministerialrat Kunz sitzt auch Reichsstatthalter Mutschmann im Dresdner Stadion im Ostragehege. Er stiftet den »Mutschmann-Pokal«, dessen erster Gewinner der DSC ist, der mit einem 6:1 dem Gegner Sportfreunde 01 keine Chance lässt und seine gute Form erneut unter Beweis stellt. Danach wird es jedoch lange Jahre dauern, bis die Fans in den NS-Uniformen wieder Grund zum Feiern haben. Von 1934 bis 1938 macht der DSC nicht als Mannschaft, sondern durch seine Nationalspieler von sich reden.

»Hofmann frei, Hofmann frei«, schallen die Rufe von Dresdner Fans beim Länderspiel Deutschland – Slowakei im DSC-Stadion. Sie richten sich an Felix Linnemann, Führer des Fachamtes Fußball, der nach der Erinnerung von Zeitzeugen sichtlich beeindruckt von den Rufen das Stadion verlässt. Obwohl Deutschland mit 2:1 gewinnt. Die Fans fordern Richard Hofmanns Rückkehr ins deutsche Nationalteam, denn der Dresdner Ausnahmefußballer ist beim DFB in Ungnade gefallen. Dabei ist seine sportliche Bilanz makellos: 24 Tore in 25 Nationalmannschaftseinsätzen, vier Mal davon führt Hofmann die Mannschaft als Kapitän auf den Platz. Die Industrie hatte deshalb Hofmann als Werbeträger entdeckt. Auf der Rückseite der »3½-Pfennig-Zigarette Bulgaria-Sport« steht 1932: »Wenn der Richard in einem Länderspiel schießt, stockt Zehntausenden der Atem. Das gibt's nur einmal, solche Plötzlichkeit und Wucht im Schuß. Kaum vermag das Auge zu folgen. Gegen Schweden, England und die Schweiz funkte Hofmann-Richard je drei Tore.«[37] Daneben Hofmanns Konterfei mit hochgereckter Zigarette. Hofmann ist eigentlich Nichtraucher, doch nicht die Zigarette ist der Grund der Sperre, sondern sein Werbehonorar. Nachdem die einjährige Sperre abgelaufen ist, spielt Hofmann nur noch für seinen Verein. Im Jahr von Hofmanns Sperre gibt aber ein anderer Spieler sein Debüt beim DSC, der in einigen Jahren ähnlich berühmt wie Hofmann sein wird: Helmut Schön, den die Reichstrainer Otto Nerz und Sepp Herberger zwischen 1937 und

1942 immerhin bei 16 Spielen der Nationalmannschaft aufstellen. Beim DSC selbst wird der schlaksige Nachwuchsstürmer zum Leistungsträger der Mannschaft. Die Nationalsozialisten auf der Tribüne drängen die Spieler zum Eintritt in die Partei und ihre Organisationen. Erfolglos.

Im zweiten Kriegsjahr, 1940, stehen Schön und Hofmann mit dem DSC im Finale um die Deutsche Meisterschaft. Gegner ist Schalke 04, fünfmal haben die »Knappen« den Titel seit 1934 bereits gewonnen. Auch der DSC kann dem Schalker »Kreiselspiel« nichts Gleichwertiges entgegensetzen, und mit 1:0 gewinnt die Mannschaft des Jahrzehnts ihren sechsten Titel. Doch die jahrelange Aufbauarbeit des DSC zahlt sich noch im gleichen Jahr aus: 1940 holt der Verein den Tschammer-Pokal durch ein 2:1 in der Verlängerung an die Elbe. Im Jahr darauf folgt schließlich im Pokalfinale gegen Schalke 04 die Revanche für das verlorene Meisterschaftsendspiel 1940: Mit 2:1 gewinnen die Dresdner 1941 erneut den Tschammer-Pokal.

Dann wird die erfolgreiche Mannschaft auseinander gerissen. Seit dem Überfall auf die Sowjetunion führt Deutschland einen Zwei-Fron-

Wie viele bekannte Fußballer musste auch Herbert Pohl (hinten rechts) an die Front, bekam aber einen Posten hinter den Linien. Helmut Schön (vorn rechts), sein Mannschaftskamerad beim Dresdner Sport-Club, musste aufgrund einer Knieverletzung nicht einrücken – gespielt hat er dennoch.

ten-Krieg, und auch Fußballspieler werden als Soldaten eingezogen. Im November 1941 rückt Herbert Pohl mit vier weiteren DSC-Spielern ein, sodass dem Verein nur noch eine Rumpfmannschaft von vier Stammspielern verbleibt. Im Frühjahr 1942 hat der DSC seine starke Stellung in der Gauliga verspielt. »Die Reserven stehen jetzt aus zeitbedingten Gründen nicht zur Verfügung. Genannt wird vielfach die ›Bombenbesetzung‹ von Schalke, das fast in friedensmäßiger Besetzung spielt. Den DSC kümmert dies nicht. Er ist stolz, daß seine Tschammer-Pokalsieger jetzt den Ruf zur Front erhalten haben, selbst wenn dadurch die sportliche Leistung eine empfindliche Schmälerung erfahren hat«[38], gibt der Verein sich patriotisch.

»Helmut Schön kv., Helmut Schön kv., Helmut Schön ...« Seit Goebbels 1943 den »totalen Krieg« beschworen hat, wiederholen bei Spielen des DSC die gegnerischen Fans diesen Schlachtruf gebetsmühlenartig. »Kv.«, das heißt »kriegsverwendungsfähig«. Der lange Stürmer hat es geschafft, einer Einberufung als Soldat durch Hinweis auf mehrere Verletzungen am Knie zu entgehen, spielt aber weiterhin Fußball für den DSC. Dem gelingt 1943 der Einzug ins Finale der Deutschen Meisterschaft. Und das mit einer Mannschaft, die fast identisch ist mit der, die 1941 den Tschammer-Pokal gewonnen hat. Auch Spieler, die an der Front waren, stehen im Endspiel 1943 mit auf dem Platz. Herbert Pohl: »Der General Mehnert, der war hier im Oberkommando in Dresden der führende Mann, und der hat das so gemanagt, dass wir immer schön zurückgehalten wurden, wenn es abging an die Front. Aber leider hat sich dann wohl die Bevölkerung geärgert oder beschwert über diese Bevorzugung von uns Sportlern und dann kam ein Befehl vom Oberbefehlshaber der Wehrmacht, Keitel: Da wurden viele Sportler namentlich aufgelistet, um sie zur kämpfenden Truppe zu versetzen. In diesem Jahr sind viele leicht verwundet worden, nur bei mir war es ein bisschen schwerer. Nach einem Jahr hatten wir aber alle wieder. Da hat wahrscheinlich wieder der General Mehnert dazu beigetragen. Und so haben wir dann die Mannschaft 1943/44 wieder neu aufgebaut und wurden dadurch zweimal Deutscher Meister. Obwohl das bei anderen Vereinen genauso war – zum Beispiel bei den Schalkern –, die hatten auch alle Spieler immer wieder da. Ich meine, das ist schon so ein bisschen gemanagt worden von oben.«[39] Für Herbert Pohl kommt die Rückruf-Aktion zu spät: Bei einem Angriff deutscher Kampfflieger auf die eigenen Stellungen verliert er seinen linken Arm. Im Finale 1943 spielt er dennoch: »Im Fallen dreht man sich instinktiv auf den gesunden Arm ...«

In diesem Endspiel stehen sich der DSC und der FV Saarbrücken gegenüber. Pohl spielt mit einem Arm, als sei nichts gewesen. Er absolviert ein enormes Laufpensum, spielt sensationelle lange Pässe in die Spitze und leitet mehrere gefährliche Aktionen ein. Die Kritiker sind sich einig: Herbert Pohl hat trotz seiner schweren Verwundung zu seiner alten Form gefunden. Ein echtes Phänomen. Der FV Saarbrücken wird mit 3:0 besiegt. Im Jahr darauf steht Pohl ebenfalls in der Mannschaft, als der DSC erneut das Finale spielt, diesmal wird der Verein Luftwaffensport Hamburg, eine Militärmannschaft, mit 4:0 besiegt. Der DSC ist damit zum zweiten Mal Deutscher Meister. Die Generäle auf den Ehrentribünen dürfen sich freuen.

Die Propaganda der Nationalsozialisten nutzt das wundersame Comeback des Dresdner Außenläufers mit der Pferdelunge und macht Pohl kurzerhand zum Helden und zum Vorbild für alle Kriegsversehrten: »Sein Mut schenkte unzähligen Kameraden der Wehrmacht in gleicher Lage unkündbar wertvollen Lebensmut, zeigte ihnen den Weg, jubelte ihnen entgegen: ›Habt Vertrauen, auch Ihr dürft hoffen, auch Ihr könnt trotz schwerer Verwundung Hochleistungen von Format bringen.‹«[40]

Doch bald nach der zweiten Meisterschaft ist für den DSC Schluss mit Fußball. Den »Hattrick«, den dritten Gewinn der Deutschen Meisterschaft hintereinander, erreicht der DSC nicht mehr: Sein Spielfeld im Ostragehege wird bei der Zerstörung Dresdens durch den Alliierten Luftangriff am 13. Februar 1945 schwer beschädigt. Die Tribünen überstehen zwar den Feuersturm, doch erst 45 Jahre nach Kriegsende wird der DSC wieder unter eigenem Namen in seinem alten Stadion auflaufen ...

»Die hatten ja von der Materie überhaupt keine Ahnung, die Leute, die dann den Sport übernommen hatten, die Kommunisten [...], die hatten von Fußball und der Organisation des Sports keine Ahnung«, so Herbert Pohl, der den Wiederaufbau des Sports in der Sowjetischen Besatzungszone miterlebt. Seine ersten Spiele muss der alte DSC-ler allerdings in seinem Wohnort Freital, einem Vorort von Dresden, bestreiten. Die Sowjets verbieten Spielern, außerhalb ihres Wohnortes zu kicken. Und sie setzen das Verbot der alten Vereinsnamen, das der Alliierte Kontrollrat mit der Direktive 23 für ganz Deutschland ausspricht, konsequent um. In den Westzonen achten darauf nur die Militärkommandeure der französischen Zone, in der britischen und der amerikanischen Zone geschieht dies nur in Einzelfällen, wie beispielsweise in Frankfurt.

Der DSC startet also jetzt unter dem Namen SG Friedrichstadt, dem Stadtteil von Dresden, in dem der Verein beheimatet ist. Aber er ist den sowjetischen Machthabern und der von ihr eingesetzten Zivilverwaltung ein Dorn im Auge. Zwar haben die Spieler sich nicht vom Dritten Reich vereinnahmen lassen, doch der Verein hat von der Fußballbegeisterung der örtlichen Nazis profitiert, und das macht auch den Nachfolger verdächtig. Der DSC-Nachfolger spielt jedoch weiter oben mit: 1947, nachdem die Spieler auch wieder außerhalb ihres Wohnortes spielen dürfen, wird SG Friedrichstadt Dresdner Stadtmeister. 30 000 Zuschauer sind Zeugen des 2:1-Sieges gegen SG Dresden-Mickten. 25 000 Zuschauer verfolgen im Jahr darauf das Halbfinale in der Sachsenmeisterschaft gegen SG Meerane. Fußball und die SG Friedrichstadt begeistern die Massen. Seit 1948 wird eine Sowjetzonenmeisterschaft ausgespielt, und als die Friedrichstädter 1949 Industrie Leipzig schlagen, sind sie für die Teilnahme daran qualifiziert, scheitern aber bereits in der Vorrunde.

Inzwischen hat der Fußball in der Sowjetzone auch eine politische Dimension bekommen: Im entstehenden Arbeiter- und Bauernstaat binden die Politiker den Sport an die Betriebe. Die Betriebssportgemeinschaft (BSG) ist das Modell der Zukunft, und sie muss nun den Beweis erbringen, dass das neue sozialistische Modell dem traditionellen überlegen ist.

Am 17. April 1950 treffen die Friedrichstädter im Ostragehege auf die BSG Horch Zwickau. Auf der Tribüne verfolgt SED-Parteiprominenz, an der Spitze Walter Ulbricht, das Aufeinandertreffen der modernen Betriebssportgemeinschaft und des DSC-Nachfolgevereins. Nachdem die Dresdner Mannschaft mit 1:0 in Führung gegangen ist, schießen die Spieler der BSG fünf Tore, begünstigt offenbar von einem parteiischen Schiedsrichter. Dank überhartem Spiel erkämpft die BSG sich auch eine personelle Überlegenheit. Zeitweilig muss Friedrichstadt mit acht Akteuren auf dem Platz auskommen, denn Auswechselungen waren damals noch verboten. Der Schiedsrichter ahndet nichts, Walter Ulbricht findet aber auf der anschließenden Siegesfeier außerordentlich lobende Worte.

Für die SG Friedrichstadt bedeutet dieses Spiel ihr Ende: Das Gros der Mannschaft um Helmut Schön setzt sich in den Westsektor Berlins ab und spielt nun für Hertha BSC. Doch bald kommt es in dem zusammengelegten Team zu Eifersüchteleien um die Stammplätze. Ein Teil der ehemaligen Dresdner geht daraufhin in die Fußballprovinz Heidelberg und gründet dort in Erinnerung an alte Zeiten den DSC Heidelberg. Herbert Pohl geht als Spielertrainer nach Wuppertal. Die DDR-Medien verschweigen diese Massenflucht. Die SG Friedrichstadt wird per Dekret aufgelöst, die Reste müssen sich umliegenden Vereinen anschließen. Das fußballverwöhnte Dresden wird aber Ersatz für den Traditionsclub DSC bekommen.

Juli 1950: Vierzig Spieler aus Volkspolizei-Mannschaften, quer durch die junge DDR zusammengezogen, drehen auf dem Übungsgelände in Forst ihre Runden um den Platz und veranstalten Trainingsspiele. Sie werden sorgfältig beobachtet von den Trainern des Fußballclubs VP Dresden, der in der Stadt bislang kaum sportliche Akzente setzen konnte. Die Trainer haben den Auftrag, eine große Mannschaft aufzubauen. Sie dürfen dafür aus dem Vollen schöpfen, denn die 40 Spieler auf dem Platz zählen zu den stärksten Volkspolizei-Spielern der Republik. Siebzehn von ihnen, aus insgesamt elf verschiedenen Städten der DDR, werden nach dem Lehrgang nach Dresden versetzt und verstärken den hiesigen Club.

Ein erstes Freundschaftsspiel gegen die BSG Freiheit Wismut Lauter wenige Wochen später gewinnt die Mannschaft, die bisher kaum zusammengespielt hat, mit 3:1. Dann ist Sommerpause in der Oberliga, der höchsten Spielklasse der DDR. Wie wird das traditionelle Dresdner Fußballpublikum zum Saisonstart die künstlich aufgebaute Mannschaft bei ihrem ersten Heimspiel empfangen?

Am 10. September 1950 ist es so weit. Trotz einer 1:2-Pleite gegen die BSG Brieske-Ost steht das Publikum zur Mannschaft und identifiziert sich auch in den kommenden Jahren mit ihr. Die revanchiert sich mit wachsendem Erfolg: 1952 wird das Team erstmals DDR-Pokalsieger. Unter neuem Namen gewinnt das Team dann 1953 seine erste Meisterschaft der DDR. Wie in der Sowjetunion heißen in der DDR nun alle Mannschaften, die den Staatssicherheits- und Schutzorganisationen angehören, »Dynamo«. In Dresden können sich die Dynamo-Fans jedoch nicht lange mit der erfolgreichen Mannschaft freuen …

1953 wird Erich Mielke stellvertretender Leiter des Staatssekretariats für Staatssicherheit. Im gleichen Jahr übernimmt er auch den Vorsitz der Sportvereinigung Dynamo Berlin. Die Hauptstadt der DDR ist fußballerisch nur zweitklassig, Mielke aber möchte erstklassig spielen, und erstklassige Dynamo-Spieler hat Dynamo Dresden. Mielke will also die erste

Dresdener Elf. »Die konnten sich dann zum Beispiel eher ein Auto kaufen. Dass heißt, kaufen konnten wir ja alle, aber die mussten nicht so lange warten. Oder es gab auch Zahlungen an die Spieler. Jedenfalls ist keiner nach Dresden zurückgekommen«,[41] weiß Wolfgang Hempel. Hempel gilt als DDR-Sportikone. Er verfolgt seit fast 60 Jahren das Geschehen auf dem Platz und hinter den Kulissen. In der kommenden Saison 1954/55 spielt die verstärkte Mannschaft von Dynamo Berlin in der DDR-Oberliga. Zum Meistertitel reicht es dennoch nicht.

Aber auch in Dresden soll weiter Fußball gespielt werden. Die Dynamo-Spieler, die sich nicht nach Berlin locken ließen, dürfen gemeinsam mit den Reservespielern in der ersten DDR-Liga (die zweite Spielklasse nach der Oberliga) den Platz des SC DHFK Leipzig übernehmen. Allerdings wird Dynamo in den folgenden Jahren bis in die vierte Spielklasse der DDR abrutschen. Gut zehn Jahre nach dem Verlust der ersten Mannschaft bewirkt jedoch ein politischer Entschluss den Aufstieg von Dynamo Dresden an die Spitze des DDR-Fußballs: Im August 1965 beschließt der Deutsche Turn- und Sportbund der DDR (DTSB), die Fußballsparten aus den allgemeinen Sportvereinigungen auszugliedern und elf Leistungszentren zu bilden. Im Gegensatz zu den Betriebssportgruppen zahlt der DTSB den Clubs der Leistungszentren zusätzlich Geld. Und: Hoffnungsvolle Spieler können zu ihnen delegiert werden. Dynamo Dresden ist solch ein Zentrum, wird 1971 und 1973 DDR-Meister und schafft mit den Titeln 1976, 1977 und 1978 sogar den »Hattrick«. Anfang der achtziger Jahre vertritt Dynamo den Clubfußball der DDR in den europäischen Wettbewerben, doch jedes Mal muss der Clubvorstand der Zentralen Leitung der Polizeisportvereinigung Dynamo das Ausscheiden aus den internationalen Wettbewerben melden.

Der DSC 1898 wird nach der Wiedervereinigung im Jahr 1990 neu gegründet. Er spielt in seinem alten Stadion am Ostragehege, dessen Tribünen den Krieg überlebt haben. Unter den Fußballfans der Stadt findet der Traditionsverein DSC zunächst kein großes Echo, durchschnittlich 2 000 Zuschauer verfolgen im Jahr 2000 die Heimspiele. Es sei denn, der Gegner heißt Dynamo. Der Club, der nach der Wiedervereinigung als einer von drei Ex-DDR-Vereinen in der Bundesliga gesetzt war, spielt mittlerweile auch in der Regionalliga. Seine Erfolge aber haben die Fans nicht vergessen: Bei den Derbys stehen weit über 10 000 Zuschauer Schlange vor den Kassenhäuschen.

6. *Ein jüdisches Schicksal*

Der FC-Bayern-Präsident Kurt Landauer

Geschäftsstelle des FC Bayern München, Säbener Straße. Auf dem Parkplatz stehen ordentlich in einer Reihe die Luxuswagen der Stars. In der aktiven Zeit von Hans Schiefele, heute 83, bis vor kurzem Vizepräsident des Clubs und lange Jahre einflussreicher Sportjournalist bei der *Süddeutschen Zeitung*, kamen Fußballer noch mit dem Fahrrad zum Training und waren glücklich, wenn sie dank Fußball die Miete für eine Kleinwohnung in Schwabing bezahlen konnten. Schiefele kann Auskunft geben über einen, der früher Präsident war, über Kurt Landauer. Einen, den Schiefele, mit Verlaub, für einen weit größeren Visionär hält als seine Nachfolger von heute.

Hans Schiefele, der 1919 in einem Vorort von München geboren wurde, kommt bereits als 9-Jähriger zu den Bayern, weil »meine Eltern eine Gaststätte gehabt haben in München in der Karnigerstraße, das ›Bürgerbräu‹, und das war zum Teil auch Stammlokal des 1. FC Bayern. Und da lag es nahe, dass ich natürlich zum FC Bayern ging, nachdem ja mein Cousin schon langjähriges Mitglied war.«[1] Damals galt der Schwabinger Verein als »Judenclub«. »Das haben wir gar nicht so mitbekommen mit dem ›Judenclub‹. Die Konfessionen haben ja damals überhaupt keine Rolle gespielt. Das jüdische Element war in München sowieso stark vertreten, ich denke da nur an den Kammersänger Rehkämper oder den Schauspieler Fritz Kortner, und auch im Sport waren viele Juden erfolgreich. Und die Jugendabteilung des FC Bayern, die war stark besetzt mit jüdischen Funktionären, aber da hat kein Mensch gefragt, bist du Jude, bist du katholisch, bist du evangelisch – da hat's überhaupt nix gegeben.«

In der Münchener Innenstadt lag das Kaufhaus der Familie von Kurt Landauer, der aufgrund seiner jüdischen Abstammung 1933 als Präsident des FC Bayern zurücktreten musste.

So hat es auch bis dahin niemanden weiter gestört, dass der Bayern-Präsident Kurt Landauer ein Jude ist. Schon gar nicht, weil Landauer schließlich im Ersten Weltkrieg für den deutschen Kaiser an der Front diente. Zu diesem Zeitpunkt war er übrigens schon Bayern-Präsident. Landauer, 1884 als Spross einer Kaufmannsfamilie geboren, ist bereits seit 1913 Chef des FC Bayern. Dann kommt der Krieg, doch schon 1919 übernimmt er das Amt erneut und wird es, mit einer kurzen Unterbrechung, bis 1933 innehaben. »Ich hab ihn ja als Bub kennengelernt und hab ihn immer bewundert«, erinnert sich Hans Schiefele an den charismatischen Präsidenten. »Eine athletische Figur hat er gehabt, mehr so tendiert auf einen Gewichtheber als auf einen Fußballer, aber er war ein Kavalier der alten Schule noch, tipp topp gekleidet, denn er war ja Buchhalter im Modegeschäft von seinem Bruder. Im Stadion war er in der ersten Reihe gesessen, im Winter mit einer Pelzmütze und mit einem Pelzkragen im Mantel.« Landauers Führungsstil gilt als streng, aber gerecht. Und vor allem hat er Visionen. Er intensiviert die Nachwuchsarbeit und verbessert so ständig die Qualität der Mannschaft. Er sucht den internationalen Austausch, damals noch ganz ungewöhnlich im Fußball, und schickt das Team auf Reisen und zu Gastspielen bei renommierten Mannschaften in Europa. Sogar englische Trainer engagiert er. Landauer erkennt, dass die Zukunft im bezahlten Fußball liegen wird, und ist schließlich der Erste, der Verstärkungen von anderen Clubs an die Isar holt. So engagiert er zum Beispiel Ossi Rohr, der zuvor beim VfR Mannheim spielte, und führt die Mannschaft mit diesem exzellenten Spieler und dessen Elfmetertor im Jahre 1932 zur Deutschen Meisterschaft, dem bis dahin größten Erfolg der Bayern. »Kurt Landauer«, fasst Hans Schiefele zusammen, »war vielleicht der wichtigste Präsident der Bayern. Denn durch seinen Weitblick hat er die Voraussetzungen für eine Entwicklung geschaffen, von der der Verein heute noch profitiert.«

Und Landauer ist populär. Doch dann kommen die Nazis und mit ihnen das »Gesetz zur Wiederherstellung des Berufsbeamtentums«. Die Bayern versuchen Landauer so lange wie möglich zu halten, doch er selbst reicht im März 1933 seinen Rücktritt ein. Trotzdem bleibt er zunächst in München. »Der hat einfach nicht glauben können, was da passiert«, vermutet Hans Schiefele. »Er hatte so viel für Deutschland und für den deutschen Fußball getan. Er war ja ein anerkannter, angesehener Mann. DFB-Präsident hätte er werden können. Und wahrscheinlich fühlte er sich auch dem FC Bayern immer noch viel zu sehr verbunden.« Im Mai 1938 wird Landauer von den Nazis ins Konzentrationslager Dachau gebracht. Er hat noch einmal Glück: Die erste Verhaftungswelle hat die Kapazitäten der Konzentrationslager überfordert, nach einem Monat wird Landauer vorläufig wieder entlassen. Er nutzt die Chance und flieht mit Hilfe von Freunden aus alten Fußballzeiten in die Schweiz. Bis auf ihn und eine Schwester wird Landauers gesamte Familie von den Nazis umgebracht.

Landauer, der schließlich in Genf Unterschlupf findet, knüpft bald Kontakte zu Servette Genf, dem örtlichen Fußballclub, gegen den der FC Bayern vor 1933 eine Reihe von Freundschaftsspielen ausgetragen hatte. Und es gibt das Gerücht, dass Landauer 1940 dort von einigen Bayern-Spielern gegen den heftigen Widerstand der Nazis am Rande eines Freundschaftsspiels begrüßt wird. Ein anderes Gerücht will wissen, dass die Nazis die Kontaktaufnahme knapp verhindert haben. Jedenfalls bleibt Landauer auch im Exil eine Vaterfigur für viele Bayern-Spieler.

Vielleicht ist dies auch einer der Gründe dafür, dass Kurt Landauer mit offenen Armen empfangen wird, als er im Juni 1947 zu den Bayern zu-

Kurt Landauer (rechts), der ehemalige jüdische Präsident des FC Bayern, ist nach dem Krieg erneut willkommen an der Spitze des Vereins. Doch dann findet die Handball-Abteilung, er habe nun ausgedient und will ihn durch einen eigenen Kandidaten ersetzen.

rückkehrt: Er wird gleich wieder Präsident. Davon abgesehen ist es für einen Verein in jenen Tagen nicht von Nachteil, ein veritables Opfer der Nationalsozialisten als Präsident vorweisen zu können. Vier Jahre später, als sich Landauer zur Wiederwahl stellt, wird er allerdings durch ein Komplott aus den Hinterbänken des Vereins zum Sturz gebracht. Hans Schiefele erregt sich heute noch, wenn er an die Veranstaltung in der »Unions-Brauerei« am Münchner Max-Weber-Platz denkt. Überraschend tauchen nämlich die Handballer des FC Bayern, sonst selten gesehene Gäste bei Vereinstreffen, mit fast allen Mitgliedern auf. »Und eigenartigerweise haben wir uns schon gedacht, warum ist die Handballabteilung so stark vertreten? Die sind mit 150 Mann gekommen. Nun war es so, dass laut Satzung die einfache Mehrheit über das Präsidentenamt entscheidet. Und zweiter Kandidat außer Herrn Landauer war ein gewisser Herr Julius Scheuring, Teppichgroßhändler, der gleichzeitig Abteilungsleiter vom Handball war. Und die 150 Handballer wählten natürlich ihren Präsidenten. Und einige kamen noch dazu, die vielleicht nicht mehr ganz einverstanden waren mit dem Kurt Landauer. Also, mit der einfachen Mehrheit war das Ding gelaufen, die Handballer haben den Präsidenten gewählt. Für Kurt Landauer war es seine schlimmste Niederlage, glaub' ich – nach dem Exil, nach den Nazis –, dass sie ihn abgewählt haben. Also mir hat er leid getan, ich habe damals natürlich, selbstverständlich, für Kurt Landauer gestimmt, aber es war nichts zu machen. Aber der FC Bayern war klug genug, die Satzung zu ändern. Von dem Moment an durfte es nicht mehr vorkommen, dass irgendein Abteilungsleiter, der nicht aus der Fussball-Sparte kam, Präsident vom FC Bayern wird.«

Wenig später wird Kurt Landauer zum Ehrenpräsidenten der Bayern gewählt, aber in dieser Funktion hat er keinen Einfluss mehr auf die Geschicke des Clubs. Sein Nachfolger übrigens, der Teppichgroßhändler Scheuring, hat nicht viel Glück mit seinem Amt. Er wird bereits 1953 gestürzt. Landauer ist insgesamt 16 Jahre im Amt gewesen; auf eine längere Amtszeit hat es später nur Wilhelm Neudecker gebracht. Kurt Landauer stirbt am 21. Dezember 1961 im Alter von 77 Jahren.

»Er war ein Mann, der die Bayern geprägt hat wie kein anderer«, bekräftigt Hans Schiefele noch einmal. Und während er vor der Glasvitrine mit den Trophäen steht, die die Bayern in ihrer Geschichte schon gewonnen haben, fügt er ein wenig resignativ hinzu: »Die Alten wissen das noch, aber die Jungen interessieren sich nicht mehr dafür.« Deshalb, so Schiefele, mache der Verein auch wenig aus dieser Tradition. Dabei könnte man auf diese Tradition doch wirklich stolz sein. Wie kaum ein anderer Fußballclub hat der FC Bayern auch im Dritten Reich eine weiße Weste behalten. Eine Tradition, die die vielen rechtsextremen Fans, mit denen auch der FC Bayern neuerdings leben muss, offenbar nicht kennen.

Nach dem Gespräch sind die Autos der Spieler wieder verschwunden. Das Training ist zu Ende. Lediglich Mehmet Scholl dreht seine Runden, er hat noch Trainingsrückstand. Scholl, der einst mit dem Satz zitiert wurde: »Hängt die Grünen, solange es noch Bäume gibt.« Aber wahrscheinlich, so hat sich inzwischen herausgestellt, stammt der Satz gar nicht von ihm, sondern vom Pressesprecher der Bayern. Der fand ihn so lustig, dass er ihn Mehmet Scholl in einen Fragebogen geschrieben haben soll ...

7. »Das Spiel als Massensuggestion«

Auftritte der Nationalelf bis zu den Olympischen Spielen 1936

Berlin, 1. August 1936. Man feiert das »Sportfest der Völker: Dunkle Wolken ziehen über Europa dahin. In banger Erwartung leben Millionen. Spannungen ungeheurer Umwälzungen entladen ihre Kräfte. Aber wie eine Insel des Friedens schwimmt Deutschland in dem Meere der Nationen. Das deutsche Volk hat unter seinem Führer zu sich selbst zurückgefunden und schreitet fest und sicher durch den Strudel der Zeit.«[1] Sechs Tage nach der Eröffnung der Olympischen Spiele im Berlin der Nationalsozialisten ereignet sich der eigentliche Höhepunkt für die meisten Sportfans in Deutschland. Im Fußballturnier trifft die heimische Elf in der Zwischenrunde auf Norwegen. »Mehr als 45 000 Zuschauer waren im Poststadion versammelt, darunter viele, die um des deutschen Sieges willen auf die Entscheidungen der Leichtathletik im Stadion verzichtet hatten. Unter den Zuschauern weilte der Führer im Kreise seiner Regierung und zahlreicher Gäste.«[2] Von der deutschen Mannschaft wird viel erwartet. Im Vorrundenspiel hat die Elf von Reichstrainer Dr. Otto Nerz die Mannschaft Luxemburgs mit 9:0 vom Platz gefegt. »Nur eitel Sonne schien über Deutschlands Fußballwelt. Elf glänzende Kämpfer und Spieler. Wo sollte bei diesem Ergebnis die Kritik einsetzen!«[3] Nach diesem Auftritt erwarten alle nun einen klaren Sieg über Norwegen – und dann später die Goldmedaille. Vor allem der Führer und sein Reichspropagandaminister haben diese Erwartung.

Zum ersten Mal in seinem Leben sieht sich Hitler ein Fußballspiel an. Fußball war nie sein Sport, und auch an diesem Nachmittag ist eigentlich ein Besuch beim Olympischen Poloturnier angesetzt. Noch lieber wäre er zum Rudern gegangen. Aber er lässt sich überreden, Fußball ist immerhin Volkssport. Nirgendwo kann man das besser spüren als auf der voll besetzten Tribüne bei einem wichtigen Spiel. »Das Publikum rast. Ein Kampf wie nie. Das Spiel als Massensuggestion«,[4] notiert Goebbels denn auch begeistert in seinem Tagebuch.

Für die Nazis ist diese Haltung symptomatisch. Guido von Mengden, der zum Referenten des Reichssportführers aufgestiegene Ex-Pressewart des DFB, ernennt die Fußballer blumig zu »politischen Soldaten des Führers«[5]. Und Hans von Tschammer und Osten selbst, der Reichssportführer, sieht im Sport eine Möglichkeit, im Ausland für Vertrauen zu werben. Andererseits muss er sich stets gegen den Vorwurf verteidigen, solche internationalen Kontakte dienten letztlich dem Pazifismus. Der Platz, auf dem der Spieler kämpfe, sei »ein Stück Heiligtum für uns, ein Stück unseres Vaterlandes, auf dem für das Vaterland zu streiten für jeden Deutschen höchste Ehre und Pflicht sei«.[6]

Die Nationalspieler dagegen, so lässt sich vermuten, haben mit derlei nationalem Pathos wenig zu tun, wenn sie auf dem Platz stehen und die Hand zum Hitlergruß recken müssen. »Stehen Sie mal so lange da mit erhobenem Arm«, erregt sich Albert Sing, Nationalspieler Ende der dreißiger Jahre, noch heute. »Du konzentrierst dich aufs Spiel, und dann immer den Arm so hochgestreckt, erst die Hymne, dann auch noch das ›Horst-Wessel-Lied‹. Das hat mich immer wütend gemacht.«[7]

Doch schauen wir uns zunächst einmal die Geschehnisse bei der WM 1934 an. Trainer der deutschen Mannschaft ist Dr. Otto Nerz. Sepp Herberger wartet vergeblich auf eine Einladung zum Turnier in Italien; Nerz verzichtet auf seinen langjährigen Mitarbeiter. Hintergrund ist ein verdeckt ausgetragener Streit zwischen dem Trainer und seinem Assistenten. Herberger, auch Lehrgangsleiter an der Sportschule in Duisburg-Wedau, versorgt Nerz regelmäßig mit vielversprechendem Nachwuchs aus seinem Bereich. Dabei werden allerdings auch Unterschiede im Spielverständnis von Trainer und Stellvertreter deutlich. Nerz, der in Deutschland das damals populäre W-M-System spielen lässt, ist ein Verfechter des schnellen und kraftbetonten Spiels, Herberger bevorzugt ein flexibles, ball- und passorientiertes Spiel. Nicht alle von Herberger vorgeschlagenen Spieler finden deshalb Anklang bei Nerz. Fritz Szepan zum Beispiel, der Schalker Mittelfeldmotor und Publikumsliebling nicht nur an der Ruhr, für dessen Einsatz Herberger heftig wirbt, wird von Nerz lange Zeit kaum berücksichtigt. Er hält ihn für zu langsam, das für Schalke typische Kurzpassspiel wertet er ab als »Fummelei«.

Trotzdem steht Szepan seit dem letzten Vorbereitungsspiel, einem 9:1 gegen Luxemburg, in der Elf, allerdings als Stopper. Herberger nennt Szepan zu schade für einen Verteidiger. Dennoch beginnt die WM in der alten Besetzung. In Florenz wird Belgien mit 5:2 besiegt. Im zweiten Spiel besiegt die deutsche Mannschaft Schweden mit 2:1, und der *Fußball* bejubelt bereits »Deutschlands Sprung in die Weltklasse«. Doch vor dem Halbfinale gegen die Tschechoslowakei muss Nerz umstellen. Torjäger Hohmann ist verletzt, und Rudi Gramlich, der Verteidiger, fährt plötzlich nach Hause, denn er muss als Einkäufer eines Lederhändlers zurück an seinen Arbeitsplatz. Ohne Gramlich und Hohmann verliert Deutschland das Halbfinale mit 1:3 gegen die Tschechoslowakei. Und wieder sieht sich Nerz vor dem Spiel um den dritten Platz gezwungen, umzustellen. Er nominiert den Aachener Münzenberg als Mittelläufer und beordert Szepan ins Mittelfeld. Von dort aus dirigiert dieser brillant das deutsche Spiel, und die Mannschaft bezwingt das österreichische »Wunderteam« überraschend mit 3:2. Herberger erfährt voller Genugtuung aus dem Radio, dass die Elf nach »seinem« System mit Szepan in der Rolle des Spielmachers erfolgreich war. Deutschland belegt bei der WM somit einen völlig überraschenden dritten Platz. Und Millionen Hörer an den Rundfunkgeräten haben den Triumph miterlebt. Otto Nerz kehrt als Erfolgstrainer in die Heimat zurück.

Damit ist auch den Nationalsozialisten klar, dass man die Massenwirkung des Fußballs nicht länger ignorieren kann, und sie ändern komplett ihre Strategie. Wurden internationale Begegnungen bis dahin höchstens geduldet, wird die Mannschaft nun zum omnipräsenten Botschafter des Nazi-Staates. Im folgenden Jahr 1935 werden nicht weniger als 17 Länderspiele ausgetragen. Damit verbunden sind Reisen nach Norwegen, Schweden, England, Belgien, Luxemburg, Frankreich und Holland. Rechnet man die zumeist zweiwöchigen Lehrgänge dazu, die vor den meisten Spielen durchgeführt werden, wird die Belastung für die Spieler deutlich, die ja als Amateure auch noch einer geregelten Arbeit nachgehen.

Das wichtigste in dieser Serie der Freundschaftsspiele des Jahres 1935 ist die Begegnung am 4. Dezember gegen England. Allein das Testspiel zwischen den deutschen A- und B-Mannschaften am Rande des Trainingslagers im Poststadion sehen 50 000 Zuschauer, und mehr als 5 000 Schlachtenbummler fahren schließlich mit über den Ärmelkanal. Die lösen jedoch diplomatische Verwicklungen aus. Man fürchtet eine Demonstration nazi-deutscher Fans, und zwar nicht zu Unrecht, wie der Auftritt deutscher Schlachtenbummler einige Monate zuvor in Paris gezeigt hat. Englische Gewerkschaften und antifaschistische Organisationen wollen gegen die Nazis demonstrieren. Die britische Regierung erklärt, sie werde keine deutschen Demonstrationen dulden, Berlin antwortet umgehend, man könne auf die Unterstützung durch die Fans nicht verzichten. Hitler schaltet sich persönlich ein und bietet an, die Briten könnten ja ihre Einladung zurückziehen. Dazu ist der englische Verband nun aber nicht mehr bereit. Die deutschen Fans, mit dem »Kraft-durch-Freude«-Dampfer »Columbus« nach London gereist, werden schließlich auf geheim gehaltenen Routen direkt ins Stadion geführt, ohne die britischen Anti-Nazi-Demonstrationen überhaupt zu sehen.

Auf der Tribüne des Londoner Tottenham-Stadions sitzen auch Sepp Herberger und Trainerkollege Georg »Schorsch« Knöpfle. Sie müssen mit ansehen, wie Otto Nerz eine defensiv ausgerichtete Mannschaft aufs Feld schickt, in der Szepan wieder zurückgezogen spielt. Bald zeigt sich, dass die Deutschen dem Passspiel der englischen Profis nichts entgegenzusetzen haben. Das Spiel geht glatt mit 0:3 verloren. Immerhin hat die Mannschaft in der zweiten Halbzeit bravourös gekämpft. Und schon im nächsten Freundschaftsspiel im Februar 1936 gelingt in Barcelona ein 2:1-Auswärtssieg gegen die Spanier. Zu diesem Zeitpunkt ist jedes Fußballspiel bereits zu einem propagandistischen Ritual im Sinne der Nationalsozialisten geworden. Hakenkreuzfahnen, deutscher Gruß, Hymne und »Horst-Wessel-Lied«. Sonderzüge und »Kraft-durch-Freude«-Busse bringen die Fans zu den Stadien.

Die Hoffnungen vor dem Olympischen Fußballturnier sind also groß. Dabei tritt die deutsche Mannschaft von vornherein geschwächt an. Die beiden Schalker Kuzorra und Szepan – Letzterer ja noch der überragende Spieler bei der WM 1934 – sind als Berufsspieler verurteilt und nicht spielberechtigt. Außerdem verzichtet der DFB nach dem Mammutprogramm 1935 plötzlich auf Testspiele vor dem Turnier, denn die Führung des Fachamts Fußball will so der Konkurrenz den wahren Leistungsstand des deutschen Teams vorenthalten. Nun wissen allerdings auch Nerz und seine Spieler nicht genau, wo sie stehen.

Aber ein Sieg im Fußballturnier ist fest programmiert. Mit den Worten: »Die holen Gold« hat der Danziger Gauleiter Forster Hitler überredet, zum Fußball zu kommen. Olympisches Gold im Fußball, das würde die grandiose Propaganda-Inszenierung, die die Nazis aus Olympia gemacht haben, krönen. »Alles geht wie am Schnürchen«, wie Goebbels am Tag vor dem Spiel gegen Norwegen in sein Tagebuch schreibt. »Die Auslandspresse über die Olympiade ist phantastisch. Ein großer Erfolg.«[8] Fehlt nur noch der Sieg im Fußball. Hitler lässt es sich nicht nehmen, vor dem Spiel persönlich in die Umkleidekabine zu gehen und den Spielern viel Glück zu wünschen.

»Im Spielverlauf hob sich von Anfang an die unsichere Arbeit der deutschen Elf hervor. Eine unbeschreibliche Nervosität steigerte sich von Minute zu Minute. Schwere Deckungsfehler der linken Seite gestatteten dem norwegischen Rechtsaußen Frantzen einen ungehinderten Lauf. Seine Flanke wurde von Martinsen dem schußsicheren Kvammen vorgelegt, der in der siebenten Minute aus geringer Entfernung einschoß.«[9] So kommentiert der Bildband des »Cigaretten-Bilderdienstes Altona-Bahrenfeld« das erste Tor gegen Deutschland. Interessanterweise nennt dieses Massenprodukt, das unmittelbar nach dem Ende der Olympischen Spiele auf den Markt kommt, den Norweger Kvammen als Torschützen. Nach den vorliegenden Quellen ist es aber der Stürmer mit dem Namen Isaksen, der das Tor erzielt. Wollte man dem deutschen Fußballanhänger die Schmach ersparen, von einem offenkundig jüdischen Stürmer besiegt worden zu sein?

Nach dem 0:1 notiert Goebbels: »Der Führer ist ganz erregt, ich kann mich kaum halten. Ein richtiges Nervenbad.«[10] Und es kommt noch schlimmer. Auch nach der Halbzeit finden die Deutschen nicht zu ihrem Spiel: »Vielleicht eher als die Spieler ahnten die Besucher die kommende Niederlage. Brausende Anfeuerungswellen schlugen über den Köpfen der deutschen Elf zusammen. Hingabe und Einsatz der Spieler waren bewundernswert. Die norwegische Elf wurde zusammengedrückt, aber im deutschen Angriff stand kein überlegener Führer, kein harter Torschütze, der die Deckung zu durchstoßen vermochte. Norwegens Verteidiger Holmsen und Eriksen blieben unerschütterlich. Das Stückwerk der deutschen Stürmer erleichterte ihnen die Arbeit. Resignation erfaßte die deutschen Spieler. Fast mühelos glitten Martinsen und Kvammen durch die deutschen Reihen, und abermals konnte der letztere ungehindert einschießen. Das war das 0:2, die Niederlage.«[11] Übrigens wird den Lesern des Bildbandes auch hier wieder der Name des wahren Torschützen, Isaksen, vorenthalten.

Bald nach dem Spiel beginnt die Suche nach den Gründen für die unerwartete und vor den Augen des Führers so unpassende Niederlage der deutschen Nationalmannschaft. Der zeitgenössische Chronist äußert seine Vermutungen: »In der vorzüglichen Leistung des Gegners lag die Hälfte der Niederlage, die andere unbestreitbar in der verfehlten Aufstellung. Norwegen war in allen Länderkämpfen ein schwer bezwingbarer Gegner gewesen, hier mußte die erste und beste Elf eingesetzt werden. Die Neulinge waren den Anforderungen nicht gewachsen, zerrissen den Zusammenhang und zogen auch die besseren Spieler auf ein niedrigeres Niveau herab.«[12] Was war passiert? In der Tat hatte Nerz nach dem Sieg gegen Luxemburg die Mannschaft auf entscheidenden Positionen verändert. Hatte er die Besten schonen wollen? Noch am Abend trifft sich im Charlottenburger Polizeiquartier des Kriminalrats Felix Linnemann der engere Kreis der DFB-Führung mit den Spielern Münzenberg und Hohmann. Anwesend sind auch Otto Nerz und Sepp Herberger, Letzterer allerdings lediglich als aufmerksamer Beobachter einer Diskussion, an deren Ende er der Gewinner sein wird. Doch zunächst geht es um die Schuldfrage: Wie kommt es, dass die Mannschaft so konfus und unkonzentriert gespielt hat? Der Reichstrainer sieht die Schuld bei den Vereinen. Nach einer langen Saison sei man »übertrainiert« gewesen. Die Spieler widersprechen. Man sei zwar in der Tat ausgepumpt gewesen, doch dafür sei nicht die lange Saison mit den Vereinen verantwortlich. Das Trainingsprogramm im Olympischen Dorf, das sei viel zu anstrengend gewesen. Man kann sich vorstellen, wie Herberger sich innerlich die Hände gerieben haben muss bei diesen Äußerungen der Spieler. Denn schon immer hatte er Nerz' Trainingsarbeit als zu militärisch kritisiert. Und jetzt erzählt Hohmann, man habe keine Ruhepause gehabt. Gewaltmärsche, tägliche 400-Meter-Läufe mit einer Höchstzeit von 65 Sekunden, und immer wieder Besuche von hochrangigen Funktionären. Man habe nicht einmal mehr »Zeit zum Kacken«[13] gehabt. »Tatsache ist«, schreibt Herberger später, »daß fast ausnahmslos alle Spieler Gewichtsverlust schon in den ersten Tagen nach dem Einzug ins olympische Dorf hatten. Diese wichtige Tatsache drang deshalb nicht zu den Ohren der verantwortlichen Leute, weil diese in unverantwortlicher Weise die Gewichtsüberprüfung wohl täglich durchführen ließen, aber von den Spielern selbst.«[14] Und keiner der Spieler wollte seinen Gewichtsverlust zugeben, aus Angst, dann nicht berücksichtigt zu werden. Darüber hinaus hatten sich vier Spieler bei den täglichen 400-Meter-Läufen Zerrungen zugezogen und waren nicht mehr einsetzbar. »Übertraining« steht also nicht nur für Herberger als Ursache des kraftlosen Spiels der deutschen Mannschaft gegen Norwegen fest.

Bleibt die Veränderung der Mannschaft. Warum lässt Nerz gegen einen bekannt starken Gegner wie Norwegen nicht die erste Garde spielen? Zwar ist der erfahrene Verteidiger Janes verletzt, doch mit Ditgens und Bernard stehen plötzlich zwei gänzlich unerfahrene Spieler auf dem Platz. Die beiden stellen sich als die große Schwachstelle im deutschen Team heraus. Später wird herauskommen, dass der verdiente Reichstrainer politischem Druck nachgegeben hat. Vor dem Spiel besucht Felix Linnemann, der Fußballpräsident, die Mannschaft beim Training. Der stets gehorsame Nerz lässt seine Spieler mit deutschem Gruß an Linnemann und seinen Begleitern vorbeimarschieren. Dann diskutiert man die Mannschaftsaufstellung. Während Herberger und Nerz die stärkste Mannschaft spielen lassen wollen, fordert Linnemann, gegen Norwegen junge Spieler einzusetzen. Die anderen sollten sich schonen. Es seien schließlich noch schwerere Spiele zu erwarten, außerdem sollten möglichst alle Spieler spielen. Den zaghaften Widerspruch von Nerz kanzelt Linnemann kurzerhand ab, indem er sich aufs Führerprinzip beruft. Er sei direkt dem Reichssportführer verantwortlich. In der Tat soll Linnemann später die Aufstellung für das Spiel gegen Norwegen bestimmt haben. »Die Kämpfe mit den Besten der Welt mußten in den verschiedenen Begegnungen viele Erwartungen stürzen, aber von allen unvermuteten Schicksalsschlägen war dies der schwerste Schlag, der deutsche Kämpfer traf.«[15]

Obwohl also politischer Druck mit zum Ausscheiden der Mannschaft geführt hat, wird die Schuld beim Trainer gesucht. Zum 50. Jubiläum des DFB im Jahr 1975 erinnert sich Sepp Herberger noch einmal sehr knapp an die Niederlage 1936. »Was immer im einzelnen die Ursachen für diesen Mißerfolg gewesen sein mögen«, schreibt er etwas nebulös, »es wäre ungerecht, die Verantwortung vor allem dem Trainer anzulasten. Dennoch geschah es, und sicher war dieses Ausscheiden in einem mit großen Hoffnungen erwarteten Turnier ein Schlag, der Otto Nerz hart traf und den er lange Zeit nicht verwinden konnte.«[16] Im September 1936 erscheint in der Berliner Zeitung *Der Angriff* ein Artikel unter der Überschrift: »Herberger neuer Reichstrainer.« In dem Artikel heißt es: »Durch die Verpflichtung des langjährigen Sportlehrers des Fachamtes Fußball, Dr. Otto Nerz, an die Reichsakademie für Leibesübungen, an der Dr. Nerz seinen Dienst bereits am 1. April d. J. antrat, war der Posten des Fachamtstrainers frei geworden. Zum Nachfolger des bisherigen, verdienten Reichstrainers wurde Seppl Herberger verpflichtet, der den Posten offiziell am 10. Oktober d. J. übernimmt.«[17]

8. »Eine Natter an meinem Herzen«

Der Machtkampf zwischen Sepp Herberger und Otto Nerz

Die in offiziösem Ton verfasste Meldung der Berliner Zeitung *Der Angriff* über den Wechsel im Traineramt irritiert den vermeintlichen neuen Cheftrainer Josef Herberger. Denn er selbst hat bis jetzt noch keine Nachricht vom DFB erhalten, also weder vom Vorsitzenden Linnemann noch von Otto Nerz selbst. In der Tat scheint es Nerz höchstpersönlich gewesen zu sein, der der Zeitung die Neuigkeit vom angeblichen Stabwechsel mitgeteilt hat. Nerz verfolgt nämlich seine eigenen Pläne: Als Professor will der Mediziner an der Akademie lehren und forschen. Gleichzeitig will er aber auch seinen Einfluss auf die Geschicke der deutschen Nationalmannschaft nicht verlieren. Die Interessen von Herberger dagegen liegen woanders. Und die Interessen des DFB und der ihn alimentierenden Politik gehen wiederum in eine andere Richtung. Aus dieser Konstellation ergibt sich in der Folge ein Ränkespiel zwischen den einzelnen Parteien, in dem es um Macht und um Politik, aber auch um persönliche Verletztheiten geht.

Die drei Personen nämlich, die hier eifrig Intrigen gegeneinander stricken, sind auf unterschiedliche Weise seit mehr als zehn Jahren miteinander verbunden: Sepp Herberger, Otto Nerz und Felix Linnemann. Herberger, der spätere Vater des »Wunders von Bern« und heimliche Erfinder der Fußballphilosophie (»Der Ball ist rund«), wird am 28. März 1897 in Mannheim, Stadtteil Waldhof, geboren. Er ist das jüngste von sechs Kindern, darunter vier Schwestern. Sein Vater ist der Fabrikarbeiter Josef Herberger. Die Familie hat nicht viel Geld, es gibt nur ein Kinderzimmer, in der Mitte durch einen Vorhang geteilt zwischen Mädchen und Jungen. Schon als der junge Sepp eingeschult wird, spielt er Fußball, allerdings heimlich, denn Eltern und Lehrer halten nichts von der »Fußlümmelei«. Da er in der Volksschule durch überdurchschnittliche Leistungen auffällt, darf er aufs Gymnasium. Auch sein Berufswunsch steht bereits fest: Lehrer will er werden. Doch 1909 stirbt der Vater, und Sepp Herberger muss wieder zurück auf die Volksschule, damit er sobald wie möglich arbeiten und die Mutter ernähren kann. Er wird Maurergehilfe, später Bürokraft. Und spielt weiter Fußball, inzwischen beim SV Waldhof Mannheim, damals ein süddeutscher Spitzenverein. Bereits mit 16 Jahren spielt er in der ersten Mannschaft.

Dann beginnt der Erste Weltkrieg, Herberger selbst wird 1916 eingezogen. Nach Kriegsende wird ein wegen Spielermangels reduzierter Spielbetrieb aufgenommen, und Herberger, mit 21 jetzt auf dem Höhepunkt seiner Leistungsfähigkeit, beginnt wieder als Stürmer beim SV Waldhof. Bereits in einem der ersten Meisterschaftsspiele trifft er auf einen eisenharten Gegenspieler, ein »Typ des auf Zerstören und Verhindern eingestellten Athleten«,[1] der ihm alles abverlangt: Otto Nerz, damals Verteidiger beim feinen Lokalrivalen VfR Mannheim. Aus dem harten Duell entwickelt sich eine Freundschaft. Dabei ist Nerz das, was Herberger gern geworden wäre: Lehrer. Und beide tragen sich bereits damals mit dem Gedanken, dereinst Fußballlehrer, also Trainer zu werden, eine Laufbahn, die für den studierten Nerz allerdings eher realistisch erscheint als für Herberger.

Hier tritt nun der Dritte aus dem Fußballgeschichte schreibenden Männertrio auf den Plan: Felix Linnemann. Der Berliner Kriminalbeamte, als Fußballer aktiv bei Schwarz-Weiß Essen, Bayern München und Preußen Berlin, gehört inzwischen, wir schreiben das Jahr 1921, zum Führungsgremium des DFB. Und der junge Josef Herberger ist gerade Nationalspieler geworden. In Helsinki hat er gegen Finnland ein umjubeltes Debüt abgeliefert. Nun befindet sich die Mannschaft auf der Schiffsreise. Zum Begleittross aus DFB-Funktionären gehört auch Linnemann, und der arbeitet bereits an der Umsetzung seiner eigenen Visionen von der Zukunft des Fußballs in Deutschland: Aus der gerade gegründeten Hochschule für Leibesübungen in Berlin will er eine Ausbildungsstätte für Trainer machen – eine absolute Neuheit in Deutschland. Und er stellt Herberger, dessen spielerische Fähigkeiten er bewundert, die Möglichkeit in Aussicht, auch ohne Abitur und Studium Fußballlehrer mit akademischen Weihen zu werden. Für Herberger würde ein Traum in Erfüllung gehen.

Allerdings fällt der junge Mann erst einmal in Ungnade. Er hat nämlich für einen Vereinswechsel Geld angenommen, 10 000 Reichsmark, ein für damalige Verhältnisse enormes »Handgeld«. Der brave Herberger zahlt das Geld zwar nach intensiven Beratungen mit seiner Frau Ev reumütig wieder zurück, aber die Angelegenheit ist dennoch ruchbar geworden. Der hoffnungsvolle Stürmer wird zunächst lebenslang gesperrt, später dann zu einer Sperre von einem Jahr begnadigt. Die Nationalmannschaftskarriere aber ist erst einmal zu Ende, und an eine Ausbildung als Fußballlehrer ist nicht mehr zu denken.

Inzwischen ist Herberger selbst beim VfR Mannheim gelandet, einem »Judenclub«, der wesentlich von dem Textilgroßhändler Max Rath »gesponsert« wird. Trainer beim VfR ist mittlerweile Otto Nerz, der Ex-Verteidiger des Vereins. Bei Arsenal London hat sich Nerz über moderne Trainingsmethoden informiert, und das englische System will er nun auch in Mannheim durchsetzen. Die Basis des Spiels sind Kondition und Kraft, und auch der neue Stürmer Herberger muss akzeptieren, dass das Training von Otto Nerz fast ohne Ball abläuft. Stattdessen lässt er seine Spieler endlose Runden um den Platz drehen. Immerhin scheint der Erfolg den Sinn des schweißtreibenden Drills zu bestätigen: Unter Nerz gewinnt der VfR zunächst alle Spiele, denn seine Kicker sind den anderen konditionell weit überlegen. Darüber hinaus »entdeckt« Nerz das Spiel ohne Ball und den Angriff über die Flügel. Für Herberger ist die Unterordnung unter das System Nerz der Zwangsabschied von allem, was ihm bis dahin Spaß gemacht hatte: der kurze Pass in der Angriffsmitte, das ausgedehnte Dribbling. Trotzdem wird der Sturmführer des VfR Mannheim zum besten Spieler der Saison 1925, in der die Mannschaft dank seiner Tore den Titel des Süddeutschen Meisters holt.

In diesem Jahr 1925 wird der Kriminalkommissar Felix Linnemann zum ehrenamtlichen Präsidenten des DFB gewählt. Der ehrgeizige Berliner geht rasch an die Umsetzung seiner Nachwuchspläne für den deutschen Fußball. Ein erster Trainerlehrgang soll an der Hochschule für Leibesübungen in Berlin stattfinden. Und als Leiter dieses ersten Kurses ist Otto Nerz vorgesehen. Wie hätte es anders sein können. Einer der 40 Teilnehmer ist Sepp Herberger. Jener Herberger also, der gerade erst die Trainingsmethoden des Otto Nerz erduldet und als »Zweckfußball«, dem es nur auf Kraft und Kondition ankomme, kritisiert hat. Trotzdem, in dem Lehrgang sieht Herberger eine Chance, seinen Lebenstraum zu verwirklichen. Doch dann wird Nerz krank, eine Bauchfellentzündung legt ihn für Wochen lahm.

Herberger hört im fernen Mannheim von den Schwierigkeiten in Berlin und macht sich sofort auf den Weg. Im Büro von Linnemann trifft er auf den DFB-Chef und Otto Nerz. Man debattiert darüber, wie es nun weitergehen soll, schließlich sind die Einladungen an die Kursteilnehmer schon verschickt. Und Linnemann sucht nach einer Lösung, wie er sein Lieblingsprojekt retten kann. Schließlich passiert das, was Herberger später immer wieder als seine »Sternstunde« bezeichnen wird: Linnemann bittet den jungen Mannheimer, an Nerz' Stelle den Kurs zu leiten. Was Nerz in dieser Situation zu der plötzlichen Entscheidung Linnemanns gesagt hat, ist nicht überliefert. Herberger ist jedenfalls begeistert, kniet sich sofort in die theoretische und praktische Vorbereitung für den Kurs, dessen Leiter und Teilnehmer er nun zugleich wird. Übrigens bedeutet dieser Kurs auch noch in anderer Hinsicht einen Wendepunkt in Herbergers Leben: Carl Diem, der Prorektor der Berliner Hochschule, beobachtet den Lehrgang und seinen Leiter und bietet Herberger im Anschluss an, auf der Hochschule zu studieren. Ohne Abitur. Aufgrund einer Ausnahmeregelung für besonders Begabte.

Nun also lebt der »kleine Bub« aus Mannheim im großen Berlin. Fußball spielt er fortan bei Tennis Borussia. Eigentlich wäre Herberger wohl lieber zur Hertha gewechselt, doch Otto Nerz macht seinen Einfluss geltend. Er ist nämlich Trainer der Borussen und möchte seinen alten Schüler in seiner Nähe haben. Inzwischen haben die beiden Männer eine Hassliebe zueinander entwickelt. Sie begegnen sich immer wieder, gewollt oder ungewollt, schätzen sich auch, begeben sich aber auch stets in Konkurrenz zueinander. Herberger profitiert letztendlich von dem erfahreneren Nerz und eignet sich manche von dessen Lehrmethoden an.

1926 wird Otto Nerz Nationaltrainer, zunächst allerdings mit einer streng begrenzten Kompetenz. Denn er hat, was die Aufstellung der Auswahlmannschaft betrifft, lediglich ein Vorschlagsrecht. Die endgültige Aufstellung bestimmt der DFB-Spielausschuss. In den Lehrgängen mit den Nationalspielern arbeitet Nerz eng mit Herberger zusammen. Nebenbei hat der ehemalige Volksschullehrer inzwischen ein Medizinstudium begonnen, das er 1934 mit dem Staatsexamen abschließen wird. Herberger wiederum wird 1930, nachdem er sein Studium an der Hochschule für Leibesübungen als Jahrgangsbester abgeschlossen und seine Karriere als

Reichstrainer Otto Nerz (rechts) gilt als »harter Hund«, führt seine Mannschaft bei ihrem ersten WM-Auftritt 1934 aber zum Dritten Platz. Seine Trainingsmethoden, die sich grundlegend von denen seines Nachfolgers Sepp Herberger unterscheiden, werden ihm nach der Olympiade 1936 schließlich zum Verhängnis.

aktiver Fußballer beendet hat, zum Vereinstrainer bei Tennis Borussia Berlin und damit Nachfolger von Nerz. Er ist jetzt Diplom-Sportlehrer.

Inzwischen hat der Fußball in Deutschland Massenwirkung erlangt. Der DFB hat bereits eine Million Mitglieder und die Stadien sind bei den Spielen der jeweiligen regionalen Ligen ausverkauft. Gleichzeitig wirkt sich die Weltwirtschaftskrise, die Deutschland seit einigen Jahren besonders trifft, immer verheerender aus. 1932 sind rund sechs Millionen Menschen arbeitslos. In dieser Situation macht der DFB Sepp Herberger ein Angebot. Die Stelle eines Verbandstrainers beim Westdeutschen Fußballverband wird frei. Herberger denkt nicht lange nach. Er geht nach Duisburg und ist fortan fest angestellter Trainer des Verbands. Hier, an der Sportschule Wedau, wird Herberger die meisten Talente des deutschen Fußballs betreuen, und zwar bis 1952.

Die Machtübernahme der Nazis hat für Herberger und Nerz zunächst kaum Konsequenzen. Allerdings wird der bis dahin gänzlich unpolitische Herberger bereits im Mai 1933 Mitglied der NSDAP. Man habe ihm das eingeredet, wird er später zur Entlastung vorbringen, und er sei in die

Partei eingetreten wie andere in einen Verein. Ganz so unfreiwillig und zufällig wird Herberger allerdings wohl nicht das braune Parteiabzeichen beantragt haben. Er hat immer ein gutes Gespür für die Stimmungen der Zeit gehabt und er dürfte auch hier sehr genau gespürt haben, dass der Totalitätsanspruch der Nazis den Fußball und vielleicht irgendwann auch seine Arbeit beeinflussen könnten. Durch den Parteieintritt sichert er seine Karriere.

Otto Nerz bleibt Reichstrainer und Felix Linnemann wird neuer Leiter des Fachamtes Fußball beim Reichsbund für Leibesübungen. Damit ist er in einem nach »Führerprinzip« durchorganisierten Teilverband der kleine »Führer«, und diese Rolle eng an der Seite der Partei scheint dem Kommissar zu gefallen. Jedenfalls sieht man ihn bald stets von Begleitern umgeben, die ihn in seiner Einschätzung von Mannschaft und Spielern bestätigen. In dieser Rolle tritt er auch auf, als er das Training der Nationalmannschaft beim Olympischen Turnier 1936 besucht. Und auf das Führerprinzip beruft er sich, als er von Nerz die Aufstellung von jungen Kräften gerade im Spiel gegen Norwegen fordert. Und Nerz, auch er um seine Karriere als angehender Medizinprofessor bemüht, gibt nach und ändert die Mannschaft wider besseres Wissen.

Nun, nach der Niederlage und der Verärgerung des Führers, sind es also diese drei Personen, die sich in den vergangenen 25 Jahren immer wieder begegnet sind, sich meistens geholfen und manchmal bekämpft haben, die um die weitere Zukunft der Nationalmannschaft ringen. Ein Machtkampf, an dessen Ende Otto Nerz seinen Ex-Schüler und Konkurrenten Herberger als »Natter«[2] bezeichnen wird, die er lange an seinem Herzen genährt habe, ohne es zu wissen. Jedenfalls kann sich Nerz' Bruder Willi später an diesen Satz des Reichstrainers erinnern. In Wahrheit intrigieren beide gegeneinander und suchen dabei die Unterstützung der ihnen jeweils gewogenen Sport- und Politfunktionäre, die freilich wiederum eigene Interessen verfolgen.

Zunächst einmal ist klar, dass nach der Verärgerung Hitlers ein Opfer gefunden werden muss. Das schwächt Otto Nerz' Position von vornherein. Denn klar ist ebenso, dass Felix Linnemann, der wahrscheinlich durch sein Eingreifen die Mannschaft entscheidend geschwächt hat, seinen Fehler nicht zugeben kann. Herberger erkennt nüchtern, dass seine Chancen auf das Traineramt gestiegen sind, und schätzt, dass Nerz wenig Unterstützung finden wird. Schließlich hat Nerz noch nie viele Freunde gehabt. Er macht deutlich, dass er Nationaltrainer werden will, aber nur, wenn er die volle Verantwortung tragen darf. Damit ist klar, dass die Lösung, die Nerz vorgeschwebt hatte – Herberger betreut die Mannschaft, Nerz ist Professor und nebenbei verantwortlich für Aufstellung und Taktik –, nicht mehr infrage kommt.

Zunächst sieht es so aus, als habe Herberger Nerz unterschätzt. Der hat nämlich durchaus noch Freunde, zum Beispiel seinen künftigen Dienstherrn an der Berliner Akademie, Carl Krümmel. Letzterer befürchtet eine Demontage seines berühmten Professors und wirbt bei Reichssportführer von Tschammer und Osten für das Verbleiben von Nerz im Amt des Reichstrainers. Und tatsächlich bleibt alles zunächst, wie es ist. Das anstehende Länderspiel gegen die Tschechoslowakei verbringt Sepp Herberger zu Hause. Er bittet jedoch Linnemann um eine Klärung. Inzwischen finden weitere drei Spiele ohne seine Beteiligung statt, gegen Luxemburg, Irland und Schottland, alle noch im Oktober 1936. Während die Spiele gegen die Tschechoslowakei und Luxemburg gewonnen werden, verliert Deutschland gegen die beiden Mannschaften von der britischen Insel. Und vor allem im letzten Spiel gegen die als schwächer eingeschätzten Iren wird das deutsche Team heftig kritisiert, weil es wieder kraftlos wirkt.

Nun überschlagen sich die Ereignisse. Am 3. November 1936 gibt Felix Linnemann die Ernennung von Josef Herberger zum Reichstrainer bekannt. Allerdings bleibe Otto Nerz der »allein Verantwortliche für alles, was mit der Nationalmannschaft zu tun hat«[3]. Er sei lediglich wegen seiner Aufnahme in die Reichsakademie als Medizinprofessor kein Angestellter des Fachamtes Fußball mehr. Herberger weigert sich, die Position unter diesen Bedingungen anzutreten, und erklärt dies auch gegenüber Otto Nerz. Dieser beauftragt Otto Knöpfle vorläufig mit der Betreuung der Nationalelf. Herberger wendet sich nun erst an Linnemann, dann an Guido von Mengden, den einflussreichen Referenten des Reichssportführers. Von Mengden rät ihm, den Job erst einmal zu beginnen und dann abzuwarten. Die Angelegenheit brauche noch ein wenig Zeit, werde aber in seinem Sinne geregelt. Herberger akzeptiert und betreut die Mannschaft erstmals beim Länderspiel gegen Italien.

Am Morgen vor dem Spiel besuchen der Reichssportführer sowie ein Herberger bis dahin unbekannter Mann das Training. Es handelt sich bei dem Unbekannten, wie sich herausstellt, um den Danziger Gauleiter

Forster. Jenen Mann also, der Hitler zum Besuch des Spiels gegen Norwegen beim Olympischen Turnier überredet hat und der seitdem Nerz dafür verantwortlich macht, dass er dem »Führer« das versprochene Vergnügen nicht bieten konnte. Herberger nutzt die Chance und deutet an, dass er, obwohl offiziell Reichstrainer, kaum Einfluss auf die Mannschaft habe. Forster sichert ihm seine Unterstützung gegen Otto Nerz zu. Damit hat Herberger, dem jetzt gewiss auch seine langjährige Parteimitgliedschaft zugute kommt, zum ersten Mal einen Fürsprecher auf der politischen Ebene außerhalb des Sports.

Der ehemalige Reichstrainer Sepp Herberger durchläuft nach dem Krieg ein Entnazifizierungsverfahren und wird der erste Bundestrainer des wieder gegründeten DFB.

Dennoch zieht sich der Kampf um die Macht über die Nationalelf noch eine Zeit lang hin. Im Hintergrund kämpfen verschiedene Nazi-Organisationen um Einfluss auf den Fußball. Die Hitler-Jugend, der Reichsarbeitsdienst, die SA sowie verschiedene Gauleiter der NSDAP. Immerhin ist Otto Nerz seit 1933 Scharführer bei der SA. Offensichtlich führt der Machtkampf hinter den Kulissen zu einer Lähmung, die Situation verändert sich nämlich kaum. Erst nachdem Herberger sich erneut bei Guido von Mengden beschwert, lenkt Nerz kurz vor Weihnachten 1936 plötzlich ein. Er ziehe sich zurück, und selbst wenn er formal noch die Verantwortung gegenüber dem Fachamtsleiter habe, sei Herberger für Aufstellung und Taktik der Mannschaft sowie Training und Fortbildung der Spieler künftig allein zuständig.

Herberger ist als Sieger aus diesem Machtkampf hervorgegangen. Auch wenn sich Nerz erst im Laufe der Zeit wirklich aus der Nationalmannschaft heraushält, so hat der Schüler den Lehrer erstmals überholt. Das Verhältnis Herbergers zu Felix Linnemann hat sich ebenfalls verändert. Herberger wird nie vergessen, dass der Kriminalkommissar, dem er indirekt seine Karriere als Fußballlehrer zu verdanken hat, die Verantwortung für das Debakel bei der Olympiade 1936 trägt, aber nicht zugibt, und dass nicht er es war, auf dessen Unterstützung Herberger sich im Machtgerangel um den Posten des Nerz-Nachfolgers verlassen konnte. In der Folge verlieren beide, Nerz und Linnemann, ihren Einfluss auf die Nationalmannschaft. Nerz, weil er immer stärker in der Akademie beansprucht wird, und Linnemann, weil er an ein Kommissariat in Stettin versetzt und damit aufs Abstellgleis geschoben wird. Der kleine Mann aus Mannheim, der sich nie für Politik interessiert hat und in die Partei wie in einen Verein eingetreten ist, ist als Sieger aus einem hochpolitischen Spiel um Macht und Einfluss hervorgegangen. Danach beruhigt sich die Lage erst einmal, und die Nationalmannschaft wird davon profitieren. Bis erneut die Nazis direkt in die Geschicke der Mannschaft eingreifen …

9. »Kraft durch Tritte« reicht nicht

Das »Anschlussspiel« Deutschland – Österreich

Wien, 3. April 1938, früher Nachmittag. Menschenmassen strömen ins Stadion, um in einem »Freundschaftsspiel« zwei Fußballmannschaften anzufeuern, die sie so für längere Zeit nicht mehr sehen werden. Es spielen die Auswahlmannschaften Österreichs und Deutschlands gegeneinander. Mit der Einschränkung, dass Österreich seit dem 12. März »Ostmark« heißt und von den Nationalsozialisten zum Anschluss an Deutschland gezwungen worden ist. An jenem Tag hat Hitler die Grenze bei Braunau am Inn, seinem Geburtsort, überschritten und einen Tag später das Gesetz von der »Wiedervereinigung« unterzeichnet, dessen erster Artikel lautet: »Österreich ist ein Land des Deutschen Reiches. Das Reich heißt fortan Großdeutschland.« Ein folgenschweres Ereignis, auch für den Fußball. Gern haben Felix Linnemann und der DFB dem Drängen der Politik nachgegeben, mit einem Spiel, das bald im Volksmund den Namen »Anschlussspiel« tragen wird, im Vorfeld der Fußball-WM 1938 die Zwangs-Vereinigung der beiden Länder gewissermaßen fußballerisch zu besiegeln. »Ostmark gegen Deutschland: Deutsch-Österreich«, wie es nun heißt, ist schon vor dem Anpfiff mehr als ein Fußballspiel. Für die Nazis soll es eine Demonstration deutsch-österreichischer Zusammengehörigkeit werden, und viele Österreicher erhoffen sich auf dem grünen Rasen das, wozu sie in der Politik nicht in der Lage waren: Widerstand gegen die Deutschen. Und dann gibt es noch die vielen Fußballanhänger aus Wien und Umgebung, die vor allem eine Demonstration des österreichischen Fußballs sehen wollen.

Um die emotionale Dynamik zu verstehen, die dieses Spiel gerade in Wien auslöst, lohnt es sich, einen Blick auf das internationale Fußball-

Die österreichische Nationalmannschaft war zu Beginn der dreißiger Jahre eine der erfolgreichsten in Europa und wurde nicht nur in Österreich als »Wunderteam« verehrt: Im Unterschied zum kampfbetonten deutschen Fußball spielen die Kicker um Matthias Sindelar, den Kopf der Mannschaft, auf technisch hohem Niveau.

geschehen jener Tage zu werfen. »Die Österreicher wollten ihren Fußball behalten«, erinnert sich Norbert Lopper, Anfang der dreißiger Jahre Jugendspieler bei Austria Wien und nach dem Krieg erfolgreicher Manager der Wiener. »Sie müssen ja sehen: Damals wurde der europäische Fußball von vier Mannschaften beherrscht, das waren Italien, Ungarn, Tschechoslowakei und eben Österreich. Es war ja noch nicht lange her, da hat Österreichs ›Wunderteam‹ jede Mannschaft geschlagen. Und die Austria hat zweimal, 1933 und 1936, den Mitropa-Cup gewonnen, den Vorgänger der heutigen Champions League.«[1] »Wunderteam« wird die Nationalmannschaft Österreichs auch in Deutschland genannt, nachdem das Team 1932 die deutsche Elf in zwei Spielen mit 5:0 und 6:0 geschlagen hatte. Darauf folgen insgesamt zwölf Spiele ohne Niederlage. Erst gegen England auf britischem Boden verliert das »Wunderteam« ein Spiel knapp mit 3:4, und selbst da überschlägt sich die englische Presse und feiert die Österreicher als »die beste Mannschaft, die jemals gegen England gespielt hat«[2]. Zwar verändert sich nach dieser Niederlage das Team personell, doch das österreichische Spielsystem bleibt weiter bestehen und begeistert Fußballfans in ganz Europa. Hinzu kommt, dass der Wiener Mittelfeldspieler Matthias Sindelar damals gemeinhin als bester Spieler Europas angesehen wird.

Das »Wiener System« unterscheidet sich fundamental von dem Fußball, wie er in Deutschland unter Otto Nerz gespielt und gelehrt wird. Während Nerz sich durch seine jährlichen Englandaufenthalte von dem auf Kraft, Kondition und Schnelligkeit basierenden System der Inselkicker inspirieren lässt, werden in Österreich Technik und Ballfertigkeit zur Grundlage eines nahezu ballettartigen Fußballspiels. Keiner verkörpert diese Art zu spielen besser als Matthias Sindelar, den seine Bewunderer den »Papierenen« nennen. Sein Spiel gilt als geradezu körperlos, der Ball »klebt ihm am Fuß«.

Aber es gibt noch einen weiteren wichtigen Unterschied zwischen Deutschland und Österreich: Jenseits der Donau wird längst für Geld Fußball gespielt. Bereits 1924 hat der Österreichische Fußballverband zwei landesweite Ligen von Profimannschaften eingeführt. Damit wird in Österreich ein Fußball-Boom ausgelöst, der in Deutschland erst zehn Jahre später beginnt. Bei den Olympischen Spielen in Berlin allerdings dürfen die Profis nicht mitspielen. Trotzdem holt die »dritte Mannschaft« immer noch die Silbermedaille, während Deutschland bereits im zweiten Viertelfinale gegen Norwegen ausscheidet.

Doch auch in Deutschland hat sich seit dem Desaster beim Olympischen Turnier und der Ablösung von Otto Nerz durch Sepp Herberger einiges verändert. Von den taktischen Zwängen befreit, baut Herberger um den Schalker Fritz Szepan, den Vorgänger Nerz noch für zu langsam befunden hatte, eine junge Mannschaft auf, die nicht nur auf Kraft und Schnelligkeit setzt, sondern auch ein hohes spielerisches und technisches Niveau erreicht. Bereits die ersten Spiele unter dem neuen Cheftrainer im Jahre 1937 lassen den neuen Stil erkennen. Das erste Match gegen die Holländer geht zwar noch 2:2 aus, doch danach werden nacheinander Frankreich, Luxemburg, Belgien und die Schweiz geschlagen. Und am 16. Mai 1937 läuft in Breslau zum Spiel gegen Dänemark jene Elf auf, die Herberger später stets mit der Mannschaft vergleichen wird, die 1954 in Bern Weltmeister wird: die »Breslau-Elf«. Dänemark ist mit einer glänzenden Bilanz nach Breslau gereist, man hat soeben Schweden und Polen geschlagen und in Oslo ein Unentschieden gegen den olympischen Deutschland-Bezwinger Norwegen erreicht. Doch das deutsche Team um den erfahrenen Aachener Willi Münzenberg in der Abwehr, den Schalker Fritz Szepan als Mittelfeldregisseur und den jungen Waldhofer Otto Siffling als Mittelstürmer entfaltet sofort sein Spiel und erzielt bereits in der 7. Minute das erste Tor. Weitere sieben Tore folgen, Otto Siffling erzielt alleine fünf davon. In diesem Spiel wechseln die Stürmer häufig ihre Positionen, sie rochieren, ein System, das ansonsten fast nur von Profiteams praktiziert wird. Im Anschluss an das Spiel gegen Dänemark schlägt die »Breslau-Elf« denn auch in zwei Testspielen die Profis von Manchester City. Mit 3:0 gelingt auch die Revanche gegen Norwegen wieder in Berlin, diesmal aber im Olympiastadion. Im nächsten Spiel gegen Schweden, einem Qualifikationsspiel zur WM 1938, spielt übrigens zum ersten Mal ein junger Dresdner, der durch seine elegante Ballbehandlung auffällt: Helmut Schön, der spätere Nachfolger Sepp Herbergers. Mit dieser Mannschaft wird Deutschland beim Jahreswechsel 1937/38 zum Mitfavoriten für die Weltmeisterschaft in Frankreich.

Die Ereignisse, die schließlich das Ende der »Breslau-Elf« bedeuten sollten, beginnen im Februar 1938. Dass er Österreich »heim ins Reich« holen will, daran hat Hitler ohnehin nie einen Zweifel gelassen. Nun beginnt der Countdown für die »Wiedervereinigung«: Am 12. Februar reist der österreichische Bundeskanzler Kurt Edler von Schuschnigg auf den Obersalzberg zu Hitler. Dieser fordert eine Amnestie für die in Österreich inhaftierten Nationalsozialisten. Darüber hinaus fordert er, seinen Vertrauten Arthur Seyß-Inquart ins österreichische Kabinett aufzunehmen. Schuschnigg kehrt zurück und ernennt Seyß-Inquart wunschgemäß zum Innenminister. Um die Unabhängigkeit doch noch zu retten, verkündet er für den 13. März eine Volksabstimmung über den Anschluss. Dies will Hitler verhindern, denn er fürchtet die antideutsche Stimmung, die sich bereits in den Demonstrationen der letzten Tage gezeigt hat. Schuschnigg weigert sich, die Volksabstimmung zu verschieben, und tritt zurück. Einen Tag danach wird die Bildung einer nationalsozialistischen Regierung unter Seyß-Inquart bekannt gegeben. Ab sofort wird Österreich zur »Ostmark«.

Sofort beginnen auch erste Veränderungen im Fußball. Gerade hatte der österreichische Fußballverband die Verhandlungen mit dem englischen Trainer James Donelli abgeschlossen. Der von Ambrosia Mailand kommende Fußballlehrer sollte die Nationalmannschaft übernehmen, bleibt nun jedoch in Italien. Der ÖFB muss sich auflösen und aus der

FIFA austreten. Und ab sofort haben die Fußballer einen anderen Beruf nachzuweisen. Das Profitum wird abgeschafft. Die jüdischen Vereine – vor allem die Hakoah-Vereine hatten erfolgreich in der österreichischen Liga gespielt – werden verboten. Die Wiener Austria soll fortan Ostmark Wien heißen. Den Spielern wird jeglicher Kontakt zu jüdischen Funktionären verboten.

Vor diesem politischen Hintergrund also wird nun das Spiel »Ostmark« gegen Deutschland angepfiffen. Herberger hat schon im Vorfeld zu spüren begonnen, dass die relative Ruhe des Jahres 1937 nun vorbei ist und die Nationalsozialisten wieder verstärkt Einfluss nehmen werden. Reichssportführer Hans von Tschammer und Osten ist seit einer Woche in Wien, um die Eingliederung des österreichischen Sports als Gau XVII, Ostmark, in das Nazi-Sportsystem vorzubereiten. Der DFB-Vorsitzende Linnemann, wie stets bemüht, die Absichten der politischen Führung eilfertig auf den Sport zu übertragen, erklärt den Spielern, es stehe diesmal weit mehr auf dem Spiel als ein normales Match zweier gleich guter Mannschaften. Von Verbrüderung ist die Rede, und dass man mit dem körperlichen Einsatz zurückhaltend sein solle. Keiner schreibt das Ergebnis vor, aber jedem ist klar, dass hier kein Sieg erwünscht ist. Das politische Wunschresultat, so viel kann man vermuten, ist ein Unentschieden.

Auf den besonderen Wunsch des Starspielers Matthias Sindelar tritt die »Ostmark« zum letzten Mal in Trikots in den österreichischen Farben rot-weiß-rot an. Im Stadion hängen überall Hakenkreuzfahnen, und Spruchbänder verkünden die neue Losung: »Ein Volk, ein Reich, ein Führer«. Doch die Wiener Zuschauer erwarten keine großdeutsche Verbrüderung auf dem grünen Rasen. Sie erhoffen sich einen Sieg ihrer Österreicher gegen die Piefkes, denen man es wenigstens noch ein Mal zeigen will. Und in der Tat wirbelt die Elf um Sindelar die deutsche Abwehr gehörig durcheinander, die sich allerdings auch wunschgemäß sehr zurückhält. Immerhin bleibt es bis zur Halbzeit beim 0:0. In der zweiten Spielhälfte wird Sindelar zum überragenden Spieler. Nachdem er mit seinem Schuß zum 1:0 klar stellt, daß er gewinnen will, schließt sein Freund und Mannschaftskollege Sesta sich Sindelars Absicht an und trifft zum 2:0 Endstand. Die Begeisterung der Fans, die so gar nicht zu »ein Volk, ein Reich, ein Führer« passen will, empört die anwesende Nazi-Prominenz aus Berlin. Einen abstoßenden »Austria-Nationalismus« stellt der Reichssportführer fest. Wieder einmal hat sich bestätigt, dass der Massensport Fußball politisch unzuverlässig ist.

Im gleichen Jahr steht die Fußballweltmeisterschaft vor der Tür. Beide Mannschaften, Österreich und Deutschland, sind eigentlich qualifiziert. Doch selbstverständlich muss die »Ostmark« ihren Platz zurückgeben. Für die Nationalsozialisten ist die Vision faszinierend, dass nun eine Mannschaft aus den besten Spielern zweier Nationalmannschaften zusammengestellt werden kann, die schon für sich alleine jeweils als Mitfavorit gehandelt worden waren. Damit müsste man ja unschlagbar sein. Eine bessere Propaganda lässt sich kaum denken. Propaganda nach innen, vor allem Richtung »Ostmark«, deren Fans durch Erfolge einer gesamtdeutschen Mannschaft über den Verlust des »Wunderteams« hinweggetröstet werden könnten. Propaganda nach außen, denn Harmonie auf dem Rasen würde den »Anschluss« zusätzlich legitimieren.

Fußballfachleute warnen jedoch. Sie wissen, dass in beiden Ländern völlig unterschiedliche Systeme gepflegt werden, die sich nicht ohne weiteres kombinieren lassen. Norbert Lopper erinnert sich: »Österreich spielte ja damals einen technisch orientierten Fußball, ›Wiener Schule‹ eben, einen feinen, filigranen Fußball mit vielen Kurzpässen. Dagegen spielten die Deutschen athletischer und mit eisenharter Manndeckung.« Spötter sprechen von »Kraft durch Tritte« in Anlehnung an die Nazi-Erholungsorganisation »Kraft durch Freude«. Hinzu kommt, dass die beiden Nachbarn seit Jahren eine Fußballfeindschaft pflegen, auf dem Rasen und erst recht auf den Rängen. Und auch Sepp Herberger, dem gesamtdeutschen Reichstrainer, ist klar, dass es einfacher wäre, *zwei* gute Mannschaften zusammenzustellen, eine »Ostmark-Mannschaft« und eine aus dem »Altreich«. So geht er auch die Planung der kommenden WM an: Die »Breslau-Elf« soll das Gerüst bilden, ergänzt durch ein oder zwei Spieler aus Österreich. Vor allem einen Spieler möchte er gerne in die bestehende Mannschaft integrieren: Matthias Sindelar. Der »Papierene« wird in jede Mannschaft passen, seine Tricks könnten die Übersicht eines Fritz Szepan ergänzen. Doch Sindelar hat den Mut, sich anders zu entscheiden. Er erklärt gleich nach dem Ende des »Anschlussspiels« seinen Abschied von der internationalen Bühne. Und davon lässt er sich auch nicht durch Sepp Herbergers nachdrückliche Bitte abbringen. Er sei zu alt, erklärt er dem Reichstrainer, er wolle Jüngeren Platz machen. Alle, einschließlich Herberger, vermuten eher politische Hintergründe für die

Absage. In einer Nazi-Mannschaft will Sindelar nicht spielen. Den Wienern war noch gut in Erinnerung, wie Sindelar auf die Anordnung reagiert hatte, mit jüdischen Funktionären sei der Kontakt verboten. Als Sindelar dem jüdischen Austria-Funktionär Dr. Michl Schwarz auf der Straße begegnet, ruft er ihm demonstrativ zu: »I wird Ihna immer grüassen, Herr Doktor!«[3]

Herberger, der fachlich gegen eine paritätisch besetzte großdeutsche Mannschaft ist, hat spätestens seit dem Machtkampf um den Reichstrainerposten begriffen, dass die Nationalsozialisten mit dem Fußball propagandistische Absichten verbinden und dass es die Karriere gefährden kann, öffentlich zu widersprechen. Deshalb fährt er nach Stettin, wo der Kriminalkommissar und DFB-Präsident Linnemann inzwischen arbeitet. Ihn kann er fragen, welche Chancen eine sportliche Aufstellung der Nationalelf hat. Linnemann hat seine Weisungen bekommen: Der Führer erwarte eine Mannschaft aus fünf deutschen und sechs österreichischen Spielern oder umgekehrt. Der Verbundenheit mit den »heim ins Reich« geholten Spielern aus der »Ostmark« sei Ausdruck zu verleihen. Heil Hitler! Und Herberger fügt sich, nicht zum ersten und nicht zum letzten Mal wider besseres Wissen.

Kaum zurück in Duisburg, wird Herberger allerdings erfahren, dass inzwischen auch sein alter Förderer Linnemann, obwohl noch Chef des DFB, trotz all seiner Willfährigkeit in den Jahren seit 1933 jegliche Macht an die Nazi-Sportpolitiker verloren hat. Herberger wird nämlich mitgeteilt, dass die beiden geplanten Testspiele gegen England sowie die Profimannschaft Aston Villa von zwei getrennten Mannschaften – einmal deutsch, einmal österreichisch – durchgeführt werden sollen. Hintergrund: Arthur Stenzel, der Schatzmeister des Reichsbundes für Leibesübungen, verspricht sich mehr Einnahmen von dieser einmaligen Entmischung der soeben dekretierten großdeutschen Elf. Als ein verwirrter Herberger daraufhin bei Linnemann nachfragt, stellt sich heraus, dass dieser über die Berliner Regelung nicht einmal informiert ist. Für Herberger, der ansonsten natürlich gern zwei Nationalmannschaften mit je eigenem System spielen lassen würde, hat diese Regelung eine fatale Konsequenz, denn er hat kaum noch Gelegenheiten zu ernsthaften Testspielen mit der großdeutschen Mannschaft vor Beginn der WM in Frankreich.

Das propagandistisch bedeutsame Spiel der leicht veränderten »Breslau-Elf« gegen England geht übrigens vor den Augen der Nazi-Prominenz – natürlich ohne Hitler, der nach seinem Erlebnis beim Olympischen Turnier keinen Fußball mehr sehen will – mit 3:6 verloren. Die englischen Spieler, die auf Druck ihres Botschafters in Berlin vor Spielbeginn den Hitlergruß zelebrieren, spielen wie aufgedreht – offenbar auch aus Gründen der politischen Demonstration. Jedenfalls wird der beste Mann auf dem Platz, der legendäre englische Rechtsaußen Stanley Matthews, später berichten: »Kein Sieg hat jemals süßer geschmeckt als der von Berlin, als wir die Nazis 6:3 verdroschen. Es bestand für uns kein Zweifel, daß die Deutschen mehr als alles in der Welt dieses Match gewinnen wollten. Aber auch wir, die wir sonst ein Länderspiel nur als gewöhnliches Wettspiel betrachteten, waren nie vorher so mit dem Herzen dabei. Widerstrebend erbrachten wir den Hitler-Gruß. Dieser Zwang stachelte uns zwar auf, aber ich schäme mich heute noch, wenn ich dieses Foto sehe.«[4]

Im Mai 1938 spielt die englische Nationalmannschaft in Zürich gegen die Schweiz, den ersten Gegner der großdeutschen Elf bei der WM. Und die Schweiz gewinnt mit 2:1. Schon das letzte Spiel der »Breslau-Elf« gegen die Schweiz ist in Köln nur 1:1 ausgegangen. Den Fachleuten ist damit klar, dass die Schweiz eher zu den Favoriten bei der WM zu rechnen ist als die zusammengewürfelte deutsche Mannschaft. Pikant ist dabei, dass die Eidgenossen ausgerechnet von einem Österreicher trainiert werden. Der Wiener Ex-Nationalspieler Karl Rappan gilt als Erfinder des »Schweizer Riegels«, einer Defensivtaktik, an der sich offenbar auch die englischen Profis die Zähne ausgebissen haben. Trotz reichlicher Warnungen vor der Stärke der Schweiz bläst aber die deutsche Sportpolitik zum Marsch auf Paris und erklärt Deutschland zum Turnierfavoriten.

Sepp Herberger hat derweil seine liebe Mühe und Not, die verschiedenen Spielercharaktere unter einen Hut zu bringen. Er macht Hans Mock, ein Mitglied des einstigen »Wunderteams«, zum Mannschaftskapitän. Außerdem baut er pflichtgemäß noch vier weitere Wiener Spieler in die Mannschaft ein. Die Mannschaft reist erst einen Tag vor dem Spiel nach Paris. Eine Sparmaßnahme, aber auch eine Rücksichtnahme gegenüber den mitreisenden Fans, denen man in Frankreich sicherlich nicht mit viel Sympathie entgegentreten wird. In der Tat ist die Atmosphäre in Paris aufgeheizt. Französische und Schweizer Fans ergreifen die Gelegenheit, ihre Ablehnung von Hakenkreuz- und Adlerfahnen handgreiflich zu demonstrieren. Auch im Stadion und auf dem Platz selbst beginnt es hektisch. Vor allem die Schweizer Verteidiger spielen hart. Trotzdem erzielt der Berliner Gauchel in der 29. Minute das 1:0, aber noch vor dem Wechsel kann die Schweiz ausgleichen. Es zeigt sich, dass die umformierte Abwehr dem Schweizer Ansturm vor der Pause nicht gewachsen ist. Nach dem Wechsel wird die Partie noch hektischer. Zeitweise kann die deutsche Mannschaft nur mit zehn Mann spielen, da immer wieder jemand verletzt ist. Der belgische Schiedsrichter Langenus zieht sich den Ärger der deutschen Fans zu, als er ein Foul des Schweizers Minelli gegen den Wiener Hahnemann im Strafraum nicht mit Elfmeter ahndet, sondern den Tatort auf die 16-Meter-Linie verlegt. Auch in der Verlängerung fällt kein Tor mehr. Linksaußen Pesser wird nach einem Revanchefoul kurz vor Schluss vom Platz gestellt. Beim Gang in die Kabine wird er von den französischen Anhängern bespuckt. Das Spiel endet 1:1, und damit ist nach den damals geltenden FIFA-Regeln ein Wiederholungsspiel nötig, das fünf Tage später stattfinden soll.

Herberger hat nun ein Problem mehr. Der Wiener Pesser darf wegen des Platzverweises nicht spielen, einige andere haben nicht überzeugt. Außerdem sollen nun Fritz Szepan und der Mittelstürmer Otto Siffling in die Mannschaft kommen, denen im ersten Spiel eine Pause nach den letzten Meisterschaftsspielen gegönnt worden ist. Es braucht einige Blatt Papier, bis Herberger eine Mannschaft zusammen hat, die er einerseits für stark genug hält und die andererseits fünf »Ostmärker« und sechs Spieler aus dem »Altreich« enthält. Am Ende hat er die Mannschaft auf sechs Positionen verändert. In dieser Formation hat sie noch nie zuvor gespielt. Als die deutsche Elf beim Wiederholungsspiel am 9. Juni 1938 aufläuft, wird sie mit einem gellenden Pfeifkonzert empfangen. Es ist eine klare Demonstration: Die französischen Fans unterstützen die Mannschaft der Schweiz. Doch Herberger, der später sagen wird, es habe sich nicht um ein Spiel, sondern eine »furchtbare Schlacht«[5] gehandelt, hat seine Mannschaft trotz der Probleme gut eingestellt. Bereits nach einer Viertelstunde liegt sie mit 2:0 in Führung und beherrscht den Gegner klar. Im deutschen Sturm gibt es sogar Momente zu bewundern, die an die Zeit der »Breslau-Elf« erinnern. Allerdings ist die deutsche Abwehr nachlässig und lässt kurz vor dem Halbzeitpfiff das 1:2 zu. Nach dem Wechsel dann zunächst das gleiche Bild: Deutschland greift an, scheitert allerdings vor dem Tor. Nach einem Foul an dem Wiener Linksaußen Neumer im Strafraum bleibt der Elfmeterpfiff aus. Im Gegenzug gelingt den Schweizern der Ausgleich. Kurze Zeit später reklamieren die deutschen Spieler Abseits, was der Schiedsrichter aber nicht pfeift, und die Schweiz geht in Führung. Zehn Minuten vor Schluss, als die deutschen Spieler blind das Tor der Schweizer bestürmen, können jene erhöhen: Endstand 4:2 für die Schweiz. Das neu formierte großdeutsche Nationalteam, der vermeintliche Favorit, der in Paris der Welt seine Überlegenheit demonstrieren sollte, war bereits am ersten Gegner gescheitert.

10. Persönlichkeit kontra Kollektiv

Der Fall Matthias Sindelar

Wien, 10. Bezirk, das Stadtviertel namens Favoriten. Die Quellenstraße ist eine graue Straße mit mächtigen Häuserblocks, vier bis fünf Stockwerke hoch. Neben einem türkischen Laden für Stereoanlagen und Plastikspielzeug, Handtaschen und Mobiltelefonen prangt die Hausnummer 75, angebracht unter einem Torbogen mit gläserner Doppeltür. Hier, hinter den ersten vier Fenstern im Parterre, hat die österreichische Fußballlegende Matthias Sindelar in den dreißiger Jahren des vergangenen Jahrhunderts gelebt.

Viel hat sich seit damals offenbar nicht verändert. Der Bezirk Favoriten war schon immer eine Gegend für die weniger feinen Kreise Wiens. Ein Arbeiterbezirk, der je nach Konjunktur zum Arbeitslosenviertel wird. So ist es heute, und so war es damals, als Matthias Sindelar von hier aus seine Fußballkarriere beginnt. Hertha Favoriten heißt der Verein, bei dem er zuerst spielt. Es ist die Zeit nach der Volksschule, in der Sindelar, dessen Vater schon 1917 »gefallen« ist, eine Schlosserlehre macht und der Fußball noch Freizeitvergnügen ist. Im Spätsommer 1924, mit 21 Jahren, wechselt er zu den Amateuren Wien, einem Verein, der seine Spieler schon längst bezahlt und sich später Austria nennen wird. Zu seinem Wechsel erzählt man in Wien einige Anekdoten, wie sie wohl zu einer echten Heldenstory dazugehören. Eine davon ist einigermaßen verbürgt. Danach sei Sindelar, den die Verantwortlichen des großen Hauptstadtclubs viel zu schwächlich fanden, nur deshalb zu den Amateuren geholt worden, weil seine Freunde Reiterer und Schneider, die man eigentlich angesprochen hatte, nicht ohne ihn gehen wollten. »Amateure [Wien] gab nach und bemerkte erst später, welchen Goldgriff sie da getan hat-

Austria Wien ist der Heimatclub von Österreichs größtem Fußball-Talent Matthias Sindelar (Zweiter von rechts und großes Foto). »Der Papierene«, wie Sindelar wegen seiner Statur und Spielweise im Volksmund genannt wird, ist der Ideengeber auf dem Platz: Mit Übersicht und Spieltechnik macht er fehlende Zweikampfstärke wett.

ten«, schreibt Karl-Heinz Schwind, einer der bekanntesten Sportjournalisten Österreichs bis in die achtziger Jahre des letzten Jahrhunderts hinein.[1]

In jenen Tagen, als Österreich die Inflation nach dem Schwarzen Freitag von 1923 durch eine Währungsreform besser in den Griff bekommt und die Austria-Spieler nicht mehr in Devisen bezahlt werden müssen, wird Matthias Sindelar Stammspieler und bald auch »Internationaler«, wie man in Wien heute noch Nationalspieler nennt. Er wird zum Star und zum Inbegriff des österreichischen »Wunderteams«, das damals den europäischen Fußball beherrscht. Dabei ist es vor allem die überragende Technik, die Leichtigkeit, mit der Sindelar Ball und Gegner beherrscht, die ihm den Spitznamen »der Papierene« einträgt. Norbert Lopper, damals Teenager und glühender Verehrer von Sindelar, gerät heute noch ins Schwärmen, wenn er von seinem Idol erzählt: »Ich kann mich sehr gut erinnern. Aufgrund seiner Statur hat man ihn den Papierenen genannt. Und er konnte jedem Zweikampf aus dem Weg gehen, weil er das alles durch seine unglaubliche Technik wettgemacht hat. Das erste Spiel, was ich gesehen hab' von Matthias Sindelar, war gegen Deutschland, das 6:0, wo Sindelar selbst drei Tore geschossen hat. Dann habe ich das Spiel gegen Ungarn gesehen, das 8:2, wo Sindelar auch drei Tore geschossen hat. Aber das Schönste ist ja gewesen, dass sein Nebenspieler bei diesem Spiel vier Tore geschossen hat und das auf Konto von Sindelars Vorlagen, bis heute habe ich das noch in Erinnerung.«[2] Insgesamt schießt Sindelar 28 Tore in 44 Spielen mit der Nationalmannschaft und rund 600 Tore bei 700 Einsätzen im Verein. »Und er war so ein wunderbarer Charakter«, ergänzt Norbert Lopper, »der damalige Clubchef Dr. Schwarz hat mir einmal erzählt, wie ihm der Sindelar aus der Patsche geholfen hat. Die Austria war, um 1932 muss das gewesen sein, in finanziellen Schwierigkeiten. Die Spieler hatten schon wochenlang kein Geld bekommen, und bis zu einem bestimmten Stichtag würde sich daran auch nichts ändern. Da hat der Sindelar sein Sparbuch geholt und das, was drauf war, dem Verein geliehen. Und angeblich waren da 8 000 bis 9 000 Schilling drauf, was damals sehr viel Geld war. So konnte der Verein die Spieler wieder bezahlen und damit halten. Ein Jahr später ist Austria dann Mitropa-Cup-Sieger geworden. Da hat man das Geld dann zurückbezahlt. So einer war das. Heute würde ein Spieler doch nicht mal einen Schilling seinem Verein geben.«

Ein paar Autominuten von der Quellenstraße entfernt, noch immer im Stadtteil Favoriten, verläuft die Laxenburger Straße. Hier hat Sindelar ein Caféhaus betrieben, zuerst als Pächter, später auch als Besitzer. Das Haus steht noch, ein Eckhaus, wieder einer dieser grauen Wohnblocks aus dem Wiener kommunalen Wohnungsbau der zwanziger und dreißiger Jahre. Dort, wo früher das Café gewesen ist, sieht man heute noch die Spuren: die Rahmen, in denen früher die Schilder »Café Annahof« steckten, darüber die verrostete Fassung, in der einmal die Glühbirne für das Außenlicht gesteckt haben muss. Die Rollläden an der Tür sind heruntergelassen, die verhängten Fenster erlauben keinen Blick nach innen. Das Café ist seit langem verlassen, so wie das ganze riesige Haus. Einen einzigen Mieter gebe es noch, erzählt jemand auf der Straße, eine Fußpflegepraxis. Aber auch die werde wohl den Abriss des Hauses nicht aufhalten.

Auf den wenigen Fotos, die es heute noch von Sindelar in seinem Café gibt, sieht man ihn, den Schmächtigen, entweder mit hellem Hemd und dunkler breiter Krawatte voller Stolz vor der Eingangstür, oder er sitzt

Das Café Annahof im Wiener Stadtteil Favoriten gehörte in den dreißiger Jahren Österreichs bekanntestem Spieler, Matthias Sindelar. Er bestritt nach dem erzwungenen Ende seiner Profi-Karriere durch den Anschluss Österreichs an Deutschland seinen Lebensunterhalt mit den Einnahmen aus diesem Café.

mit mehreren ähnlich gekleideten Männern an einem Tisch und spielt Karten. Karten hat Sindelar auch gespielt, als der junge Norbert Lopper sich eines Tages traut, sein Idol zu besuchen. »Wir waren da mit ein paar Spielkameraden und haben uns vor der Tür rumgedrückt, nicht reingetraut. Dann ist einer rausgekommen und hat uns gefragt, was wir wollen. Sindelar sehen, haben wir geantwortet. Da hat er uns mit reingenommen, da hat Sindelar da gesessen, mit seinen Freunden, und hat Karten gespielt. Und dann haben wir ein Autogramm von ihm bekommen.«

Sindelar ist 1937/38 zwar schon ein »Alter« auf dem Fußballplatz, aber seine Popularität beschränkt sich längst nicht mehr auf den Fußball. Er ist eine öffentliche Figur, in seinem Café verkehren Künstler und Schriftsteller. Dass Sindelar kein Freund der Nazis ist, ist auch vor dem März 1938 bekannt, übrigens, wie sich später zeigen wird, auch den »Braunhemden« selbst. Aber eigentlich ist Sindelar kein politischer Mensch. Das Café, das er zunächst gepachtet hat, wird er im Sommer 1938 im Rahmen von Arisierungen jüdischen Eigentums erwerben, ohne zu zögern. Immerhin soll er dem Vorbesitzer den vollen Marktwert bezahlt haben. Gleichzeitig ist Sindelar Patriot, österreichischer Patriot. Deshalb besteht er darauf, dass die Mannschaft beim so genannten »Anschlussspiel« in rot-weiß-rot aufläuft. Deshalb jubelt er demonstrativ nach den beiden Toren der Österreicher vor der deutschen Ehrentribüne. Und deshalb lehnt er seine Berufung in die großdeutsche Nationalmannschaft durch Sepp Herberger ab. Doch trotz der Distanz zu den Nationalsozialisten blickt Sindelar in eine gesicherte Zukunft. Zwar haben die Nazis das Profitum abgeschafft, aber unter der Hand wird weiter gezahlt. Und Sindelars Café ist gut besucht. Mit den Frauen tut sich das in die Jahre gekommene Einwandererkind aus dem Arbeiterviertel schwer. Karl-Heinz Schwind zitiert einen Ausspruch Sindelars aus jenen Tagen: »Es ist schon gut und es ist schön, dass es Frauen gibt auf der Welt, aber sie sind doch nicht gar so wichtig, dass sie einen Mann auf seinem Weg aufhalten könnten.«[3] Trotzdem verliebt sich Sindelar offenkundig irgendwann doch, in »eine gewisse Mitzi Skala«, und die zwei bestellen sogar schon das Aufgebot für 1939. Doch zur Heirat wird es nicht kommen, »weil die Verlobte im letzten Moment einen anderen Mann fand«.[4]

Wien, 1. Bezirk. Die Annagasse liegt unmittelbar im Zentrum, führt ab von der Kärntner Straße, heute Fußgängerzone zwischen Oper und Stephansdom und damit Wiens Touristenmeile schlechthin. Auf der Ecke ein Spezialgeschäft für Hüte. In dem Haus mit der Nummer 3 wird gerade renoviert, eine Wohnung im ersten Stock soll entkernt und luxuriös saniert werden. Die Gegend verspricht hohe Einnahmen, die alte Substanz ist erhalten; das Haus mit einem wunderschönen Patio mitten im Zentrum und doch ein wenig abseits lockt gewiss zahlungskräftige Kundschaft. Am Ende der ersten Etage des Jugendstil-Treppenhauses befindet sich ein schwarzes Brett: »Verhalten bei Gasaustritt«. Natürlich hat dieses Schild, das in vielen alten Wiener Häusern hängt, nichts mit Matthias Sindelar zu tun. Aber wer dieses Haus auf den Spuren von Matthias Sindelar betritt, dem fällt es sofort ins Auge. Hier, in der Wohnung von Camilla Castagnola, einer Wirtin, wird Matthias Sindelar am Morgen des 3. Januar 1939, einem Montag, tot aufgefunden. Sindelar und Castagnola liegen nackt auf dem Bett. Auf dem Tisch stehen eine halbleere Likörflasche und zwei Gläser. Die Frau lebt zwar noch, als man sie findet, stirbt aber kurz darauf im Krankenhaus. Es gibt also keine Zeugen des Todes.

Bis heute kursieren im geschichtenverliebten Wien verschiedene Theorien über den Tod von Sindelar. Dass überhaupt spekuliert werden kann,

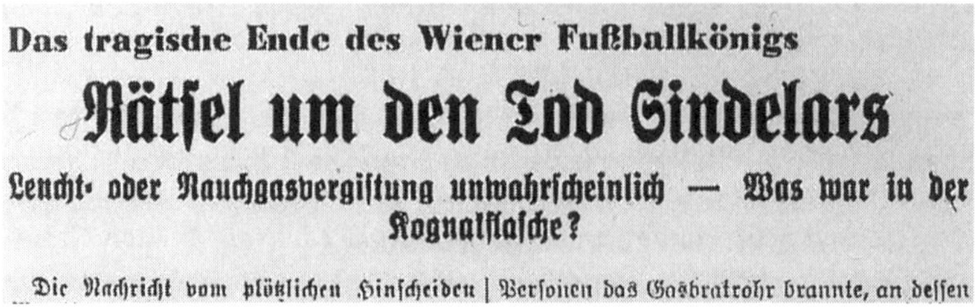

Das tragische Ende des Wiener Fußballkönigs

Rätsel um den Tod Sindelars

Leucht- oder Rauchgasvergiftung unwahrscheinlich — Was war in der Kognakflasche?

Die Nachricht vom plötzlichen Hinscheiden | Personen das Gasbratrohr brannte, an dessen

Noch Wochen nach dem Tod von Matthias Sindelar spekuliert die Öffentlichkeit über die Ursache: Selbstmord, Eifersuchtsdrama, oder politischer Mord sind die Möglichkeiten, die in Frage kommen.

liegt daran, dass die Wiener Polizei damals wenig unternimmt, um die Sache aufzuklären. Es ist nicht einmal klar, ob sie überhaupt ihre spärlichen Ermittlungen fixiert hat. Falls jemals eine Akte Sindelar existierte, ist sie heute verschwunden. Die Dokumente seien bei Kriegsende verloren gegangen, ist die offizielle Version. Karl-Heinz Schwind notiert eine andere Vermutung, die von dem Rapid-Wien-Funktionär Hans Hierath stammt. Danach habe der Polizeipräsident, ein fanatischer Fußballanhänger, das Andenken Sindelars schützen wollen. Schließlich sei das Idol unter dubiosen Umständen in den Armen einer Frau mit zweifelhaftem Ruf gestorben. Da habe er die Akte lieber verschwinden lassen, damit erst gar kein Fall daraus wird.[5]

Natürlich gibt es auch so etwas wie eine offizielle Version. Die lautet: »Tod durch Einatmen von Kohlenmonoxyd, hervorgerufen durch einen offensichtlich schadhaften Kamin.«[6] Diese Unfalltheorie erweist sich aber bald als wenig haltbar. Erst kurz vor dem Tod hat ein Kaminkehrer den Ofen in der Wohnung Castagnolas untersucht und keinen Schaden festgestellt. Als man die Leiche findet, brennt das Gasbackrohr noch, und keiner nimmt Gasgeruch wahr. Es gibt weder Testament noch Abschiedsbrief. Und dass sich Sindelar aus enttäuschter Liebe zum Selbstmord entschließt, bezweifeln die, die ihn kennen, ohnehin. Aber es gibt auch die Hypothese, dass Camilla Castagnola, deren Liebe zu Sindelar von diesem nicht erwidert wird, zum Äußersten gegriffen und ihren Liebsten mit in den Tod genommen hat. Diese Erklärung wird von den meisten Zeitgenossen gern geglaubt. Natürlich wird auch über einen politischen Mord oder Selbstmord spekuliert. Schließlich war der Volksheld Sindelar offenkundig kein Parteigänger der Nazis. Doch auch dafür gibt es keine Beweise, zumal ja die Unterlagen bald verschwunden sind. Matthias Sindelar bekommt ein feierliches Begräbnis auf dem Zentralfriedhof, an dem 15 000 Menschen teilnehmen. Friedrich Torberg, der Wiener Schriftsteller, verfasst folgende Zeilen:

Es jubelt die Hohe Warte, der Prater und das Stadion,
wenn er den Gegner lächelnd narrte und zog ihm flinken Laufs davon.
Bis eines Tages andrer Gegner ihm Jährlings in die Quere trat,
ein fremd und furchtbar überlegner, vor dems nicht Regel gab noch Rat.
Das Tor, durch das er dann geschritten, lag stumm und dunkel ganz und gar.
Er war ein Kind aus Favoriten und hieß Matthias Sindelar.

Nach dem Begräbnis versucht Sindelars inzwischen 62-jährige Mutter, das Café »Annahof« weiterzuführen, und stellt einen entsprechenden Antrag. Doch die Behörden verweigern ihr die Erlaubnis mit der Begründung: »Genannte ist Nationaltschechin, die für die Bewegung absolut nichts übrig hatte. Sie war stets gegnerisch eingestellt, verteilte an tschechische Kinder Lebensmittel, ist eine große Egoistin, die nur auf sich bedacht ist. Einer Förderung durch den NS-Staat nicht würdig.«[7]

Norbert Lopper, der Sindelar-Fan und Autogrammjäger aus den dreißiger Jahren, ist übrigens zu diesem Zeitpunkt längst nicht mehr in Wien. Als Jude verlässt er die Stadt nach dem Einmarsch von Hitlers Truppen und geht nach Belgien. Als die Nationalsozialisten auch hierhin kommen, wird Lopper von der Gestapo aufgespürt und in das Konzentrationslager Auschwitz gebracht. Kurz zuvor hatte er geheiratet. Seine junge Frau und der größte Teil seiner Familie werden den Holocaust nicht überleben. Lopper hat mit viel Glück das KZ überstanden, und es ist ihm sogar gelungen, seine Mutter vor der Gaskammer zu retten. »Aber das ist eine andere Geschichte«, sagt er. »Die hat ja nichts mit Fußball zu tun.«

Wien, Zentralfriedhof. Norbert Lopper steht am Grab von Matthias Sindelar. Bei der Friedhofsgärtnerei hat er zuvor zwei Kerzen gekauft. Es ist ein gepflegtes Grab, rechts und links stehen Grablichter. Norbert Lopper öffnet erst das rechte, legt seine Kerze hinein und zündet sie mit zittrigen Fingern an, dann geht er ums Grab herum auf die andere Seite und zündet auch dort eine Kerze an. Vor dem Grabstein liegt ein bronzener Fußball, den Grabstein selbst ziert eine Halbplastik von Matthias Sindelar, natürlich im Fußballtrikot. Darunter der Schriftzug von Sindelar, sein Autogramm. Für Norbert Lopper gehört dieser Ort zu dem Teil sei-

Auf dem Wiener Zentralfriedhof liegt das Ehrengrab von Matthias Sindelar. Wolfgang Lopper (rechts) besucht nach seiner Rückkehr aus der Emigration bis heute regelmäßig das Grab seines Jugendidols.

ner Biografie, der nicht vom Holocaust geprägt ist. Lopper hat nämlich noch in Belgien das Handwerk eines Fußballmanagers erlernt. Später, in den sechziger Jahren, wird er als so genannter Clubsekretär von Austria in die Vereinsgeschichte eingehen, weil es ihm gelingt, prominente Spieler nach Wien zu locken, ohne das große Geld dafür ausgeben zu müssen. Gern erzählt er die Geschichte von einem Spieler, den er dann aber doch nicht kaufen konnte. »Max Merkel, der ja auch mal bei der Austria war, schwärmte mir von einem jungen Talent in München vor: ›Der ist fast so gut wie der Sindelar‹, sagte er.« Die Rede ist von Franz Beckenbauer.

Fußball im Krieg

11. *Zwischen Fußballplatz und Schlachtfeld*

Propagandaspiele und das Ende der Nationalmannschaft

Die deutsche Elf bei Kriegsausbruch

Bereits kurz nach Ausbruch des Krieges am 1. September 1939 ist die großdeutsche Nationalmannschaft in alle Winde zerstreut. Einige Kicker müssen sofort zur Wehrmacht einrücken, und vom Winter des Jahres 1940 an sind fast alle Nationalspieler an der Front. Nicht einmal Reichstrainer Sepp Herberger hat ständig Kontakt zu seinen Schützlingen oder weiß, wie es seinen Spielern geht und wo sie sich genau befinden.

Den Spielern dürfte bei ihrer Einberufung reichlich mulmig gewesen sein, die Funktionäre hingegen feiern den Kriegsausbruch wie ein bedeutendes sportliches Großereignis. Nun endlich kann der Sport seine Bestimmung erfüllen, die ihm seit 1933 zugewiesen worden war: »Der deutsche Fußballsport, dem nach wie vor die Herzen der spielfreudigen und kampfesfrohen Jugend zufliegen, sieht seine Aufgaben also darin, an seinem Teil dem deutschen Volk den Vorrat an Kraft und Gesundheit zu geben, den es in dem schweren Ringen um seine Existenz nötig hat [...].«[1] Und das bedeutet, dass prominente Kicker ebenso einrücken müssen wie der einfache Mann aus dem Volk. Der Einsatz der Nationalspieler an der Front soll verdeutlichen, dass im Krieg alle zusammenstehen müssen und sich ungeachtet ihrer Position in den Dienst der Nation zu stellen haben.

Zu Kriegsbeginn erscheint eine Fortsetzung des Spielbetriebes auf höchster Ebene zunächst mehr als unwahrscheinlich. Denn die wahre Herausforderung für Deutschlands Spitzensportler liegt nicht mehr auf dem Spiel-, sondern vielmehr auf dem Schlachtfeld, wie Reichssportwart

Christian Busch mit furchterregender Diktion verdeutlicht: »Nicht mehr im internationalen Wettkampf, nicht mehr bei Groß-Festen, nicht mehr bei Meisterschaften treten unsere Mannschaften auf den Plan, sondern dort, wo sie der Führer und oberste Befehlshaber der Wehrmacht berufen hat oder berufen wird. Es ist nicht die Zeit für sportliche Großkämpfe [...].«[2] Allenfalls regionale Veranstaltungen sollen nach dem Willen Buschs noch durchgeführt werden, die vor allem der »Wehrertüchtigung« und der »Entspannung« dienen sollen. Das Ende der Nationalmannschaft scheint damit besiegelt zu sein.

Doch es gibt auch andere mächtige Stimmen im Reich, die für eine Weiterführung des Sports wie zu Friedenszeiten plädieren. Denn die politische Führungsspitze ist sich sehr wohl bewusst, welch wirksame Propagandawaffe der Sport – und insbesondere der Fußball – darstellt. Aus dem Hauptquartier des Nationalsozialistischen Reichsbundes für Leibesübungen (NSRL) heißt es etwa: »Nichts darf zerschlagen werden im deutschen Sport an Organisation, an Fäden, die von Mensch zu Mensch führen, selbst wenn der eine an der Grenze auf Wacht steht und der andere Aufgaben in der Heimat erfüllt. Hier darf und soll der Sport als bindende Kraft wirken. Und gar durch die Zeit zerschlagen lassen, was an Betriebsnormen aufgebaut wurde, wäre falsch. [...] Am Weltkrieg hat der deutsche Sport seinen Lehrmeister.«[3]

So fordert das Auswärtige Amt bereits kurz nach Ausbruch des Krieges, dass der internationale Sportverkehr unbedingt fortzuführen sei. Dabei denkt man vor allem an Spiele und Wettkämpfe gegen neutrale und eroberte Staaten. Und insgeheim hegt wohl mancher Sportler oder Funktionär die Hoffnung, nach den schnellen Siegen der ersten Monate könne der Krieg bald wieder vorüber sein.

Zumindest offiziell steckt die deutsche Nationalmannschaft zu Kriegsbeginn noch mitten in den Vorbereitungen für die Olympischen Spiele, die 1940 in Helsinki stattfinden sollen. Reichstrainer Sepp Herberger verhält sich entsprechend, denn im Herbst 1939 findet sich in der deutschen Nationalmannschaft kein einziger österreichischer Spieler. Der Hintergrund für diese Maßnahme ist leicht erklärbar: Als reamateurisierte Profis wären diese bei den Olympischen Spielen nicht spielberechtigt.

Trotz aller Kriegseuphorie und der öffentlichkeitswirksam inszenierten Einberufung deutscher Nationalspieler scheint es aus politischen

Gründen angeraten zu sein, weiterhin Länderspiele durchzuführen. Die Sportführung reagiert schnell und arrangiert teilweise sehr kurzfristig zahlreiche Begegnungen, die allerdings eher propagandistischen als sportlichen Wert besitzen. Denn die Weiterführung internationaler Sportbegegnungen soll den Willen des Deutschen Reiches zur Völkerverständigung und zur Normalität in den Beziehungen zu anderen, nicht feindlich gesinnten Staaten demonstrieren: »Gewiß mußten unter dem Zwang der Stunde viele geplant gewesene internationale Treffen abgesagt werden. Doch soll auch in Zukunft mit den Nationen, die sich nicht von Juda und dem haßerfüllten britischen Krämergeist einfangen ließen, der Sportverkehr aufrechterhalten bleiben; denn gerade in Zeiten wie den augenblicklichen darf der Wert von Sportprüfungen für das Verständnis von Nation zu Nation nicht unterschätzt werden.«[5]

Allein in der Zeit zwischen dem Kriegsausbruch im September 1939 und dem Dezember kommt es zu sechs Länderspielen gegen verbündete oder unterworfene Nationen. Der Auftakt der Länderspiele unter Kriegsbedingungen geht allerdings reichlich schief, denn am 24. September unterliegt eine schwache deutsche Mannschaft den Ungarn mit 1:5. Reichstrainer Sepp Herberger führt den blamablen Auftritt unter anderem darauf zurück, dass den Spielern die innere Freiheit fehlte, denn »sie alle standen kurz vor der Einberufung«[6].

Auch andere vermeintlich schwache Gegner entpuppen sich als harte Nuss. So spielt die Mannschaft des deutschen Reiches unter anderem am 12. November gegen das »Reichsprotektorat« Böhmen und Mähren, dessen Mannschaft ein achtbares 4:4 erringt. Zum Abschluss des Jahres allerdings gibt es dann noch zwei Siege für die Nationalelf, Italien wird mit 5:2 und die Slowakei mit 3:1 geschlagen.

Aller gepriesenen Völkerverständigung zum Trotz haben die Spiele der großdeutschen Nationalmannschaft aber auch noch einen ganz anderen Zweck: Sie sollen dem Ausland die Überlegenheit der arischen Herrenrasse verdeutlichen. Kein Wunder also, wenn jede Niederlage der Nationalmannschaft sowohl Hitler als auch Goebbels zutiefst beunruhigt. Das bedeutet faktisch ein Niederlagenverbot für die Reichsauswahl – ein Befehl, den man beim besten Willen nicht zu jeder Zeit ausführen kann. Zugleich erhöht dies den Druck auf Reichstrainer Herberger und die Mannschaft enorm. Der Fußball wird mehr noch als in den Jahren zuvor zum willfährigen Instrument der Politik.

Weichenstellungen

Der Fußball unter dem Primat der Politik

Im Laufe des Jahres 1940 rücken Krieg und Sport mehr und mehr zusammen und werden schließlich deckungsgleich, wie der Sportfunktionär Carl Diem am 25. Juni 1940 im *Reichssportblatt* in schwülstiger Rhetorik verdeutlicht: »Sturmlauf durch Frankreich, wie schlägt uns alten Soldaten, die wir nicht mehr dabei sein können, das Herz, wie haben wir mit atemloser Spannung und steigender Bewunderung diesen Siegeslauf verfolgt! Diese fröhliche Begeisterung, die wir in friedlichen Zeiten bei einem kühnen, kämpferischen sportlichen Wettstreit empfanden, ist in die Höhenlage des kriegerischen Ernstes hinaufgestiegen, und in Ehrfurcht, und mit einem inneren Herzbeben, in das etwas von dieser fröhlichen Begeisterung hineinklingt, stehen wir staunend vor den Taten des Heeres. In ihnen zeigt sich, was der Deutsche kann. In ihnen wächst der Deutsche über alles frühere und über sich selbst hinaus.«[7]

Der faktischen Entmachtung des DFB 1937 folgt nun im Jahre 1940 auch die offizielle Auflösung des Verbandes.[8] Nun, nachdem die geplante WM im eigenen Land mehr als unwahrscheinlich ist, braucht man keine Vertretung mehr in der FIFA. Die letzte Eintragung im Vereinsregister lautet: »Durch Beschluss der Mitgliederversammlung vom 27. April 1940 ist der Verein aufgelöst.«[9] Die Regelung tritt zum 1. Juli 1940 in Kraft, das Vermögen des DFB fällt an den NSRL. Erst zehn Jahre später wird der DFB seine Arbeit offiziell wieder aufnehmen.

Der nationale und internationale Spielbetrieb geht indes ohne größere Beeinträchtigungen weiter. Da der eigentliche Leiter der Auslandsabteilung des NSRL, Graf von der Schulenburg, Leutnant der Fallschirmjäger geworden ist, übernimmt Carl Diem kommissarisch dieses Amt. Diem genießt den Ruf eines unpolitischen Fachmanns und setzt nun alles daran, neutrale Staaten zur Weiterführung der Sportbeziehungen zu überreden, zum Teil mit Erfolg. So gibt etwa Schweden dem Drängen Diems 1940 nach und lädt deutsche Turner und Leichtathleten nach Stockholm ein.

Auch Dänemark kann sich auf Dauer dem Wunsch der Deutschen nicht entziehen. Nachdem das Land am 9. April 1940 trotz eines Nichtangriffspaktes besetzt worden ist, soll nach Vorstellung des Fachamtes Fußball möglichst bald ein Länderspiel zwischen beiden Nationen stattfinden. Doch der dänische König zögert zunächst. Ein Länderspiel gegen die Besatzer wäre ein deutliches Signal an die Bevölkerung, dass man die Besatzung anerkennt. Um solch eine Geste der Unterwerfung zu verhindern, erlässt der Monarch zunächst ein generelles Sportverbot. Im November 1940 schließlich gibt die Regierung nach, das Länderspiel gegen die Dänen in Hamburg wird mit 1:0 gewonnen.

Auch die Schweiz gibt schließlich ihre bisherige Zurückhaltung auf und kooperiert. Und mehr noch: Der schweizerische Sportverband betont ausdrücklich, dass man nicht mit negativen Reaktionen von Seiten des Publikums zu rechnen habe. Zugleich bieten die Schweizer an, zuerst in Deutschland anzutreten, obwohl man der Schweiz eigentlich noch ein Gastspiel schuldig ist. Das Hinspiel gewinnt die deutsche Mannschaft in Stuttgart souverän mit 4:2, nachdem es bis zur Pause noch 1:1 gestanden hat.

Das Rückspiel schließlich findet ausgerechnet am 20. April 1941 in Bern statt, also an Hitlers Geburtstag. Anders als im Hinspiel unterliegt die Nationalmannschaft des Deutschen Reiches dieses Mal mit 1:2. »Es grenzte an Hochverrat und Majestätsbeleidigung«[10], wie Helmut Schön schreibt, ausgerechnet an diesem Datum ein Spiel zu verlieren. Und tatsächlich, prompt schaltet sich Goebbels ein und schreibt an den Reichssportführer, in Zukunft dürfe »vor allem kein Sportaustausch gemacht werden, wenn das Ergebnis im Geringsten zweifelhaft sei«.[11]

»Aktion Heldenklau«

Nationalspieler an der Heimatfront

Der Druck auf die Nationalmannschaft von Seiten der politischen Führung ist enorm, doch zugleich erwachsen daraus neue Chancen, die vor allem Reichstrainer Sepp Herberger erkennt. Geschickt versteht er es, über persönliche Kontakte die Lebensbedingungen für seine Spieler entscheidend zu beeinflussen. So nutzt Herberger die Gunst der Stunde, als 1941 der Fußballfilm *Das große Spiel* unter der Regie von R. A. Stemmle gedreht wird. Der Produktionsgesellschaft Bavaria glückt es, den Reichstrainer als technischen Berater für den Streifen zu gewinnen, und dieser kann die Filmemacher schließlich davon überzeugen, dass die vorgesehenen Spielszenen nur von erstklassigen Fußballern dargestellt werden können. Und so tummeln sich neben den Leinwandgrößen Gustav Knuth, René Deltgen, Heinz Engelmann und Maria Andergast auch einige Nationalspieler vor der Kamera. Aus der legendären »Breslau-Elf« sind Ernst Lehner, Rudolf Gellesch und Andreas Kupfer dabei, ebenso der junge Fritz Walter. Für sie bedeutet die Mitwirkung an diesem Film einen vierwöchigen Aufenthalt fern der Front sowie erstklassige Verpflegung und Unterbringung in einem guten Hotel.

Im weiteren Verlauf des Krieges wird es allerdings auch für den Reichstrainer immer schwieriger, seine schützende Hand über die Nationalspieler zu halten – die »Aktion Heldenklau« gerät immer mehr zum Vabanquespiel. Trotzdem ist Herberger unermüdlich und legt der Sportführung eine Liste von 20 Spielern vor, die für die Nationalmannschaft unabkömmlich seien. Um seinen Forderungen auf dem Papier mehr Nachdruck zu verleihen, schreckt er auch vor handfesten Fälschungen nicht zurück: Da nur solche Spieler vom Fronteinsatz freigestellt werden dürfen, die sich bereits im Kampf bewährt haben, dichtet Herberger diversen Spielern kurzerhand frei erfundene Orden an oder wertet Auszeichnungen einfach auf. Und tatsächlich liest sich die Liste für die Sportführung wie ein Beweis für die Forderung, dass die deutschen Nationalspieler zugleich auch hervorragende Soldaten sind. Drei Spieler besitzen angeblich das Eiserne Kreuz erster Klasse (EK 1), acht das EK 2 und sechs sind mit dem Sturmabzeichen dekoriert worden. Wer allerdings die Orden zu Recht trägt und wer sie durch Herbergers Gnaden »verliehen« bekommt, kann heute nicht mehr genau nachvollzogen werden. Der Schwindel fliegt zum Glück für alle Beteiligten nicht auf. Zu groß ist wohl der Respekt vor den großartigen Leistungen der Spieler für Volk und Vaterland. Zugleich erkämpft Herberger drei Wochen Vorbereitungszeit vor jedem Länderspiel. Immer ausgeklügelter, spektakulärer und in erster Linie umfassender werden seine Trainingspläne, die vor allem dazu dienen, seine Spieler von der Front fernzuhalten. Die Bedingungen für die Nationalkicker sind – verglichen mit der Lage der restlichen Bevölkerung – vergleichsweise angenehm.

Im Laufe des Jahres 1942 allerdings verschlechtert sich die Lage an der Heimatfront immer mehr. Hervorgerufen durch die »Winterkrise« an der Ostfront, wo der Vormarsch ins Stocken geraten ist, machen sich nun Versorgungsengpässe bemerkbar, die auch die Nationalmannschaft deutlich zu spüren bekommt. Mitunter wendet sich der Reichstrainer

Fritz Walter, Kapitän der deutschen Weltmeister-Mannschaft, ist seit seinem Nationalmannschafts-Debut 1940 Lieblingsspieler und Musterschüler von Sepp Herberger. »Chef« nennt er den Trainer.

persönlich an Freunde im Ausland, um wärmende Decken oder Petroleum zu besorgen, damit ein zumindest einigermaßen normaler Trainingsbetrieb aufrechterhalten werden kann. Doch unter diesen Umständen werden die Auftritte der Nationalmannschaft mehr und mehr zur Farce. So ist es auch kaum verwunderlich, dass die Mannschaft das Länderspiel gegen die Schweiz am 1. Februar 1942 in Wien mit 1:2 verliert. Jede Niederlage schwächt aber die Position Herbergers und seiner Spieler, und neue Forderungen nach Vergünstigungen und Sonderzuteilungen werden zunehmend schwerer durchsetzbar. Insgesamt können im gesamten Jahr 1942 noch zehn Länderspiele organisiert werden, zumeist gegen verbündete Staaten wie Bulgarien, Ungarn oder Finnland, aber auch gegen neutrale Nationen wie Spanien oder die Schweiz. Die Bilanz liest sich auf dem Papier nicht schlecht, sieben Siegen stehen zwei Niederlagen gegen die Schweiz und Schweden sowie ein Unentschieden gegen Spanien gegenüber.

Besonders frenetisch gefeiert wird dabei der überraschende Sieg gegen Ungarn am 3. Mai 1942 in Budapest. Noch nie zuvor ist es der deutschen Mannschaft bis dahin gelungen, in Ungarn zu siegen. Allerdings sieht es nach der ersten Halbzeit nicht so aus, als ob diese Serie durchbrochen werden könnte. Die Ungarn führen mit 3:1 und sind offensichtlich in allen Belangen überlegen. Nach der Pause jedoch beschränken sich die Ungarn auf die Verteidigung und lassen der deutschen Mannschaft mehr Raum für ihre Angriffe. In der 58. Minute schließlich verkürzt Paul Janes auf 3:2, und in der 65. gelingt Fritz Walter sogar der Ausgleich. Und das Wunder von Budapest geht noch weiter: In der 70. Minute fällt das 3:4 durch Friedrich Dörfel und in der Schlussminute erzielt Albert Sing den Treffer zum Endstand von 3:5.

Doch der sportliche Siegestaumel hält nicht lange an, denn ausgerechnet das neutrale Schweden fügt Deutschland am 20. September 1942 eine empfindliche Niederlage zu, noch dazu auf heimischem Boden in Berlin. Ein Sieg mit Folgen, denn Reichspropagandaminister Goebbels verbietet nun solche Sportkämpfe in Berlin und stellt fest, »daß es in der heutigen Zeit töricht sei, ein Fußballspiel durchzuführen, dessen Ausgang aller Voraussicht nach mit einer Niederlage von uns enden müßte«.[12] Von diesem Verbot bis zur Einstellung des Spielbetriebes der Nationalmannschaft ist es nur noch ein kleiner Schritt. Die Daumen der NS-Führung haben sich bereits nach unten gesenkt.

Das letzte Aufgebot

Vom Ende der Nationalmannschaft

Nach der verlorenen Schlacht um Stalingrad, für viele Experten der entscheidende Wendepunkt im Kriegsgeschehen, stellt das Deutsche Reich am 20. Februar 1943 den gesamten internationalen Sportverkehr ein. Zwar sind für das Jahr bereits zwölf Länderspiele vereinbart worden und es hat Pläne gegeben, die Nationalspieler in Berlin in einem Wachbataillon zusammenzuziehen, um die Vorbereitung zu erleichtern. Doch nach Goebbels' berüchtigter »Sportpalast-Rede« am 18. Februar 1943 ist das

Ende der Nationalmannschaft endgültig besiegelt. Der »totale Krieg« macht auch vor der Nationalmannschaft nicht Halt, alle Spieler werden einberufen. Bereits zwei Wochen später sind zwei Fußballer aus der Reichsauswahl gefallen, der Schalker Adolf Urban und der Karlsruher August Klingler.

Da wirkt es geradezu symbolisch, dass am 25. März 1943, kurz nach dem offiziellen Ende der Nationalmannschaft, Reichssportführer Hans von Tschammer und Osten an Herzversagen stirbt. Wie kein anderer stand der SA-Mann für die Verknüpfung von Sport und Politik und hatte es damit geschafft, den Sport bis weit in den Krieg hinein am Leben zu erhalten. Zum Nachfolger Tschammers wird der ehemalige Rennruderer Arnold Breitmeyer ernannt, doch diese Maßnahme bleibt eine bloße Formalie: Denn der Sport und damit auch der Fußball sind vor dem Hintergrund des »totalen Krieges« längst bedeutungslos geworden.

Im vierten Kriegsjahr hat die Zivilbevölkerung nur noch wenig Verständnis für die Privilegien der Nationalspieler. Und aufgrund der Kriegslage und der durchaus gemischten Bilanz der Nationalmannschaft lässt sich kaum mehr propagandistisches Kapital aus Länderspielen schlagen, im Gegenteil. Die Unberechenbarkeit des Fußballs erweist sich zunehmend als Problem. Nach der Niederlage der Nationalmannschaft gegen Schweden im September 1942 hatte Propagandaminister Goebbels sogar bereits eine demoralisierende Wirkung des Fußballs befürchtet: »100 000 sind deprimiert aus dem Stadion weggegangen. Den Leuten liegt der Gewinn dieses Fußballspiels mehr am Herzen als die Einnahme irgendeiner Stadt im Osten.«[13]

Das letzte Spiel der großdeutschen Nationalmannschaft findet schließlich am 22. November 1942 gegen die Slowakei statt.[14] Trotz des gewünschten Ergebnisses – das Deutsche Reich gewinnt mit 5:2 – bildet das Spiel einen eher unrühmlichen Abschluss der Länderspiele unter dem Hakenkreuz. Denn von den Rängen schlägt den Spielern der blanke Hass der verbündeten Slowaken entgegen, und es kommt zu Zuschauerausschreitungen in einem bisher nicht gekannten Ausmaß. Ein mehr als deutliches Zeichen, dass es auch zwischen vermeintlich befreundeten Staaten gewaltige Spannungen gibt. Und der Fußball verstärkt diese Emotionen anscheinend noch. Nicht gerade die Propaganda, die man sich erhofft hat.

Doch nutzen die Nationalsozialisten nach dem Ende der Fußballnationalmannschaft dennoch die Popularität der ehemaligen Auswahlspie-

Herbert Pohl (links) ist als zweikampfstarker Läufer des DSC bei den Gegnern gefürchtet. Als Soldat wird er an der Ostfront seinen linken Arm verlieren, spielt aber weiter für seinen Verein.

ler, um die Moral der Bevölkerung zu stärken. Sie sollen nämlich nicht nur sportliche Vorbilder, sondern auch vorbildliche Soldaten sein und sich - auf dem Fußball- wie auf dem Schlachtfeld - vor allem durch die urdeutsche Tugend der Opferbereitschaft auszeichnen. Aus Sportskanonen wird Kanonenfutter.

So schreibt der *Kicker* in seiner letzten Ausgabe vor Kriegsende am 26. September 1944: »Die Fußball-Nationalspieler sind auch als Soldaten die Ersten! [...] Nationalspieler zu sein, ist der Inbegriff des schönen Gefühls für einen jungen Deutschen auf dem Sportfelde. Welches Hochgefühl für ihn, als er in den Hauptstädten Europas für den Triumph der deutschen Farben kämpfte; welche Freude auch, aller Herren Länder zu durchreisen und die bevorzugten Plätze dieser Welt zu schauen. Von der Volkstümlichkeit des Spiels hochgetragen und unter hunderttausend Spielern zur Paradeelf des Reiches berufen, empfindet der Nationalspieler die hohe Ehre zugleich als vaterländische Verpflichtung. Unter der Fahne des Reiches ist er groß geworden; ihr schuldet er in besonderer Weise Dankbarkeit.

Die Zeit ist eine andere geworden. Das Vaterland ringt in einem zweiten Weltkrieg um seinen Bestand, ruft alle Männer und Söhne, Frauen und Mädchen gegen den Ansturm dreier Erdteile auf das Schlachtfeld und in die Schmiede. [...] Aus dem Verteidiger auf dem Fußballfeld ist längst ein Verteidiger an den Fronten, aus dem Stern unter Elfen ein Soldat unter Millionen geworden. Aus der Schar der Nationalspieler, wie sie der Reichstrainer noch um sich versammelt hat, starben zwölf den Heldentod: zwei Torwächter, drei Verteidiger, zwei Läufer und fünf Stürmer. Von Köhl bis Urban trägt jeder Mannschaftsposten den welken Lorbeer eines tapferen Helden und beliebten Spielers. In unserer Liste der Nationalspieler finden wir 26 als verwundet bezeichnet, einige mehrmals. Andreas Kupfer trägt das silberne Verwundetenabzeichen. Pohl verlor einen Arm, doch spielte er weiter in der Elf des deutschen Meisters. [...]

77 Namen umfaßt die Liste der Nachwuchsspieler, von welchen 33 den Heldentod gestorben sind. [...] 30 Prozent aus der Reichsauswahl sind also vor dem Feind gefallen. Eine umflorte aber auch stolze Rechenschaft des deutschen Fußballsports.«[15]

12. »Nun mit ganzer Kraft: Kriegsmeisterschaft!«

Fußball an der Heimatfront

Spielen unter erschwerten Bedingungen

Die Saison 1939/40

Mit dem deutschen Überfall auf Polen am 1. September 1939 kommt der gesamte Sportverkehr in Deutschland mit einem Schlag zum Erliegen. Eigentlich ist geplant, dass die Gauligasaison des Jahres 1939 am 27. August beginnen soll, doch am Wochenende vor Kriegsbeginn sorgen die pausenlosen Alarmmeldungen über angebliche Übergriffe in Polen für eine fast vollständige Absage der Spiele. Als der Krieg schließlich ausbricht, stoppt Reichssportführer von Tschammer und Osten die Saison und unterbindet mit sofortiger Wirkung den Spielbetrieb.

Doch bereits nach wenigen Tagen rollt die Kugel wieder überall in Deutschland – mit Ausnahme der Frontregionen im Osten. Das Wettkampfverbot wird schrittweise gelockert, sodass Regional- und Stadtmeisterschaften wieder durchgeführt werden können. Bereits am 10. September kann aus jedem Gau – außer Ostpreußen – wieder ein geregelter Spielverkehr gemeldet werden, zumindest auf lokaler Ebene. Schrittweise löst sich die Erstarrung. Die Fachzeitschrift *Fußball* fragt bereits am 21. November 1939: »Haben wir eigentlich Krieg?«, und stellt fest, dass »an fast allen Orten Zuschauermengen zu verzeichnen sind, die sich in nichts von denen in tiefster Friedenszeit unterscheiden«[1].

Nach den anfänglichen Erfolgen an der Front wächst schnell die Zahl derer, die auf eine Wiederaufnahme des Gauligaspielbetriebs drängen, so dass der Reichssportführer am 24. Oktober 1939 die Ungeduldigen endlich erlöst. Er ordnet an, die Notwettbewerbe möglichst bald einzustellen, und erklärt das erste Dezemberwochenende 1939 zum offiziellen Auftakt der »Kriegsgaumeisterschaft«. Wenig später präzisiert Tschammer, wie er sich die Fortführung des Fußballs auf nationaler Ebene vorstellt: »Bis zum 31. März 1940 sollen die Gaumeister feststehen, das Endspiel wird am 16. Juli 1940 ausgetragen. Der Abstieg wird ausgesetzt. Allen Mannschaften wird nach Friedensschluss wieder der Platz eingeräumt, den sie am 15. August 1939 innehatten.«[2] Ganz Fußballdeutschland atmet auf, und der *Fußball* reimt erleichtert: »Nun mit ganzer Kraft: Kriegsmeisterschaft!«[3]

Allerdings gibt es bei der Durchführung der Runden einige Probleme zu bewältigen. Denn angesichts der kriegsbedingten Einschränkungen von Brennstoffen und einem reduzierten Eisenbahnfahrplan können die gewohnten einstaffeligen Spielrunden längst nicht überall durchgeführt werden. Besonders in flächenmäßig großen Gauen kommt es zu Staffelaufteilungen, lediglich in Westfalen, am Niederrhein, in Bayern und in der Ostmark kann man wie gewohnt in einer Staffel spielen.

Trotz aller Bemühungen müssen zahlreiche Spiele abgesagt werden, weil viele Mannschaften wegen der Einberufungen nicht genügend Spieler aufstellen können. In diesem Fall werden die Punkte dem Gegner zugesprochen. Vereinsübertritte sind kriegsbedingt mit Wirkung vom 28. September untersagt, Soldaten dürfen jedoch automatisch am Ort ihrer Einberufung spielen.

Kaum ist der Gauligabetrieb unter den erschwerten Bedingungen wieder einigermaßen in Gang gekommen, schlägt der Winter mit aller Härte zu. Die ungewohnt heftigen und lang anhaltenden Schneefälle sorgen dafür, dass der Spielbetrieb bis weit in den Februar 1940 hinein fast vollständig zum Erliegen kommt. Für den ohnehin schon knappen Spielplan eine echte Katastrophe. Als am 12. Mai schließlich die Endrunde um die Deutsche Meisterschaft beginnt, ist in einigen Gauen die Entscheidung noch nicht gefallen, sodass die betroffenen Clubs erst mit einiger Verspätung in das Geschehen eingreifen können. Und wie bereits im Jahr zuvor muss auch in dieser Saison wegen der ungeraden Anzahl der Gauligameister eine Gruppe aufgeteilt werden. Erwartungsgemäß setzen sich in den Gruppen die Favoriten durch, sodass Rapid Wien, Schalke 04 und der Dresdner SC im Halbfinale um den Einzug ins Endspiel kämpfen. Die einzige Überraschungsmannschaft ist der SV Waldhof Mannheim, der sich gegen starke Gegner wie die Stuttgarter Kickers, den 1. FC Nürnberg und die Offenbacher Kickers durchsetzen kann.

Das Endspiel am 21. Juli 1940 bestreiten Schalke und der DSC. Spielerisch ist es keine Offenbarung des berühmten Schalker »Kreiselspiels«, doch die Mannschaft aus dem Ruhrpott gewinnt mit 1:0. Bedeutend ist das Spiel hingegen als Medienereignis. Geschickt nutzt die gleichgeschaltete Presse das Großspektakel für Propagandazwecke: »Mit einer machtvollen Kundgebung seiner inneren Kraft und seiner Volksverbundenheit hat der deutsche Fußball das denkwürdige Meisterschaftsjahr 1939/40 abgeschlossen. Das Olympiastadion ausverkauft, annähernd 100 000 begeisterte Zuschauer im weiten Oval – genau wie im tiefsten Frieden!«, feiert der *Fußball* das Finale in Berlin. »Die 33. Deutsche Fußballmeisterschaft war ein machtvolles Zeichen für Deutschlands Stärke«, stellt die Zeitschrift anschließend fest und verkündet weiter, dass »die Front stolz auf das Sportgeschehen in der Heimat sein kann. Und der Sport in der Heimat ist stolz auf unsere Wehrmacht, in deren Schutz er sich so großartig entwickeln konnte.«[4]

Der Sport in der Heimat entwickelt sich unter dem »Schutz« der Wehrmacht nicht nur, er vergrößert sich vor allem. Denn mit dem Wartheland, Danzig-Westpreußen, dem Generalgouvernement Polen und dem Elsass entstehen vier neue Gaue, die ab der Saison 1940/41 ins Spielgeschehen um die Deutsche Meisterschaft eingreifen. Auch sonst ändert sich manches, zumindest auf dem Papier, denn die »Sportgaue« werden nun in »Sportbereiche« umbenannt, und auch die bisherigen »Ligen« verwandeln sich im Zuge der Bereinigung der Alltagssprache in »Klassen«. Die Bezeichnung »Liga« ist immerhin aus dem englischen Fußball übernommen – und diese Sprache ist seit dem Kriegsausbruch verpönt. Die »Germanisierung Europas« hat begonnen und macht auch vor dem Fußball nicht Halt.

»Ostmark« gegen »Altreich«

Die Saison 1940/41

Am 18. August 1940 wird die Spielzeit 1940/41 mit der ersten Hauptrunde des Tschammer-Pokals offiziell eröffnet, obwohl man dieses Mal kriegsbedingt auf eine Sommerpause verzichtet hat. Eine Entscheidung, die teilweise kuriose Auswirkungen auf den Spielplan hat: Im Sportbereich III Berlin-Brandenburg etwa beginnt der SC Wacker 04 Tegel schon einmal mit den Erstligaspielen, obwohl die Mannschaft die Aufstiegsrunde noch gar nicht absolviert hat. Anscheinend will man in den unsicheren Zeiten des Krieges jede Art von Terminnot vermeiden.

Auch in der Presse ist der Krieg inzwischen deutlich zu spüren. So hat der *Fußball* beispielsweise eine Rubrik mit dem bezeichnenden Namen »Feldpost« eingerichtet, in der die Leser regelmäßig vom Verbleib der Kicker unterrichtet werden, die zum Dienst für Führer, Volk und Vaterland eingezogen worden sind: »Daßding, der begabte Flügelläufer des FC Bayern, steht den Rothosen vorerst nicht mehr zur Verfügung, da er in die Kolonnen des RAD [Reichsarbeitsdienstes, d. A.] eingerückt ist.«[5] Aber auch einberufungsbedingte Vereinswechsel der Spieler werden auf diese Weise den Sportinteressierten mitgeteilt: »Bei Wilhelmshaven wirkt neben dem Schalker Junglinksaußen Barufka nun auch der Berliner Repräsentativspieler Heinrich von Blau Weiß.«[6]

Die kriegsbedingten, ständig wechselnden Aufstellungen der Mannschaften spiegeln sich auch in den Ergebnissen wider: Zweistellige Ergebnisse häufen sich rapide und handfeste Überraschungen sind plötzlich an der Tagesordnung. Die Resultate bieten meist wenig Aufschluss über die tatsächliche Spielstärke einer Mannschaft. Vielmehr sind sie ein Zufallsprodukt, je nachdem, welche Spieler gerade Heimaturlaub bekommen haben oder an der Front unabkömmlich sind. So kann eine Mannschaft bereits eine Woche nach einer schmählichen Niederlage wieder einen absolut überzeugenden Sieg erringen. Die Liga schlägt Kapriolen.

Trotz aller Beeinträchtigungen des Personenverkehrs können sämtliche Ligaspiele im Reich mit Ausnahme Schlesiens nahezu reibungslos durchgeführt werden. Am 6. April beginnt schließlich die Endrunde, die allerdings nicht ganz unproblematisch ist: Denn angesichts von 19 teilnahmeberechtigten Bereichsmeistern ist an das frühere Vier-Gruppen-System mit jeweils vier Mannschaften nicht mehr zu denken. Zwei der nach Regionen aufgeteilten Gruppen müssen deshalb in je zwei Staffeln gesplittet werden.

Im Endspiel 1941, Rapid Wien gegen Schalke 04, sorgt schon das Datum des Finales für einige Unruhe. Just am gleichen Tag, dem 22. Juni 1941, startet die »Operation Barbarossa«, der Überfall des Deutschen Reiches auf die Sowjetunion. Nicht wenige vermuten, dass die Konzentration auf den Fußball an diesem Tag vorsätzlich genutzt wird, um das ungeheuerliche Ausmaß der Ausweitung des Krieges nicht allzu sehr ins Bewusstsein der Bevölkerung dringen zu lassen. Zumindest aber signalisiert die Parallelität der Ereignisse, dass sich in Deutschland anscheinend niemand Sorgen um den Ausgang des Krieges macht.

Bereits vor dem Spiel haben die Wiener einen heißen Tanz angekündigt, ihr Stürmer-Star Franz Binder prophezeit gar: »Wir werden Wiens Fußballlehre wiederherstellen.« Hintergrund dieser Ankündigung ist die schmachvolle Niederlage Admira Wiens im Endspiel 1938/39, die gegen Schalke 04 mit 0:9 verloren hatte. Das Ergebnis war schon schmerzlich genug; was jedoch vielen Wienern seltsam vorkam, waren die merkwürdigen Begleitumstände der Niederlage. Denn kurz vor dem Finale waren einige der besten Admira-Kicker zu einem völlig unbedeutenden Auswahlspiel berufen worden. Und prompt verletzten sich Torwart Platzer und der Verteidiger Schall so schwer, dass sie beim Endspiel nicht dabei sein konnten und Admira arg geschwächt in die Partie ging. Doch damit nicht genug: Der während des Finales vom Platz gestellte Spieler Klack war auf Lebenszeit gesperrt worden, für viele eine überharte Entscheidung, die als reine Machtdemonstration gewertet wurde.

Zugleich sind die Animositäten zwischen Mannschaften aus dem »Altreich« und der »Ostmark« aber auch ein deutliches Zeichen für eine unterschwellige antideutsche Stimmung, die sich immer öfter während Fußballbegegnungen entlädt. So kommt es beispielsweise am 17. November 1940 anlässlich einer Begegnung zwischen Admira Wien und Schalke 04 zu schweren Ausschreitungen, weil der Dresdner Schiedsrichter angeblich parteiisch ist und für die »Altreichsdeutschen« pfeift: »Antideutsche Sprechchöre, Schlägereien, Steinwürfe und stürmische Parteinahme zehntausender Stadionbesucher für die Wiener meldete der SD.«[7]

All dies bildet den Hintergrund für die mit Spannung erwartete Partie, in die Schalke 04 als klarer Favorit geht. Und tatsächlich deutet in den ersten Minuten nur wenig darauf hin, dass die Wiener dem »Schalker Kreisel« etwas entgegenzusetzen hätten: Bereits nach sechs Minuten liegt der deutsche Dauermeister durch einen Treffer von Hinz in Führung. Und nur zwei Minuten später erhöht Eppendorf auf 2:0, ein Debakel deutet sich an. Als der kantige Wiener Mittelstürmer Franz »Bimbo« Binder auch noch einen Elfmeter verschießt, steht für viele der 95 000 Zuschauer im Berliner Olympiastadion der Sieger zur Halbzeit bereits fest:

Schalke 04. Nach der Pause kommen die Wiener zwar besser ins Spiel, doch in der 60. Minute fällt völlig überraschend das 3:0 für Schalke, der Torschütze heißt abermals Hinz.

Nun, in quasi aussichtsloser Lage, geht ein Ruck durch die Rapid-Mannschaft, und die als Filigrantechniker bekannten »Kaffeehausfußballer« beginnen plötzlich zu kämpfen. Bereits zwei Minuten später verwandelt Georg Schors eine lange Hereingabe von Pesser zum 1:3. Und schon eine Minute danach zirkelt Binder einen Freistoß aus 25 Metern über die Schalker Abwehrmauer hinweg direkt ins Tordreieck – nur noch 2:3!

Die Zuschauer erwachen aus ihrer Lethargie und feuern plötzlich die Mannschaft aus Wien an, die sich anschickt, dem bislang von den Schalkern dominierten Spiel eine unerwartete Wendung zu geben. Euphorisiert durch die Unterstützung von den Rängen knöpfen die Wiener unmittelbar nach dem Wiederanstoß den vollkommen fassungslosen Schalkern den Ball erneut ab. Georg Schors stürmt mit der Kugel direkt auf das Schalker Tor zu und wird im Strafraum von Gellesch gefoult – Elfmeter! Trotz seines bereits verschossenen Elfers in der ersten Spielhälfte legt sich Franz Binder den Ball zurecht, nimmt Anlauf, zögert kurz und schickt den Schalker Torhüter Klodt in die falsche Ecke – Ausgleich zum 3:3. Das Stadion explodiert nun förmlich, innerhalb von wenigen Minuten hat die Rapid-Mannschaft einen 0:3-Rückstand aufgeholt. Eine Sensation liegt in der Luft.

Nach einer hundertprozentigen Chance für die Schalker, die Eppendorf direkt nach dem Wiederanpfiff leichtfertig vergibt, wird im direkten Gegenzug der Wiener Spieler Willy Fitz abermals im Schalker Strafraum von Otto Tibulski zu Fall gebracht. Ein Pfiff des Schiedsrichters Reinhardt und ein unmissverständlicher Wink signalisieren einen erneuten Elfmeter für Rapid. Als sich Franz Binder den Ball auf dem Punkt zurechtlegt, ist es mucksmäuschenstill im Stadion.

Binder geht mit seinem unvergleichlich schlurfenden Gang zwei, drei Schritte zurück, nimmt kurz Anlauf und donnert den Ball unhaltbar zum 4:3 in den Torwinkel. Man schreibt die 67. Minute, innerhalb von nur sechs Minuten hat Rapid Wien das Spiel gedreht, die Zuschauer sind nun endgültig außer Rand und Band. Zwar versucht Schalke in der verbleibenden Spielzeit alles und rennt pausenlos gegen das Wiener Tor an, doch vergebens. Nach neunzig Minuten ist die Sensation perfekt, der Deutsche Fußballmeister der Saison 1940/41 heißt Rapid Wien.

Nach dem äußerst turbulenten Finale sind die Schalker Spieler verärgert und wittern eine Verschwörung. Kapitän Ernst Kuzorra ist so sauer, dass er die Annahme der Ehrennadel für den Zweitplatzierten verweigert und erbost von Schiebung spricht. Und der Schalker Spieler ist nicht allein mit seiner Meinung. Immer wieder werden Mutmaßungen laut, der Erfolg der Wiener sei auf Geheiß Adolf Hitlers zustande gekommen, um sich die Loyalität der »Ostmark« zu sichern. Immerhin, so argumentiert man, habe Rapid gleich drei Elfmeter zugesprochen bekommen und konnte auf diese Weise die furiose Aufholjagd gegen die als nahezu unbezwingbar geltende Mannschaft von Schalke 04 zu einem glücklichen Ende bringen.

Doch es gibt auch gegenteilige Gerüchte, denn immer wieder tauchen Behauptungen auf, der Name Schalke 04 sei bereits vor dem Finale auf der Siegestrophäe eingraviert gewesen. Zudem äußern sich zahlreiche NS-Größen enttäuscht über den Spielausgang, und die NS-Sportführung lässt in einer Erklärung verlauten, die bessere Mannschaft habe verloren. Außerdem werden die besten Spieler Rapids nur wenig später an die Front abkommandiert.[8] Nicht wenige Experten vermuten dahinter die Rache führender Politiker und Funktionäre für ein nicht wunschgemäßes Ergebnis.

Wie auch immer es gewesen sein mag, das Endspiel der Saison 1940/41 war für die Zuschauer eine Partie voller Überraschungen. Die politische Führung hingegen sieht die Entwicklung im Fußball nun mit wachsender Besorgnis, denn das großdeutsche Volk ist keineswegs so einig, wie dies nach außen den Anschein hat. Und der Fußball ist offenbar bestens dazu geeignet, diese Rivalitäten zu verstärken.

Alternde Stars und eine SS-Elf

Die Saison 1941/42

Als am 30. August 1941 die dritte Kriegssaison offiziell angepfiffen wird, ist die Teilnehmerzahl in den Sportbereichen aufgrund von Gebietsgewinnen auf mittlerweile 265 Mannschaften angeschwollen. In Schlesien, dem Mittelrhein sowie in Hessen/Südwest werden Bereichsaufteilungen notwendig, da im Kriegsverlauf weitere Gebiete an Deutschland gefallen sind, die auch fußballerisch so schnell wie möglich »angeschlossen« werden sollen. Neben den ehemaligen französischen Clubs aus Metz und Saargemünd sind unter anderem auch vier Mannschaften aus Luxemburg als »reichsdeutsche Erstligisten« spielberechtigt.

Im Laufe der Saison rückt der Krieg zunehmend in den Lebensmittelpunkt der Deutschen. Auch »König Fußball« bleibt von Einschränkungen nicht mehr verschont. So verkündet der *Fußball* am 21. April 1942 eine Änderung des Austragungsmodus der Endrunde um die Deutsche Meisterschaft: »Nach einer Entscheidung des Reichsfachamtes, die auf Grund einer gründlichen Prüfung aller maßgebenden Faktoren zustande kam und die durch die Notwendigkeit der Stunde bedingt ist, kehren wir in der Endrunde zum K.o.-System zurück. Man braucht nicht um Verständnis für diese Maßnahme zu werben. Jeder begreift, daß in diesen ernsten Zeiten rein sportliche Erwägungen in den Hintergrund treten müssen, wenn kriegsbedingte Notwendigkeiten es erfordern.«[9] Die barsche Sprache lässt keinen Zweifel: Widerspruch gegen diese Entscheidung ist nicht erwünscht und wird auch nicht erwartet.

Zusätzlich verschärft wird die Situation am 2. Februar 1942 durch die Einschränkung des Spielverkehrs, die allerdings die Endrunde um die Deutsche Meisterschaft nur bedingt betrifft. Denn man gibt lediglich das Gruppenspielsystem auf und lost die Paarungen unter geografischen Gesichtspunkten aus, um unnötige Reisen zu sparen. Einschneidendere Maßnahmen oder gar ein Abbruch der Fußballmeisterschaft würden wohl für Unruhe in der Bevölkerung sorgen. Und genau das will man vermeiden.

Trotzdem sind die Bedingungen, unter denen die Spiele der Endrunde ausgetragen werden, vielfach mehr als ungünstig. So wird etwa die gesamte Mannschaft des ostpreußischen Meisters HUS Marienwerder eine Woche vor dem Beginn der Endrunde an die Front beordert. Das eilig zusammengestellte Ersatzteam verliert 1:7 gegen den VfB Königsberg und scheidet damit aus. Sensationen gibt es kaum einmal, lediglich die Sportgemeinschaft SS Straßburg sorgt für eine Überraschung, als sie die Stuttgarter Kickers mit 2:0 und Schweinfurt 05 mit 2:1 aus dem Rennen wirft. Erst im Viertelfinale unterliegen die Elsässer gegen den späteren Meister Schalke 04 klar mit 0:6. Und wieder soll der Finalgegner eine Mannschaft aus der »Ostmark« sein, dieses Mal ist es allerdings nicht Rapid oder Admira, sondern Vienna Wien.

Wegen der offensichtlichen Bevorzugung der Schalker, die dreimal in

Folge zu Hause antreten dürfen und deren Spieler kaum an die Front beordert werden, macht sich während der Endrunde zunehmend Unmut gegen den Rekordmeister breit. Selbst der *Fußball*, sonst nicht gerade ein kritisches Blatt, beklagt vor dem Endspiel gegen Vienna Wien die offensichtliche Bevorzugung der Mannen um Ernst Kuzorra und Fritz Szepan: »Schalke hat eine Friedensmannschaft für die Schlußspiele bereit, in der jeder Posten erstklassig besetzt ist, die Vienna aber muß in jedem Spiel auf eine Anzahl ihrer Besten verzichten, ihr Sturm konnte bis heute nie in seiner normalen Besetzung antreten.«

Zum dritten Mal innerhalb von vier Jahren treffen damit Schalke und eine Wiener Mannschaft im Finale aufeinander. Und wie bereits die vorherigen Spiele gezeigt haben, sind diese Begegnungen immer voller Brisanz. Außerdem brennen die langsam in die Jahre gekommenen Schalker Stars darauf, Revanche für die Niederlage im letzten Finale gegen Rapid Wien zu üben. Die Chancen für den Rekordmeister stehen gut, denn die Vienna hat in der Endrunde bislang ausschließlich gegen schwache Gegner gespielt und kaum zu überzeugen gewusst. Zudem fehlen bei den Wienern der Außenläufer Nowottny, Mittelstürmer Fischer und der Halblinke Artmann, während sich Schalke in Bestbesetzung präsentieren kann. Selbst der kriegsverletzte Stammtorhüter Hans Klodt kann durch einen nahezu gleichwertigen Spieler ersetzt werden: Der Osnabrücker Keeper Heinz Flotho ist in einer Nacht-und-Nebel-Aktion unter merkwürdigen Umständen zu Schalke gewechselt, obwohl Vereinsübertritte eigentlich nicht erlaubt sind.

Trotzdem verläuft das Endspiel am 4. Juli 1942 im mit 95 000 Zuschauern besetzten Berliner Olympiastadion keineswegs so einseitig, wie es im Vorfeld viele Experten vermutet hatten, im Gegenteil: Immer wieder gelingt es den Wienern in den Anfangsminuten, über die Flügel gefährlich nach vorne zu stoßen, sodass die Sympathien der Zuschauer schnell bei der Vienna liegen. Völlig überraschend gelingt Schalke in der 14. Minute der 1:0-Führungstreffer durch einen Schuss von Kalwitzki, der ersten gelungenen Aktion der Gelsenkirchener.

Die Vienna zeigt sich allerdings wenig beeindruckt und greift mit der Unterstützung des Publikums weiter an. Doch der glänzend aufgelegte Schalker Torhüter Flotho verhindert ein ums andere Mal den längst überfälligen Ausgleichstreffer für die Wiener. Drei Minuten vor der Halbzeitpause passiert dann das Unglaubliche: Nach einer Traumkombination trifft Fritz Szepan zum vorentscheidenden und bis dahin völlig unverdienten 2:0. Nach der Pause rennen die Wiener weiter pausenlos gegen das Tor von Heinz Flotho an, während sich Schalke zurückzieht und darauf bedacht ist, den Vorsprung über die Zeit zu retten. Der Sturmlauf der Vienna ist vergebens, nach 90 Minuten steht es immer noch 2:0 für Schalke, das damit seine sechste Meisterschaft seit 1934 feiern kann.

Nach dem Abpfiff trifft den neuen Meister die ganze Verachtung des Publikums, das sich mehr von der Partie erhofft hatte. Die Zuschauer johlen und buhen nach Leibeskräften. Ein Vorgang, der manche Politiker zutiefst beunruhigt. Denn die Proteste machen deutlich, wie viel man in Deutschland von der mehr als offensichtlichen Bevorzugung der Schalker hält. Die Sympathien des Publikums sind nicht so einfach zu steuern, wie man sich das erhofft hat.

Soldaten und Kriegsversehrte auf dem Platz

Die Saison 1942/43

»Am 2. Mai starten die Gaumeister zur vierten Kriegsmeisterschaft«, so vermeldet es die gemeinsame Kriegsausgabe von *Kicker* und *Fußball* am 13. April 1943 zu Beginn der Endrunde um die Deutsche Fußballmeisterschaft. Und weiter heißt es: »So stark der Riesenmagnet des Krieges den eisernen Bestand der Fußballfelder schon gelichtet hat, der Wille zum guten Spiel beflügelt auch im vierten Jahr manche Mannschaft zur hervorragenden Leistung. [...] Es ist kein Zufall, daß gerade in Städten, die feindlichen Luftangriffen am ärgsten ausgesetzt sind, Fußballtreffen starken Zulauf finden, und Mannschaften zum Meister ihres Gaues, ihres Landes sich herausheben. Wir denken an Nürnberg, München, Saarbrücken, Essen, Köln, Wilhelmshaven. Die schwere Dramatik des Kriegs sucht die leichtere des Spiels zur Auflockerung, zur Ablenkung, zum Trotz und zur Freude.«[10]

Allerdings grenzt es an ein Wunder, dass tatsächlich noch Fußball gespielt wird. Unmittelbar nach Goebbels' »Sportpalast-Rede« hatte Reichssportführer Tschammer den Sport in die »Aufgaben der totalen Kriegsführung« eingebunden, ihn als kriegswichtig anerkannt und betont, Sport müsse mit Nachdruck betrieben und gefördert werden. »Sportliche Veranstaltungen und Wettkämpfe örtlichen und nachbarlichen Charakters bis zur Gaustufe sind zur Erhaltung des Arbeits- und Leistungswillens durchzuführen«, lautet Tschammers Anordnung, derzufolge aber »Länderkämpfe, internationale Wettkämpfe, Meisterschaften in der Reichsstufe usw. bis auf weiteres auszusetzen sind, weil Frontsoldaten nicht mehr verfügbar« sind »und Personen, die im Arbeitseinsatz stehen, hierfür nicht mehr beurlaubt werden sollen«[11]. Eigentlich ist diese Anordnung unmissverständlich und bedeutet, dass die Spiele um die Deutsche Meisterschaft 1942/43 ausgesetzt werden sollen. Doch so einfach lässt sich diese Anordnung nicht in die Tat umsetzen: In wütenden Briefen protestieren Tausende von Frontsoldaten für die Fortführung der Meisterschaft, sodass der Reichssportführer schließlich einlenkt.

Von einer regulären Meisterschaft kann aber zu diesem Zeitpunkt kaum mehr gesprochen werden. Denn durch die Verkehrsbeschränkungen haben sich viele Sportgaue, wie die Sportbereiche im Zuge der Angleichung der gebietlichen Einteilung an die NSDAP nun wieder heißen, aufspalten müssen. Zahlreiche unterklassige Vereine kommen durch die Maßnahme unverhofft in den Genuss der Erstklassigkeit und sind meist hoffnungslos überfordert mit der neuen Aufgabe. Außerdem herrscht überall starke Verunsicherung, weil sich die Mannschaften nie sicher sein können, welche Spieler denn nun tatsächlich zum Spiel auftauchen und welche durch ihre Pflichterfüllung fürs Vaterland verhindert sind. Umso erstaunlicher ist es, dass sich lediglich sieben von mittlerweile 300 Gauligisten zurückziehen müssen, was vielerorts als »Sieg der Moral« gefeiert wird.

Doch es gibt noch andere Probleme ganz praktischer Art, die den Kickern das Leben zunehmend schwerer machen. So wird im April 1943 eine folgenschwere Verordnung erlassen, die die Abgabe von Sportartikeln an Einzelpersonen nur mit ausdrücklicher Genehmigung der Sportbehörde erlaubt. Zahlreiche Sportartikelgeschäfte schließen nun kriegsbedingt, und bereits wenig später müssen die ersten Spiele abgebrochen werden, weil kein Ersatzball vorhanden ist.

Eine Folge der unsicheren Verhältnisse und bunt zusammengewürfelten Mannschaften sind teilweise recht kuriose Ergebnisse. Der Sportjournalist Hardy Grüne greift »wahllos einen Spieltag der Gauligasaison 1942/43 heraus: Da war in den 96 Partien des 2. November 1942 542-mal ins Schwarze getroffen worden. Schnitt: 5,6 Tore pro Spiel. Sechs zweistellige Ergebnisse waren zu verzeichnen (16:1, 1:10, 17:0, 1:10, 15:2 und

10:0), weitere acht Teams markierten sieben oder mehr Tore. In der Saison 1943/44 wurde es noch besser: Da gewann beispielsweise die mit vielen Kriegsmarinesoldaten bestückte Elf der Spielvereinigung Wilhelmshaven 05 glatt mit 25:0 gegen den ASV Blumenthal. Den Rekord aber hält der siegerländische Club Germania Mudersbach: Die Rot-Gelben gewannen ihr Ligaspiel gegen den FV Engers mit sage und schreibe 32:0.«[12]

Unter den immer schwieriger werdenden Umständen verwundert es niemanden mehr, dass mit dem FV Saarbrücken ein bis dato ziemlich unbedeutender Club ins Endspiel um die Deutsche Meisterschaft einzieht. Die Saarländer haben einen unbestreitbaren Vorteil gegenüber anderen Mannschaften: Wie durch ein Wunder schaffen sie es regelmäßig, eine eingespielte Stammelf um den Nationalspieler Willi Sold aufzustellen, die zudem durch einige hochkarätige Gastspieler verstärkt wird. Das reicht bereits zum Erreichen des Finales.

Selbst die Spieler von Schalke 04, die bislang vor Einberufungen weitgehend sicher waren, werden an die Front beordert. Und mit dem Nationalspieler Adolf Urban, der im Kessel von Stalingrad fällt, hat der Gelsenkirchener Vorzeigeverein eines der prominentesten Kriegsopfer des Jahres 1943 zu beklagen. Es kommt selbst bei der erklärten Lieblingsmannschaft der Nationalsozialisten im Verlauf der Meisterschaftsrunde zu teilweise kuriosen Situationen: So spielt der Vorjahresmeister in der Vorrunde gegen Kassel etwa mit Torhüter Heinz Flotho auf der Position des Linksaußen. Hintergrund für die ungewöhnliche Rotationsmaßnahme: Stammtorhüter Klodt ist nach seiner langwierigen Kriegsverletzung wieder genesen und kann den Kasten hüten. Immerhin entpuppt sich die ungewöhnliche Rochade als echter Glücksgriff, denn Flotho steuert in der Partie gegen die Nordhessen drei Treffer zum Endstand von 8:1 bei. Gut, wer in jenen Tagen solche vielseitigen Spieler zur Verfügung hat.

In der Endrunde allerdings haben die Schalker weniger Glück, sie unterliegen im Viertelfinale gegen den SV Holstein Kiel mit 1:4 und stehen damit zum ersten Mal seit 1932 nicht im Halbfinale um die Deutsche Meisterschaft. Die Sensation ist perfekt! Damit ist der Weg frei für den Dresdner SC, der im Finale auf Saarbrücken trifft. Abermals sind es rund 80 000 Zuschauer, die am 27. Juni 1943 zum Endspiel ins Berliner Olympiastadion zusammenströmen. Doch die Atmosphäre ist eher gedrückt, wie der spätere Bundestrainer Helmut Schön, damals Halbstür-

Herbert Pohl instrumentalisierten die Nationalsozialisten im Krieg für ihre Durchhalte-Propaganda: Portraitaufnahmen stellten seine Willensstärke heraus, der Armstumpf wurde aber nicht gezeigt.

mer bei Dresden, beschreibt: »Zum ersten Mal gab es in der Mannschaft seltsame Gespräche. ›Du, stell' dir vor, wenn wir morgen spielen, dann weiß der Tommy [der Engländer] das doch, oder?‹ ›Natürlich, steht ja in allen Zeitungen.‹ ›Und wenn der Tommy nun einfach einen Tiefflieger schickt, der mit seinem MG in die Ehrentribüne reinhält ... Oder wenn der eine Bombe mitten auf den Platz wirft ...‹«[13] Gedanken, die nicht nur die Spieler auf dem Platz, sondern auch die Zuschauer auf den Rängen bewegen.

Übrigens sind 16 der 22 Akteure des Endspiels um die Deutsche Meisterschaft Soldaten, ein deutliches Zeichen dafür, wie sehr der Sport sich dem Krieg untergeordnet hat. Zwei der Spieler sind kurz vor Beginn der Partie eilig aus dem Lazarett herbeigeschafft worden, und einer der Akteure, Herbert Pohl vom Dresdner SC, spielt gar nur mit einem Arm. Bilder, die sich von nun an auf Deutschlands Fußballplätzen häufen werden.

Die Partie selbst ist eine klare Angelegenheit, zumal die Saarbrücker bereits nach zehn Minuten auf ihren rechten Verteidiger Decker verzichten müssen, der nach einem Zusammenprall mit Richard Hofmann bewusstlos am Boden liegen bleibt und nicht mehr weiterspielen kann. Bis zur Pause gelingt es den Saarländern noch, ein Unentschieden zu halten, doch im zweiten Spielabschnitt sind sie mit ihren Kräften am Ende. Erdl, Schubert und Kugler schießen die Tore zum Endstand von 3:0 für den Dresdner SC. Nach dem zweimaligen Gewinn des Tschammer-Pokals 1940 und 1941 folgt nun also endlich der lang ersehnte Meistertitel für die Sachsen um Helmut Schön und Richard Hofmann.

Die letzte Meisterschaft

Die Saison 1943/44

Längst sind es weniger die Ergebnisse auf den Fußballplätzen, die für Erstaunen und Verwunderung sorgen, sondern vielmehr die Tatsache, dass überhaupt noch Fußball gespielt und ein reichsweiter Deutscher Meister ermittelt werden kann. Angesichts der katastrophalen Lage an der Front gilt es, alle Reserven zu mobilisieren und die ganze Kraft auf den Krieg zu verwenden. Bereits am 13. Januar 1943 hatte Hitler die »totale Mobilmachung« angeordnet, und Fritz Sauckel, der Generalbevollmächtigte für den Arbeitseinsatz, hatte eine Verordnung »über die Meldung von Männern und Frauen für Aufgaben der Reichsverteidigung« erlassen. Nach diesen Maßnahmen besteht für Männer vom 16. bis zum 65. Lebensjahr und für Frauen vom 17. bis zum 45. Lebensjahr Dienstpflicht. Am 4. Februar 1943 ordnet schließlich das Reichswirtschaftsministerium an, dass alle nicht kriegswichtigen Betriebe und Gaststätten zu schließen hätten. Auf diese Weise gelingt es, noch einmal 2 Millionen Menschen für den Arbeits- und Fronteinsatz zu mobilisieren.

Aus »verkehrstechnischen Gründen« müssen zahlreiche Vereine die Gauligen verlassen und stattdessen in geografisch eng begrenzten Spielklassen antreten. So werden in Niederschlesien aus der Zehnerstaffel fünf lokale Ligen, in denen plötzlich Mannschaften wie Rot-Weiß Striegau und Preußen Glogau mitmischen – allerdings mit recht bescheidenem Erfolg. Auch in Niedersachsen gibt es nun fünf »erste Ligen«, in denen die bestehenden Vereine gegeneinander antreten. Immerhin haben die Aufteilungen zur Folge, dass in allen Sportgauen noch bis zum Ende der Saison durchgespielt werden kann.

Die Vereine balancieren längst am Rande des Chaos, denn es herrscht nicht nur ein akuter Spielermangel, sondern es fehlt vor allem auch am Geld. Da die meisten Mitglieder mittlerweile als Soldaten an der Front stehen und somit von der Beitragspflicht befreit sind, gibt es so gut wie keine Einnahmen mehr zu verzeichnen. Die Folgen sind verheerend: Immer mehr Vereine müssen den Spielbetrieb einstellen oder schließen sich mit anderen Clubs zu so genannten »Kriegssportgemeinschaften« zusammen. Zugleich geht man auch dazu über, die Mannschaften mit alten Herren und Jugendspielern zu besetzen, um auf diese Weise überhaupt noch eine Elf aufstellen zu können. Mitunter stehen Teams auf dem

Platz, bei denen die Altersdifferenz mehr als dreißig Jahre beträgt – aber immerhin ist der Spielbetrieb auf diese Art gesichert.

Kein Wunder also, wenn angesichts des Mangels an Aktiven das Fachamt Fußball überlegt, »einen zusätzlichen Wettspielbetrieb mit je sieben Spielern pro Mannschaft durchzuführen. Zweckmäßig besteht die Aufstellung aus einem Torwart, einem Verteidiger, zwei Läufern und drei Stürmern. Das Spielfeld kann normale Größe haben, aber auch im Verhältnis 2:3 verkleinert werden (60 mal 90, 50 mal 75, 40 mal 60 Meter). [...] Die Abseitsregel ist bei Spielen von Siebenermannschaften aufgehoben. Die Spielzeit beträgt bei Austragung in Rundenform, in dem eine Mannschaft gegebenenfalls dreimal am Tag anzutreten hat, zwei mal zwölf Minuten mit drei Minuten Halbzeitpause. Finden die Spiele von Siebenermannschaften als Einzelveranstaltungen statt, so kann die Spieldauer auf zwei mal dreißig Minuten ausgedehnt werden.«[14] Durch die angestrebte Verkürzung der Spieldauer hofft man zudem, allzu häufige Unterbrechungen durch Fliegeralarm verhindern zu können. Allerdings wird der kühne Vorstoß niemals in die Tat umgesetzt. Zu solch revolutionären Veränderungen sind die konservativen Fußballer selbst angesichts einer drohenden Einstellung des Spielbetriebs offensichtlich doch nicht bereit.

Auch an den Medien geht der Krieg nicht spurlos vorüber: Die gemeinsame Kriegsausgabe von *Kicker* und *Fußball* wird von Ausgabe zu Ausgabe dünner. Man verzichtet weitgehend auf Bilder und platzraubende Tabellen, um jede Zeile für ausgiebige Spielberichte nutzen zu können. Und das ist auch nötig, denn unter den Teilnehmern der Endrunde um die Deutsche Meisterschaft sind einige ungewöhnliche Namen, die bis dahin niemand kannte oder auf der Rechnung hatte. So stehen etwa drei Kriegssportgemeinschaften aus Duisburg, Köln und Saarbrücken in der Qualifikation, ferner sieben Soldatenmannschaften und mit dem STC Hirschberg und dem Göppinger SV auch zwei »zivile« Endrundenneulinge. Bis ins Finale der letzten Kriegsmeisterschaft spielt sich der Luftwaffensportverein Hamburg; der zweite Endspielteilnehmer hingegen ist keine Überraschungsmannschaft: Gegner der Hamburger ist der Vorjahresmeister Dresdner SC, in den letzten Jahren neben Schalke 04 eine der spielstärksten Mannschaften. Und da die Gelsenkirchener bereits im Achtelfinale sensationell gegen die Duisburger Kriegssportgemeinschaft ausgeschieden sind, war der Weg ins Endspiel für Dresden frei. Allerdings

Mit Herbert Pohl (Mitte, Zweiter von links) und Helmut Schön (Oben, Zweiter von links) ist der Dresdner SC der erfolgreichste Verein der Kriegsjahre: Er wird zweimal Pokalsieger und zweimal Deutscher Meister.

gilt der DSC keineswegs als klarer Favorit auf den Meistertitel, denn der LSV Hamburg hat die Mannen um Helmut Schön acht Wochen vor dem Finale mit 5:1 geschlagen.

Allerdings haben die Dresdner einen nicht zu unterschätzenden Vorteil gegenüber den Hamburgern, als beide Teams am 18. Juni 1944 im Endspiel aufeinandertreffen: Sie gelten als eingespieltes Team, das seit Jahren auf die gleichen Spieler bauen kann. Die Angst vor einem Bombenangriff während des Finales ist übrigens so groß, dass eigens eine Sonderleitung des Luftgaukommandos eingerichtet wird, die viertelstündlich über die aktuelle Lage am Himmel über Berlin informiert, um das Stadion notfalls schnell evakuieren zu können. Vor nunmehr nur noch 76 000 Zuschauern im Berliner Olympiastadion ist der Dresdner SC tatsächlich die klar spielbestimmende Mannschaft und geht nach neunzig Minuten mit einem deutlichen 4:0 als Sieger vom Platz. Voigtmann, zweimal Schaffer und Schön haben die Treffer erzielt, doch die Freude über die Deutsche Meisterschaft hält sich im Stadion in Grenzen. Selbst Helmut Schön, einer der Sieger des Finales 1943, bekennt später:

»Inzwischen war das längst ein irrwitziger Wettbewerb. Während das Land in Trümmer fiel, Millionen hungerten und starben, sollte noch ein ›Deutscher Meister‹ ermittelt werden. [...] Wir gewannen 4:0 ... Aber was bedeutete das schon?«[15]

Als die Dresdner Spieler nach dem Finale die »Viktoria« überreicht bekommen, träumen sie bereits davon, sich im nächsten Jahr zum dritten Mal in Folge die Siegestrophäe zu sichern. Doch daraus wird nichts. Denn bereits zwei Monate nach Beginn der neuen Meisterschaftsrunde ist es vorbei mit dem Fußball in Deutschland.

Treue bis in den Tod

Die Saison 1944/45

Nach der Landung der Alliierten in der Normandie am 6. Juni 1944 werden dem Fußball weitere Beschränkungen auferlegt: Zur neuen Gauligasaison 1944/45 werden die noch verbliebenen 16 Gauligen aufgelöst und stattdessen 100 Regionalstaffeln gebildet. Auf diese Weise ist es aber möglich, dass alle 600 noch bestehenden Vereine und Kriegssportgemeinschaften am Spielbetrieb teilnehmen können. Selbst auf eine Sommerpause wird verzichtet, die neue Spielrunde startet unmittelbar im Anschluss an die vergangene Saison, am 16. Juli 1944. Eine Sommerpause würde den Spielbetrieb wohl endgültig lahm legen, so fürchtet man.

Als im September 1944 erstmals alliierte Truppen auf deutsches Gebiet vordringen, wird die Saison 1944/45 auf Weisung des Fachamtes Fußball abgebrochen. Nun wird jeder Mann zur Verteidigung des Vaterlandes gebraucht, für Fußball ist kein Platz mehr. Hitler schickt am 25. September 1944 alle bislang nicht eingezogenen Männer zwischen 16 und 60 Jahren als »Volkssturm« zur Verteidigung des Altreiches in die Schlacht. Zumindest auf nationaler Ebene gibt es damit keinen Spielbetrieb mehr.

Die Fußballfelder und Vereinsheime verfallen zusehends oder liegen ausgebombt und von Artilleriebeschuss zerstört in Schutt und Asche. Wie ernst die Lage wirklich ist, verbirgt sich allenfalls zwischen den Zeilen der Pressemeldungen: »Die Rückführung von Sportplatzgelände zum Anbau von Gemüse und Kartoffeln wird, so bitter auch diese wichtige Maßnahme von den Anhängern empfunden werden muß, jetzt vielfach spruchreif werden.«[16] Es mutet fast unglaublich an, dass in Berlin, Hamburg sowie in Teilen Sachsens, Baden-Württembergs und Bayerns trotzdem fast bis zur Kapitulation am 8. Mai 1945 durchgespielt wird. In Hamburg wird sogar noch im April 1945 ein Gaumeister ermittelt - der HSV kann diesen Titel erringen - während in den anderen Regionen spätestens im Februar 1945 Schluss ist. Die letzte bekannte Partie des Dritten Reiches findet am 29. April 1945 in Hamburg statt, der Meister HSV besiegt in diesem Freundschaftsspiel Altona 93 mit 4:2.[17]

Mit dem langsamen Ende des Spielverkehrs löst sich auch das einstmals mit 140 Beschäftigten besetzte Reichsfachamt Fußball in Berlin schrittweise auf. Zum Schluss gibt es lediglich noch zwei hauptamtliche Kräfte, Carl Koppehel und seine Sekretärin, deren vordringlichste Aufgabe »in der Ermittlung der Schicksale der einzelnen Persönlichkeiten«[18] besteht. Manche Sportfunktionäre beschränken sich aber in den letzten Tagen des Dritten Reiches keineswegs auf die Verwaltung eines de facto nicht mehr existierenden Sportbetriebes. So erhält nach Auskunft des ehemaligen Chefredakteurs des ZDF, Reinhard Appel, der »größte deutsche Sportfunktionär« Carl Diem beim Kampf um Berlin den Auftrag, das Reichssportfeld gegen die anrückenden russischen Truppen zu verteidigen. Diem richtet noch im März 1945 einen flammenden Appell an den HJ-Volkssturm: »Er berief sich immer wieder auf das tapfere Volk von Sparta und forderte uns auf, wie dieses Volk den Opfertod nicht zu scheuen und wie Helden zu sterben, denn es ist schön, für das Vaterland zu sterben.«[19] Beim aussichtslosen Kampf um das Olympiagelände gibt es mehr als 2 000 Tote und Verwundete, darunter zahlreiche Kinder.

Mit der Kapitulation Deutschlands kommt auch für die Sportvereine das Aus, denn der Dachverband Nationalsozialistischer Reichsbund für Leibesübungen wird aufgelöst: »[...] die NSDAP und die nachstehend verzeichneten Ämter, Organisationen und Institute [unter Nummer 42 findet sich der NSRL, d. A.] [werden] in vollem Umfang aufgelöst und für gesetzeswidrig erklärt.«[20]

13. Zwischen allen Fronten

Das Fußballgenie Oskar »Ossi« Rohr

An kaum einem Spieler zeigt sich die ganze Tragik der nationalsozialistischen Sportpolitik besser als an Oskar »Ossi« Rohr, der fernab jeder politischen Betätigung im wahrsten Sinne des Wortes »zwischen die Fronten« gerät.

Oskar Rohr, 1912 als Sohn einer Gastwirtsfamilie in Mannheim geboren, beginnt seine fußballerische Laufbahn bei Phönix Mannheim und spielt bereits mit 16 Jahren in der Mannschaft des wohlhabenderen VfR Mannheim. Ähnlich wie Rohrs späterer Verein Bayern München ist auch der VfR Mannheim ein bürgerlicher Verein und gilt als ausgesprochener »Judenclub«. Vielleicht ist es die weltanschauliche Nähe der beiden Vereine zueinander, die Ossi Rohr 1931 zu seinem Wechsel nach München bewegt. Mit Sicherheit hilft aber auch die kleine finanzielle Zuwendung, die die Bayern an die Eltern des gerade mal 19-jährigen Rohr zahlen, um dem ohnehin schon lukrativen Angebot der Bayern die notwendige Überzeugungskraft zu verleihen.

Staunend verfolgen die Münchner Zuschauer die ersten Auftritte des jungen Neuzugangs, der sich schnell als eines der vielversprechendsten Nachwuchstalente entpuppt: Rohr kann glänzend mit dem Ball umgehen, außerdem verfügt er über eine enorme Schusskraft, seine gefährlichen Weitschüsse sind gefürchtet. Zugleich besitzt er einen legendären Torriecher; in seinen späteren Straßburger Jahren wird er zum Beispiel in einer Saison mit 37 Treffern unangefochtener Torschützenkönig. Kein Zweifel, Rohr ist der Spieler, der die Nationalmannschaft endlich von ihrem Mittelstürmerproblem befreien kann, denn seit längerem schon herrscht im deutschen Sturm eine beängstigende Flaute.

Bereits in seinem ersten Spiel für Bayern München gegen Jahn Regensburg zeigt sich die ganze Klasse des Ossi Rohr. Nach anfänglichem Lampenfieber erzielt er fünf der sieben Treffer zum Endstand von 7:1. Ein Jahr später steht Rohr im Aufgebot der Nationalmannschaft und bestreitet bis März 1933 vier Länderspiele. Unter anderem rettet er im politisch hochbrisanten Länderspiel gegen Frankreich das 3:3 und bewahrt so Nazi-Deutschland vor einer handfesten Blamage. Doch dies ist bereits sein Abschiedsgeschenk an den deutschen Fußball. Trotz aller Erfolge und hervorragender Perspektiven bleibt es das unwiderruflich letzte Spiel des Ossi Rohr für Deutschland, denn im Frühjahr 1933 verlässt sein Trainer Richard Dombi den FC Bayern München und wechselt zu den Grashoppers Zürich - und Ossi Rohr folgt ihm. Damit ist Rohrs Karriere bei der Nationalmannschaft beendet, da er von nun an als Profi gilt und als solcher nie mehr für Deutschland spielen darf. Bereits ein Jahr später zieht es Rohr nach Frankreich, zu Racing Strasbourg, wo er gemeinsam mit Oscar Heisserer ein legendäres Sturmduo bildet. In den Jahren bis 1940 erreicht seine Karriere einen neuen Höhepunkt - zumindest, was Verdienst und Popularität anbelangen. In seinem Heimatland hingegen ist Rohr ein Geächteter.

Als Straßburg 1940 von deutschen Truppen besetzt wird, flieht der Star, »der sich im Ausland als Gladiator verkaufte«[1], vor seinen eigenen Landsleuten nach Sète im damals noch nicht besetzten Südfrankreich, wo er bis zum November 1942 unbehelligt leben kann. Die deutschen Medien vermuten, dass der ehemalige Publikumsliebling wohl bei der Fremdenlegion sein müsse oder - schlimmer noch - Franzose geworden sei. In einem Punkt hingegen herrscht Einigkeit: Einem »Vaterlandsverräter« wie Rohr ist alles zuzutrauen. Nach der Kapitulation Frankreichs verurteilt ein Gericht des nazi-hörigen Vichy-Regimes Rohr zu drei Monaten Haft - angeblich wegen kommunistischer Umtriebe. Doch der Fußball-Profi Ossi Rohr war Zeit seines Lebens ein unpolitischer Mensch. Aber er entschied sich eben für eine Karriere als Profi, und das passte den Nazis schon vor der Eroberung Frankreichs nicht. Als Rohr bereits nach einem Monat Haft aus Frankreich nach Deutschland abgeschoben wird, muss er in Deutschland die verbleibenden zwei Monate in einem deutschen Konzentrationslager absitzen. Nach acht Wochen wird Rohr entlassen - und kommt vom Regen in die Traufe. Denn Rohr wird nun zur Ostfront abkommandiert. Gut möglich, dass man an ihm ein

Exempel statuieren will, denn die Überlebenschancen als Infanterist an diesem Einsatzort sind denkbar gering. Wie durch ein Wunder überlebt Rohr auch diese Tortur nur leicht verletzt.

Die Tragik des Ossi Rohr setzt sich aber auch nach dem Krieg weiter fort. Denn bei einem Fußballspiel wird er von zwei französischen Militärpolizisten erkannt und festgenommen. Sein Vergehen: Nach Meinung der Franzosen hat er seine Strafe, die 1940 von der von den Nazis installierten Vichy-Regierung gegen ihn verhängt worden war, nicht vollständig abgebüßt. Die Reststrafe, verhängt von der Marionettenregierung des Marschall Petain, müsse er nun nachholen. Damals war er zu drei Monaten Haft verurteilt worden, hatte aber nur einen abgesessen - denn die restlichen zwei Monate verbrachte er ja in einem deutschen KZ.

Trotz der schlechten Erfahrungen, die Rohr mit seinem Vaterland gemacht hat, kehrt er nach Mannheim zurück und spielt in der Oberliga Süd für den VfR Mannheim, Schwaben Augsburg, den FK Pirmasens und den SV Waldhof Mannheim. Auch nach dem Ende seiner aktiven Laufbahn im Jahr 1949 kann Rohr nicht vom Fußball lassen: Nach Dienstschluss bei der Stadt Mannheim, wo er mittlerweile seinen Lebensunterhalt als einfacher Angestellter verdient, tritt er bei den alten Herren des VfR Mannheim gegen den Ball. Am 9. November 1988 verstirbt schließlich eines der größten Talente, das Fußball-Deutschland je besessen hat, im Alter von 76 Jahren.

14. *Kämpfen bis zum letzten Mann*

Soldatenmannschaften und ein reduzierter Spielplan

Militärmannschaften auf dem Vormarsch

Dass Fußball und Krieg auf eigentümliche Weise miteinander verbunden und sogar zutiefst wesensgleich seien, haben schon die Gründerväter des DFB immer wieder gerne betont. Schließlich war das Buhlen um die Anerkennung der Militärs ein wichtiger Schritt zu gesellschaftlicher Akzeptanz im Wilhelminischen Deutschland. Nun aber, nach rund dreißig Jahren, berufen sich die Nationalsozialisten weiterhin auf das eherne Band zwischen Sport und Krieg – und die Fußballer folgen ohne Widerspruch dem Ruf zu den Waffen.

Die Belohnung für solch vorbildliches Verhalten folgt auf dem Fuß. Denn die Sportler unter den Soldaten kommen in den Genuss von Vergünstigungen, die kaum zu der Propaganda passen, dass die Sportler überall zuvorderst an der Front stünden. Und weil Fußball der mit Abstand beliebteste Sport ist, protegieren fußballverrückte Kommandanten ihre kickenden Kämpfer ganz besonders eifrig. Auch die beiden Stars des FC Schalke 04, Ernst Kuzorra und Fritz Szepan, können auf einen verständigen Vorgesetzten bauen: »Die beiden waren während des Krieges Feldwebel bei der Luftwaffe und im Fliegerhorst Gelsenkirchen-Buer stationiert«, erinnert sich später Fritz Walter, »großzügig erhielten sie Urlaub für Training und Punktspiele.«[1]

Überhaupt haben es Kicker aus dem Ruhrgebiet einfacher, den begehrten »uk-Stempel« für »unabkömmlich in der Heimat« zu bekommen. Der Grund liegt auf der Hand: »Die Region an Emscher und Ruhr hatte nämlich den großen Vorteil, daß in ihr Kohle abgebaut wurde [...]. Dem dortigen ›schwarzen Gold‹ kam eine Schlüsselrolle in Hitlers Kriegsführung zu, und auch Schalke, der Bergmannsklub, spielte eine Rolle (obwohl die Spieler nicht mehr unter Tage fuhren). [...] Freilich waren die Schalker nicht die einzigen, die vom ›Kohlevorteil‹ profitierten. Auch in anderen Bergbaustädten wie Altenbögge oder Erkenschwick wuchsen erstklassige Teams heran, denen der ›uk-Stempel‹ aufgedrückt worden war.«[2]

Auch andernorts drücken die Militärs gerne ein Auge zu, wenn Fußballer zur kämpfenden Truppe eingezogen werden sollen. Oder sie sorgen aktiv dafür, dass Spieler heimatnah eingesetzt werden. Bei so viel Fußballbegeisterung ist es lediglich eine Frage der Zeit, bis die ersten Militärmannschaften entstehen. Als sich im Jahre 1942/43 nach der Schlacht um Stalingrad die Lage an der Front zuspitzt, werden schließlich vermehrt auch Fußballer an die Front berufen. Doch viele Spieler haben Glück, denn auch an der Front gibt es eine ganze Reihe von Fußballfans unter den Offizieren, die sich um das Wohl der Sportler sorgen. Im Verlauf der ersten Kriegsjahre entstehen so zahlreiche Militärmannschaften, die mehr und mehr an Bedeutung gewinnen werden. Denn aufgrund bester Verbindungen zu den Behörden gelingt es manchem Kommandanten, für seinen neu gegründeten Verein berühmte Spieler anzuwerben. Die Wunschkandidaten werden einfach zu der entsprechenden Einheit abkommandiert. Die Folge: Die Spielstärke der Militärmannschaften wächst dank der prominenten Unterstützung enorm.

Aber auch darüber hinaus genießen die Mannschaften einige Vorteile, die andere Vereine nicht haben. So stehen etwa die Spieler stets zur Verfügung, weil sie am jeweiligen Truppenstandort stationiert sind. Außerdem ist durch die Nähe zur Truppe und damit zum Verein eine größere spielerische Kontinuität gegeben. Die Trainer können sich darauf verlassen, dass ihre Elf gut eingespielt ist, während die zivilen Vereine je nach Lage an der Front in wechselnden Formationen antreten müssen.

Als die erfolgreichste dieser Militärmannschaften erweist sich der Luftwaffensportverein Hamburg. Der Club ist an die in der Hansestadt stationierte Flakartillerie angegliedert und hat somit einen festen Standort. Gründer und Vereinsführer ist Oberst Laicher, die sportliche Leitung haben Oberstleutnant Psyk und der frühere Schalker Trainer Faicht inne. Diesem Gespann gelingt es, aus begabten jungen Spielern und prominenten Fußballern eine schlagkräftige Truppe zusammenzustellen. Im Tor beispielsweise steht der Oberhausener Willi Jürissen – wegen seiner

Eitelkeit auch »Pomaden-Willi« genannt –, der zwischen 1935 und 1939 sechsmal den Kasten der Reichsauswahl gehütet hat. Ebenfalls in den Reihen des LSV Hamburg finden sich so bekannte Spieler wie Reinhold Münzenberg, Karl Miller, Robert »Zapf« Gerhard und viele andere. In der kurzen Zeit ihres Bestehens zwischen Dezember 1942 und September 1944 gelangen die Hamburger einmal ins Pokalendspiel und einmal ins Finale um die Deutsche Meisterschaft.

Aber auch andere Militärmannschaften wie der LSV Danzig oder Mölders Krakau spielen um die Deutsche Meisterschaft mit, wenngleich nicht mit dem gleichen Erfolg wie die Hamburger. Immerhin aber befinden sich unter den letzten 64 Mannschaften in der Pokalrunde 1942 neun Fliegervereinigungen, was der *Fußball* am 14. Juli 1942 begeistert zur Kenntnis nimmt: »[. . .] das verrät nur zu deutlich, wie ernst unser Sport bei der deutschen Luftwaffe genommen und wie liebevoll er gepflegt wird.«[3]

Eine der ersten Soldatenmannschaften in den eroberten Gebieten, die »Pariser Soldatenelf«, wird bereits 1940 aus der Taufe gehoben, ihr Initiator ist der Major Hermann aus Kornwestheim bei Stuttgart. Nach und nach wird die Elf zum Vorbild für eine ganze Reihe weiterer Solda-

Die Pariser Soldatenelf wird zum Vorbild vieler deutscher Militärmannschaften im besetzten Frankreich. In ihren Reihen kicken im Krieg viele bekannte Fußballer, die zur Wehrmacht eingezogen werden, so auch Nationalspieler Albert Sing (Vierter von rechts).

Im beschlagnahmten Pariser Prinzenparkstadion verfolgen deutsche Offiziere ein Spiel der lokalen Wehrmachts-Auswahl, der Pariser Soldatenelf. Die französische Widerstandsbewegung Resistance wehrte sich jedoch gegen Spiele der Deutschen im französischen Stadion.

tenmannschaften im Feindesland, sodass die in Frankreich entstehenden Teams sogar eine eigene Soldatenmeisterschaft im K.o.-System ausspielen – die »Meisterschaft des Westens«. Im August 1942 werden die Spieler der »Pariser Soldatenelf« jedoch Opfer eines Handgranatenanschlags französischer Partisanen, bei dem der Fürther Nationalspieler Hans Fiederer ein Bein verliert. Eine deutliche Warnung, die die Fußballer daran erinnert, dass sie sich auf erobertem Gebiet befinden. Bis 1943 wird die Pariser Soldatenelf im beschlagnahmten Prinzenparkstadion spielen, wie Erinnerungsfotos ihres Gründers Richard Hermann im DFB-Archiv zeigen.

Ein Flieger-As als Torhüter

Die »Roten Jäger« des Hermann Graf

Eine der bekanntesten Militärmannschaften sind die »Roten Jäger« des gerade mal 31-jährigen Jagdfliegerkommandanten Hermann Graf, der von den Nationalsozialisten als »Held von Stalingrad« gefeiert wird. Mit insgesamt 212 Abschüssen gilt Graf als einer der erfolgreichsten deutschen Jagdflieger; nach seinem 172. Abschuss erhält er als einer der ersten fünf Soldaten der Wehrmacht am 9. September 1942 die Brillanten zum Ritterkreuz.

Zugleich ist Graf aber auch ein begeisterter Fußballer, der vor dem Zweiten Weltkrieg zweimal zu einem Nachwuchskurs der Nationalelf eingeladen worden war. Und auch im Krieg kann Hermann Graf nicht von seiner Leidenschaft für Fußball lassen: Er will, so sein erklärtes Ziel, eine der besten deutschen Mannschaften formen. Ein Vorhaben, das ihm durchaus gelingt, wenn man seinen euphorischen Berichten Glauben schenkt. Graf nutzt seinen Berühmtheit aus, und »weil es nicht leicht war, ihm, dem prominenten Jagdflieger eine Bitte abzuschlagen, konnten sich im Lauf der Zeit namhafte Spieler bei seinem Geschwader melden«,[4] wie Fritz Walter später über die Zeit bei der wohl besten deutschen Fußballmannschaft der Kriegsjahre berichtet. Im Sommer 1943 kommt Fritz Walter zu den »Roten Jägern«, die zu dieser Zeit im ostfriesischen Jever stationiert sind. Dort trifft er auf alte Bekannte aus den Reihen der Nationalmannschaft: Franz Hanreiter, ehemals Admira Wacker Wien, und Hermann Eppendorf von Schalke 04. Aber auch eine ganze Reihe anderer hervorragender Spieler wie Walter Bammes, Alfons Moog, Hermann Koch und Friedel Klages befinden sich in der Reihe der Graf-Elf, der Flieger selbst hütet das Tor. Als Graf im Oktober 1944 das Kommando über das Jagdgeschwader 52 übernimmt, das an der Ostfront stationiert ist, holt er seine Mannschaft nach. Und trotz der verzweifelten Lage im Osten freuen sich die Kicker über das Wiedersehen, denn bei Graf fühlen sie sich gut aufgehoben.

Allerdings ist Grafs Hobby nicht überall gern gesehen. Mancher Kritiker vermutet gar hinter der Startruppe des Fliegerhelden eine fünfte Kolonne der Kommunisten – wegen des Mannschaftsnamens. Doch der hat in Wirklichkeit einen ganz anderen Hintergrund: Denn bei der Suche nach geeigneter Spielkleidung ist Graf zufällig auf rote Trikots und Hosen gestoßen. Trotzdem, das Misstrauen bleibt, mehr als einmal muss sich der Jagdflieger Vorwürfe wegen »Sabotage« und »Pazifismus« gefallen lassen. Angeblich sei der Dienst in seinem Geschwader zu lasch und besonders die Fußballer würden zu sehr geschont. Doch Graf weiß sich zu wehren: »Der Zweck der Roten Jäger ist, trotz der Härte des Krieges dem deutschen Volk und insbesondere den Fußballanhängern möglichst viel Könner für die Zeit nach dem Krieg zu erhalten.« Zugleich betont der Flieger, »dass die Fußballspieler, die bei mir sind, gewissenhaft ihren Dienst erfüllen«[5]. Und der Beweis sollte bald folgen: »Im Auftrag und im Namen aller ›Roten Jäger‹ schreibe ich an Sie ein paar Zeilen über den Verbleib unserer Geschwader-Fußballelf. Unser lieber Kamerad Uffz. Leonhard - er spielte, wie Sie wissen, in der Mannschaft, Linksaußen, also neben Walter und hatte sich fein eingespielt - fand den Heldentod im Westen. - Unser Ersatzspieler Gefr. Kögler wurde schwer verwundet und büßte das rechte Bein ein. Das sind zwei harte Schläge, die unsere Mannschaft innerhalb kurzer Zeit getroffen haben. Wir hoffen, daß sie die einzigen Verluste bleiben mögen. Wir halten den Kopf hoch und hoffen, daß bald die Entscheidung hier im Westen herbeigeführt wird. Dann werden die ›Roten Jäger‹ mit von den ersten sein, die auf den langersehnten grünen Rasen wieder zu sehen sind.«[6]

Die »Roten Jäger« absolvieren im Laufe der kurzen Zeit ihres Bestehens rund 50 Spiele, zumeist mit überwältigendem Erfolg; gerade mal fünf Partien gehen verloren. Als Gegner treten meist andere Militärmannschaften an, die Namen wie »Schwarze Büffel«, »Schwarze Blitze«, »Blaue Teufel«, »Silberne Adler« oder »Graue Wölfe« tragen. Mitunter sind aber auch Vereine aus der Umgebung bereit, sich von den Nationalspielern in Feldgrau eine Lektion in fußballerischer Brillanz erteilen zu lassen. Unter den Gegnern ist aber auch beispielsweise Schalke 04, das sich ebenfalls der Graf-Elf geschlagen geben muss. An der spielerischen Potenz liegt es also nicht, dass die »Roten Jäger« niemals am Meisterschafts- oder Pokalwettbewerb teilnehmen. Angeblich will Hermann Graf keinem Verein einen Spieler wegnehmen, weswegen er es ablehnt, seine Mannschaft um Punkte und Titel mitspielen zu lassen. Nach einer anderen Version bemüht sich Graf sehr wohl um die Teilnahme an der Meisterschaftsrunde, scheitert aber an den bürokratischen Hürden, die der Spielbetrieb auch in Kriegszeiten bereithält. Als Graf die Teilnahme an der Meisterschaft beantragen möchte - so will es die Legende -, bescheidet man ihm, dass dies nicht möglich sei. Der Grund: Da die »Roten Jäger« als Teil eines Jagdgeschwaders häufig den Fliegerhorst wechseln, können sie keine regulären Heimspiele austragen, was die Satzung des Fachamts Fußball aber zwingend vorschreibt. Und selbst für einen Ritterkreuzträger wie Hermann Graf gibt es in diesem Fall keine Ausnahme vom Reglement; der deutsche Fußball funktioniert auch während des Krieges getreu den Regeln.

Trotzdem bestreiten die »Roten Jäger« eine große Anzahl von Freundschaftsspielen, die sich mit der Zeit als lukratives Geschäft herausstellen. Häufig erscheinen mehrere Tausend Zuschauer, die die teilweise prominenten Kicker sehen wollen und sich Abwechslung vom tristen und entbehrungsreichen Kriegsalltag erhoffen. Einem Bericht von Fritz Walter zufolge werden die Bruttoeinnahmen aus den Spielen 50:50 mit den gastgebenden Mannschaften geteilt. Einmal soll auf diese Weise bei einem Spiel sogar die unglaubliche Summe von 50 000 Reichsmark zusammengekommen sein. Zumeist wird das Geld für karitative Zwecke gespendet. Wenn beispielsweise einer der rund 2 000 Geschwaderangehörigen fällt, erhalten die Angehörigen eine Unterstützung aus der reich gefüllten Mannschaftskasse. Kein Wunder, dass Hermann Graf seine Mannschaft einmal als »eines der größten Sozialwerke Deutschlands« bezeichnet.

Die Spieler der »Roten Jäger« sind überzeugt, sie haben es hauptsächlich Grafs Enthusiasmus und Fußballbegeisterung zu verdanken, dass die meisten von ihnen unversehrt aus dem Krieg zurückkehren. Am Abend des 8. Mai 1945 gerät das Jagdgeschwader Graf bei Pisek in amerikanische Gefangenschaft. Und bereits wenige Tage später treten die »Roten Jäger« wieder in Aktion, sie treten gegen eine Soldatenmannschaft der US-Streitkräfte an. »Nicht während des Spiels, aber hinterher habe ich mir oft überlegt, was wohl besser die Sinnlosigkeit eines Krieges hätte demonstrieren können als diese Situation? Sieger und Besiegte, Bewacher und Gefangene lassen sich von einem Spiel verzaubern, als gäbe es nichts Wichtigeres auf dieser Welt«,[7] so beschreibt Fritz Walter das seltsame letzte Spiel der legendären »Roten Jäger«.

Gegner im Krieg, Gegner auf dem Platz

Von besonderer Brisanz sind die Spiele der Militärmannschaften, wenn sie in den besetzten Gebieten stattfinden. Denn der Fußball bietet eine der wenigen Gelegenheiten, den verhassten Besatzern ein Schnippchen zu schlagen – zum Teil allerdings mit fatalen Folgen. So kommt es beispielsweise in der Ukraine im August des Jahres 1942 zu einer folgenschweren Begegnung zwischen einer ukrainischen Mannschaft und der Luftwaffensportvereinsmannschaft »Adler«, deren Zweck der Historiker Walter Gloede so beschreibt: »Das Spiel sollte Unterhaltung bieten, die deutsche Überlegenheit auch auf dem Fußballfeld unterstreichen und Normalität im besetzten Hinterland vorgaukeln.«[8]

In den Reihen der Ukrainer, die demonstrativ im roten Dress auflaufen, stehen angeblich zahlreiche Spieler von Dynamo Kiew, sodass die gewünschte Machtdemonstration der Deutschen zum Desaster gerät – sie verlieren das Spiel mit 5:3 Toren. Bereits am nächsten Tag zeigt sich, dass dieser Sieg nicht einfach hingenommen wird, denn die Deutschen verhaften alle beteiligten Dynamo-Spieler an ihrem Arbeitsplatz, einer Brotfabrik. Einer der Überlebenden, Makar Gontscharenko, schildert das Folgende so: »Wegen Spionage wurden wir am nächsten Tag aus der Brotfabrik geschlossen abgeführt, ins Konzentrationslager, in Erdhütten, zu riesigen Ratten. Diesmal sorgten wir dafür, daß wir nicht zusammenblieben, um den Nazis nicht immer geschlossen unter die Augen zu kommen. Trotzdem wurden vier der acht Dynamo-Spieler getötet: Drei wurden zusammen mit 17 anderen Lagerinsassen aus Rache erschossen, weil jemand dem Hund des Lagerkommandanten einen Tritt gegeben hatte. So starben für den beleidigten Hund: der Torwart Trussewitsch, der Verteidiger Klimenko sowie Kusmenko. Ein Vierter, der Mittelstürmer Korotkich, wurden vor unseren Augen erschossen – wegen Widerstands gegen die Lagerleitung. Er hatte die meisten Tore geschossen. Mir und meinem Freund Swiridowski gelang während der Kämpfe um die Rückeroberung Kiews die Flucht aus dem Lager.«[9]

Selbst die – nach eigenem Selbstverständnis – »aristokratische« SS kann auf Dauer nicht der Versuchung widerstehen, mittels einer eigenen Fußballmannschaft Macht und Überlegenheit zu demonstrieren. Zu Beginn des NS-Regimes hatte sich Hitlers Eliteverband noch kaum für Sport interessiert und dieses Feld den plebejischen Horden der SA überlassen. Doch mit der Entmachtung der SA besetzt die Sturm-Staffel zunehmend auch dieses Feld des öffentlichen Lebens. Nach der Besetzung Frankreichs übernimmt die SS in Straßburg den nicht-kommunistischen Vorortclub Red Star und benennt ihn in SS Sportgemeinschaft Straßburg um. Die SS holt gute Spieler von überallher zusammen und versucht teilweise auch, elsässische Spieler des Lokalrivalen Rasensport Straßburg (ehemals Racing Strasbourg) abzuwerben. Tatsächlich gelingt dies sogar in einigen Fällen; so wechseln beispielsweise die Brüder Keller – beide ehemalige französische Nationalspieler – zur Sportgemeinschaft. Allerdings zahlen sie und andere Spieler, die den gleichen Schritt unternehmen, einen hohen Preis für ihren Wechsel. Denn in der Bevölkerung sind die Kicker fortan unten durch.

Generell zieht die SS alle Register der Einflussnahme auf gute Spieler: Die Liste reicht von materiellen Anreizen bis hin zur Androhung der Einberufung zur Wehrmacht oder Schlimmerem. Nur wenige Fußballer, wie der Elsässer Oscar Heisserer, wagen es, sich diesem Druck zu widersetzen.[10] Der Spieler, der einst bei Racing Strasbourg mit dem in Ungnade gefallenen Deutschen Oskar »Ossi« Rohr ein legendäres Sturmduo gebildet hatte, wird wiederholt zu stundenlangen Gesprächen bestellt und schließlich sogar mit der sofortigen Versetzung an die Ostfront bedroht. Doch er bleibt seinem alten Verein treu. Allerdings hat die aggressive »Abwerbungspolitik« der SS Folgen: Rasensport Straßburg verliert gegenüber dem Lokalrivalen an Boden und findet sich in der Gauligatabelle zumeist hinter der SS Sportgemeinschaft wieder. 1942 qualifiziert sich die Sportgemeinschaft sogar für die Endrunde zur Deutschen Meisterschaft und schaltet dort die Stuttgarter Kickers aus. Nach dem nächsten Spiel gegen Schalke 04 ist aber Schluss, der Vorzeigeverein der Nationalsozialisten wirft die SS-Mannschaft mit 6:0 aus dem Rennen.

Trotz aller Erfolge schafft es die Nazi-Elf nie, den lokalen Konkurrenten im direkten Vergleich zu schlagen. Kein Wunder, denn Racing ist in den Lokalderbys immer besonders motiviert und kämpft bis zum Umfallen. Und auch die Gunst der meisten Zuschauer liegt eindeutig auf der Seite der »Rasensportler«. Schließlich repräsentieren die Duelle für die Franzosen auch das Duell der Frankreichtreuen gegen Besatzer und Kollaborateure, zumal Rasensport Straßburg - Zufall oder Absicht? - in Trikots mit den französischen Nationalfarben spielt. Mehrfach geraten die Derbys zu machtvollen Protestaktionen gegen die Besatzer, bei denen es angeblich teilweise zu Ausschreitungen und Massenverhaftungen kommt.

Spiel mit dem Tod – Fußball in den Konzentrationslagern

Selbst vor den Toren der Konzentrationslager macht der Fußball nicht Halt - und zwar auf Weisung von höchster Stelle. 1942 werden auf Befehl des Reichsführers SS Heinrich Himmler in den Lagern Musikkapellen eingerichtet und Sport wie etwa Fußball wird erlaubt. Erklärtes Ziel der makabren Maßnahme ist nicht etwa eine Erleichterung des Lageralltags, sondern vielmehr die Hebung der Arbeitskraft, und selbstverständlich dürfen die Begegnungen ausschließlich in der einzigen »Freizeit« stattfinden, Sonntag nachmittags um 14 Uhr. Mit der Zeit entstehen auf diese Weise »Lagermeisterschaften«, in denen die Häftlinge zunächst blockweise gegeneinander antreten. Später kommt es auch zu »Länderspielen«, wobei die Angehörigen verschiedener Nationen gegeneinander spielen. Juden bleiben freilich von den Spielen ausgeschlossen.

Bisweilen treten auch Wachmannschaften gegen Häftlingsmannschaften an. Begegnungen, die nicht selten mit dem Tod der beteiligten Lagerinsassen enden. Wie der in Auschwitz inhaftierte österreichische Fußballprofi Igor Fischer später berichtet, bergen die Spiele gegen die Wachmannschaften eine besondere Gefahr, »denn der Gegner da auf dem Fußballfeld war ein spezieller: er konnte dich auch umbringen. Nicht gleich auf dem Fußballplatz, aber später!«[11] Fischer fungiert in Auschwitz als eine Art Spielertrainer, mehrmals stellt er auf besonderen Wunsch der SS Häftlingsmannschaften für die grausigen Spiele zusammen.

Von einer ganz besonderen Begegnung auf dem Fußballplatz weiß auch Franz Brückl zu berichten, der von 1940 bis 1945 im Konzentrationslager Dachau inhaftiert war: »Es war, glaube ich, im Frühjahr 1944. Ich war als Zuschauer dabei. Die Häftlinge - man hatte gesunde, besser genährte Männer spielen lassen - traten in ihrer gestreiften Kleidung an. Am Anfang war die Stimmung auf Seiten der Häftlinge gedämpft. Sie waren zurückhaltend, denn niemand wußte, welche Folgen beispielsweise ein Foulspiel gegen die SS haben würde. Doch das Spiel war ganz normal und fair, und mit der Zeit wurden die Häftlinge frecher und trauten sich was. Am Ende hatten sie 21:0 gegen das Wachpersonal gewonnen. Ein Spiel dieser Art wurde nicht wiederholt.«[12] Erstaunlich, dass es nach dem frechen Sieg der Häftlinge keine Strafaktionen gab.

Fußball nach der Befreiung

15. *Kalorienspiele unter alliierter Kontrolle*

Der Neubeginn in Ost und West

Nach dem Ende des Krieges teilen die alliierten Mächte Deutschland in vier Zonen mit jeweils eigener Verwaltung auf. Einig sind sich die Siegermächte in ihrer Einschätzung, dass der Sport ein wichtiges Instrument der nationalsozialistischen Machterhaltung gewesen ist. So sind zunächst in allen vier Zonen die alten Sportvereine verboten. Doch bereits ab dem Spätsommer 1945 wird die Neu- bzw. Wiedergründung von Sportvereinen erlaubt, allerdings unter strenger alliierter Kontrolle. Und wenig später beschließen die vier Mächte, den Nationalsozialistischen Reichsausschuss für Leibesübungen komplett aufzulösen und zu verbieten. In diesem Ziel ist man sich in Moskau, London, Paris und Washington einig: Der deutsche Sport soll entmilitarisiert werden. Und zwar so, dass er auf absehbare Zeit nicht wieder missbraucht werden kann.

Doch bald machen sich erste Unterschiede zwischen Sportpolitik Ost und Sportpolitik West bemerkbar. In den Westzonen pendelt die Haltung im Alltag zwischen stillschweigender Duldung dessen, was sich da an neuen oder alten Vereinen entwickelt, und strenger Kontrolle.

Manchmal trifft die unterschiedliche Haltung ein und denselben Vorgang. Als der TSV 1860 München, als alter »Naziclub« gewiss nicht unbelastet aus der Zeit zwischen 1933 und 1945 hervorgegangen, seine Wiederzulassung betreibt, wird ihm zunächst beschieden, schon der Antrag sei Zeichen mangelnder Einsicht in die Realitäten und entbehre selbstredend jeglicher Grundlage. Doch bereits einige Monate später wird dem Antrag stattgegeben, weniger belastete Spieler sind kurzfristig für ihre Funktionäre eingesprungen und haben dem Verein damit den »Persilschein« besorgt.

In der Ostzone, der Sowjetischen Besatzungszone (SBZ), wird dagegen relativ bald klar, dass die Sowjets und die von ihnen gestützte Berliner KPD kein Interesse an einer Wiederbelebung des bürgerlichen Sportbetriebs haben. Die aus dem Moskauer Exil zurückgekehrte Gruppe um den stellvertretenden KPD-Vorsitzenden Walter Ulbricht strebt vielmehr eine Neustrukturierung des Sports nach dem Muster der Sowjetunion an.

Diese vollkommen unterschiedlichen Auffassungen von der Funktion des Sports im gesellschaftlichen Leben des zukünftigen Deutschland führen nach dem Herbst 1945 zu völlig verschiedenen Weichenstellungen. Und die betreffen den Sport im Allgemeinen – und ganz besonders den Fußball. In den ersten Jahren nach dem Krieg wird der Grundstein gelegt für eine Entwicklung, die in der Folge dem einen Teil des Landes drei Weltmeistertitel beschert und dem anderen bestenfalls eine Außenseiterrolle im internationalen Fußball.

Die Entwicklung im Osten

Im Mai 1946 machen die sowjetische Militärverwaltung und die KPD deutlich, dass sie von nun an einen eigenen Weg gehen wollen: Sie verfügen erneut die Auflösung sämtlicher Sportvereine. Neu zugelassen wird ab sofort nur, wer bereits im Namen den Bruch mit der Vergangenheit deutlich macht. Also kein Dresdner SC mehr, kein VfB Leipzig oder Union Berlin. Ziel der Entscheidung ist eine zentralistische Struktur der gesamten Sportorganisation. Die Sowjetische Besatzungszone verkündet damit auch offiziell die Absage an eine demokratische Entwicklung des Sports. Von nun an unterstehen die Vereine den Kommunen, und diese folgen streng der Losung aus Berlin, »den Sport dem Klassenkampf der Arbeiterklasse unterzuordnen«[1].

Schon kurz zuvor hatte die KPD-Führung auf ganz eigene Weise Mitglieder für ihre bislang wenig beliebte Nachwuchsorganisation beschafft. Sie hatte verfügt, dass alle Sportler – zunächst unabhängig von ihrem Alter – Mitglied der FDJ zu sein hätten. Und in der Tat sollte die FDJ – übrigens unter Vorsitz von Erich Honecker – nach dem Willen der Parteileitung die Führung des gesamten Sports in der SBZ übernehmen. Im Mai 1947 werden schließlich parallel zum 2. Parlament der FDJ die ersten Zonenwettkämpfe veranstaltet. Zu diesem Anlass beschließt man eine Amnestie der ehemaligen Mitglieder von Hitlerjugend oder Bund Deutscher Mädel – mit der Begründung, man müsse »die fähigen, vom Naziregime missbrauchten Kräfte aus diesen Kreisen zu der neuen antifaschistischen Jugendbewegung hinüberziehen«.[2]

Die Ziele, die die KPD und spätere SED dem zentral organisierten Sport verordnet, orientieren sich an dem erklärten Ziel der Partei für ihre Politik und das gesamte gesellschaftliche Leben: Aufbau des Sozialismus, so wie ihn die SED und der große sozialistische Bruder in Moskau verstehen. »Sport ist nicht Selbstzweck, sondern Mittel zum Zweck«, hatte Erich Honecker 1946 in einer Rede vor der FDJ in Anwesenheit einer Delegation der sowjetischen Militärverwaltung postuliert.[3] Für den Sport bedeutet dies vor allem die strikte Unter- und Einordnung in die Kaderpolitik: Der Sport hat demgemäß das Ziel der Umerziehung, er hat die Wehrkraft zu stärken und er hat drittens der Welt draußen die Überlegenheit des sozialistischen Systems zu vermitteln.

Alle drei Ziele haben Auswirkungen auf den Fußball. Umerziehung – das ist für die sowjetische Besatzungsmacht ebenso wie für die deutschen Kommunisten nicht »Entnazifizierung«, nicht Einübung in ein demokratisches Gemeinwesen. Sportlehrer, Trainer und Funktionäre haben vielmehr die Aufgabe, den Sport Treibenden ihren jeweiligen Platz im Getriebe des zentral gelenkten Staates zuzuweisen. Wie rigoros dieser Anspruch von der »Gruppe Ulbricht« von Beginn an umgesetzt wird, zeigt sich auch am traurigen Schicksal der ehemaligen Arbeitersportvereine. Von den Nazis verboten, ihre Mitglieder verfolgt und zum Teil umgebracht, hofften diese Vereine unter einer sozialistischen Regierung, also einer vorgeblich am Wohl der Arbeiterklasse orientierten Politik, auf eine neue Blüte. Doch mit ihren traditionellen Werten, die dem puren Erfolgsdenken bürgerlicher Vereine Solidarität und Spaß am Spiel entgegenzusetzen versucht hatten, sind die Arbeitersportvereine kein Modell für die SBZ. Sie verschwinden, nachdem KPD und Sowjets 1946 sämtliche Vereine verboten hatten.

Dass die Führung der SBZ mit dem Sport eine Stärkung der Wehrkraft verbindet, wird auf kuriose Weise deutlich. Eigentlich nämlich lief eine erneute Militarisierung des Sports nicht nur der eigenen Politik zuwider, die ja gerade eine Entmilitarisierung gefordert hatte, sie widersprach natürlich auch der Politik der Alliierten. So findet sich in den FDJ-»Richtlinien für den Aufbau des Sports« auch lediglich der konsensfähige Anspruch: »Es soll in unseren Reihen die Kampfbereitschaft gegen Militarismus und Faschismus gefördert werden.«[4] Im weiteren Verlauf fällt allerdings eine merkwürdige Betonung des Wanderns auf, das es besonders zu fördern gelte. In der Praxis wird bald deutlich, dass mit Wandern bald »Fußmarsch« und »Orientierungsgepäckmarsch« gemeint sind, die beide eher aus der soldatischen Tradition stammen.

Auf den ersten Blick besonders erstaunlich ist das dem Sport bereits vor Gründung der DDR auferlegte Ziel, die Überlegenheit des Sozialismus nach außen zu beweisen. Was im Klartext eine Bevorzugung des Leistungssports bedeutet. Walter Ulbricht spricht im Winter 1948 zwar noch von »Volkssport«, als er jedoch den ersten Wintersportmeisterschaften im thüringischen Oberhof beiwohnt, lässt er keinen Zweifel, was ihm für die Zukunft vorschwebt: »Wenn wir so durch den Volkssport alle Talente entwickeln«, verkündet er dem verblüfften Fachpublikum, »wird es uns möglich sein, daß die Zahl der Spitzenkönner eine viel größere wird.«[5] Und um möglichst viele »Spitzenkönner« heranziehen zu können, gilt es, möglichst alle Mittel diesem Ziel unterzuordnen. Schon als im Oktober 1948 der Deutsche Sportausschuss gegründet wird, fordert dessen erster Vorsitzender Waldemar Borde »große Summen« für den Sport und nimmt zur Bekräftigung der Forderung denkwürdige Anleihen ausgerechnet bei der jüngsten deutschen Geschichte: »Alle großen Kulturvölker geben große Summen für den Sport aus. Die Weimarer Republik hat schon jährlich Millionen dafür ausgegeben, doch gelangten die Gelder in die falschen Hände. Die Hitler-Regierung hat sich den Aufbau der militärischen und zivilen Sportregimenter sehr viel kosten lassen. Sorgen wir dafür, daß unsere demokratische Sportbewegung, in die richtigen Bahnen gelenkt, auch die notwendige materielle Unterstützung bekommt.«[6] Wo die »richtigen Bahnen« verlaufen, wird beim Gründungskongress des Deutschen Sportausschusses noch offen gelassen, man verabschiedet ein Programm, das die uneingeschränkte Pflege aller Sportarten vorsieht. Doch bald reduziert sich der Katalog auf wenige Grundsportarten.

Für den Fußball wird besonders diese Instrumentalisierung des Sports als Beweis für die Überlegenheit des sozialistischen Systems fatale Folgen haben. Denn Erfolge lassen sich im Fußball wie in den meisten Mannschaftssportarten schlecht planen, das hatten schon die Nazis schmerzlich erfahren müssen. Und so fristet der Fußball von Beginn an ein Mauerblümchendasein, das Manfred Ewald, der spätere Präsident des Deutschen Turn- und Sportbundes der DDR, lapidar begründet: »Ein armes

Land wie das unsere kann sich den Luxus nicht leisten, alle Sportarten gezielt zu fördern.«[7]

Dass der Fußball den neuen Herren in Berlin nicht förderungswürdig erscheint, hat aber, neben allen sachlichen politischen Gründen, auch seine subjektiven Hintergründe. Der mächtige Mann schon in diesen ersten Nachkriegsjahren ist Walter Ulbricht. Und Ulbricht liegt der Sport besonders am Herzen. Der 1893 in Leipzig geborene älteste Sohn einer Schneiderfamilie war mit 14 Jahren dem Arbeiterturnverein »Eiche« beigetreten. Vor allem in den letzten Jahren der Weimarer Republik, als Ulbricht längst wichtiger Kader der KPD war, nutzte er immer wieder die Kontakte zu den Arbeiterturnern, so etwa bei der Organisation der 2. Internationalen Spartakiade in Berlin 1931. Und noch aus dem Exil versuchte Ulbricht, die Sportler für Maßnahmen der illegalen Parteiarbeit einzuspannen. In seiner Moskauer Zeit lernte Ulbricht den Sport im Dienste eines zentral gelenkten und einer Einheitspartei verpflichteten Staatssozialismus kennen. Aber dieser Sport, das war Turnen. Leichtathletik, Boxen oder Ringen. Fußball kam in diesem Bild eines zweckgerichteten, planbaren Sports nicht vor. Ulbricht, ab 1946 stellvertretender Parteivorsitzender der SED und Mitglied des Politbüros, ab 1950 Generalsekretär der SED und stellvertretender Ministerpräsident der DDR, dieser Ulbricht ist es, der häufig durch persönliches Eingreifen wesentlich den Sport im Osten Deutschlands bestimmt. Und Ulbricht ist nie Anhänger des Fußballs gewesen und hat kein Verständnis dafür, dass der Fußball inzwischen zum Volkssport Nr. 1 geworden ist.

Am 7. Oktober 1949 wird die DDR gegründet und »Sport zum aktiven Faktor des gesellschaftlichen Fortschritts«[8] erklärt. Bereits im April hatte Ulbricht eine stärkere Anbindung der Sportvereine an die Betriebe gefordert. Im April 1950 schließlich wird die »Reorganisation des Sports in den volkseigenen und ihnen gleichgestellten Betrieben auf Produktionsbasis« verkündet. Im Klartext: Sportvereine haben sich auf Betriebsebene zu gründen, Sport jenseits der Arbeitswelt hört auf zu existieren. Kurz darauf erfolgen die ersten Gründungen der typischen Betriebssportbewegungen, wie sie sich bis zum Ende der DDR erhalten werden: Die Bewegungen Motor, Lokomotive und Rotation werden gegründet. Für einen Verein wie den früheren Dresdner SC bedeutet dies die zweite »Reorganisation« innerhalb von vier Jahren. Erst wird der Verein im Sinne der kommunalen Orientierung des Sports zur SG Dresden-Friedrichstadt, nun, ganz im Sinne der Anbindung an die Betriebe, wird er zum VVB Tabak. Doch nur wenige Tage später verschwindet die ganze Mannschaft Richtung Westen …

Wenn der Fußball in der Geschichte der DDR hie und da dennoch internationale Erfolge feierte, Magdeburg immerhin einmal den Europa-Cup und die Nationalelf Olympiamedaillen holte, dann in der Regel nicht dank, sondern trotz der offiziellen Sportpolitik der DDR. Beim Start der VI. Internationalen Radfernfahrt im Mai 1953, also kurz vor den Ereignissen des 17. Juni, verkündet Honecker noch einmal den staatspolitischen Auftrag des Sports, der nun längst zum Instrument im Kalten Krieg geworden ist: »Die Sportlerinnen und Sportler ganz Deutschlands werden dadurch erneut erkennen, daß es für sie wie für das ganze deutsche Volk nur einen Weg zum Glück und Frieden gibt, den verstärkten Kampf um den Sturz der Adenauer-Regierung.«[9] Diesen Kampf hatte der Fußball schon vor dem Anpfiff verloren.

Die Entwicklung in den Westzonen

Einig waren sich die vier Mächte wie gesagt im Ziel einer »Entmilitarisierung des Sports«. Deshalb werden zwar bereits im September 1945 die ersten Vereine wieder zugelassen. Doch wer da kommt und darum bittet, wieder Sport organisieren zu dürfen, der soll genau überprüft werden. In den Westzonen steht dazu das Instrument der Entnazifizierung bereit: ein Verfahren, in dem Rolle und Verhalten des Antragstellers während der Jahre 1933 bis 1945 untersucht wird. Am Ende des Verfahrens steht entweder eine Ablehnung des Antrags oder eine Zulassung, falls der Kandidat durch Dokumente oder Zeugen belegen kann, dass er kein Nazi oder lediglich ein so genannter »Mitläufer« war. Diese im Volksmund bald »Persilschein« genannte Absolution durch die Siegermächte streben auch die meisten Fußballfunktionäre an.

Und tatsächlich können bereits im Herbst 1945 die meisten Fußballvereine ihren Betrieb wieder aufnehmen. Zwar sind viele Spieler im Krieg gefallen, andere noch in Gefangenschaft, zwar sind Stadien und Sportanlagen zerstört und unbrauchbar. Aber Not macht erfinderisch. Spielen kann man auch zwischen den Ruinen, und die Regeln werden den Zeiten angepasst: Als der Spieler Herbert Pohl, der ja im Krieg seinen linken Arm

In München wird kurz nach dem Ende des Krieges bereits wieder Fußball gespielt. Die Zerstörungen des Krieges prägen auch den Fußball: Man spielt nicht um Geld, sondern um Lebensmittel.

verlor, nach seiner Übersiedlung in den Westen wieder spielt, darf er wie zuvor ausnahmsweise den Ball mit einer Hand einwerfen.

Bald wird sich zeigen, dass es sich lohnt, Fußball zu spielen in diesen Tagen, in denen die meisten Menschen ohne Obdach sind und hungern müssen. Das Volk will, trotz oder wegen der verzweifelten Lage, wieder Fußball sehen. Und immer gibt es einige, denen es ein bisschen besser geht als den meisten, einige, die bereit sind, sich das Volksvergnügen etwas kosten zu lassen. Metzger, Bäcker, Bauern oder Gastwirte werden zu Sponsoren des Fußballs, Mannschaften mit klingendem Namen reisen zum Gastspiel an und lassen sich nur allzu gern in Naturalien bezahlen. »Kalorienspiele« werden diese sportlichen Auseinandersetzungen treffend genannt. Und nicht immer darf der hungernde Zuschauer wissen, wo die Kicker nach dem Schlusspfiff einkehren.

Besonderes Glück hat diesmal der FC Bayern. Mit Xaver Heilmannseder haben die Bayern nicht irgendeinen Gönner, sondern den Gastwirt des Münchner Löwenbräukellers. Hinter den Gasträumen werden die Bayern nach ihren Heimspielen empfangen. »Wir nahmen den Hintereingang, der von der Straße aus direkt in unser Stüberl führte«,[10] erinnert sich Otto Schweizer, seit 1942 Spieler beim FC Bayern. »Dort bekamen wir Bier, Schweinshaxe und Knödel. Alles Sachen, die in diesen Tagen sonst keiner zu essen bekam. Und die Tür mussten wir die ganze Zeit schön zuhalten, damit uns die anderen Gäste nicht sehen konnten.« Denn offiziell gibt es derlei üppiges Essen gar nicht. Damals, vor der Währungsreform. Nach dem Gelage im Löwenbräukeller werden freilich auch die Bayern-Spieler rasch wieder zu normalen Nachkriegsbürgern: Den Heimweg zur Wohnung seiner Eltern am Münchner Stadtrand muss Otto Schweizer zu Fuß gehen. Zwanzig Kilometer, drei Stunden durch Trümmer. »Danach war ich wieder nüchtern«, erinnert sich Schweizer.

Bei Auswärtsspielen - es handelt sich noch um Freundschaftsspiele, einen regulären Spielbetrieb gibt es noch nicht wieder - werden jene Clubs bevorzugt, die ihre Gegner ebenfalls nach Spielende mit Lebensmitteln versorgen können. Und daraus entwickeln sich gelegentlich dauerhafte Vereinsfreundschaften. Noch heute erinnert sich Otto Schweizer gern an jenen Club im Schwäbischen, dessen Präsident im Hauptberuf

Otto Schweizer (Mitte, im Sprung) spielte beim FC Bayern nach dem Krieg erst für Lebensmittel, später finanzierte er mit dem Fußball sein Studium. Er rückte bereits als Jugendlicher im Krieg in die erste Mannschaft des Vereins auf und ersetzte dort eingezogene Stammspieler.

Metzger war. Und selbst als längst wieder »geordnete« Verhältnisse herrschen, alle Menschen wieder zu essen haben und Meisterschaften ausgetragen werden, lassen es sich die Vereine nicht nehmen, ein- oder zweimal im Jahr gegeneinander anzutreten – in Erinnerung an die Zeit, in der man sich gegenseitig geholfen hat.

Übrigens sind diese »Kalorienspiele«, so kurios es klingt, der Beginn des deutschen Profifußballs nach dem Krieg. Längst hatte es ja bereits vor dem Machtantritt Hitlers erste Schritte in diese Richtung gegeben, und international hatte sich der Profifußball etabliert. Mit dem Zusammenbruch des Dritten Reiches ist nun auch das nationalsozialistisch begründete Festhalten am »reinen« Amateurstatus obsolet geworden. Allerdings ergibt es in der vor der Währungsreform herrschenden Notsituation wenig Sinn, Fußballer mit Geld zu bezahlen. Da sind Naturalien, eben »Kalorien« in kalorienarmer Zeit, die härtere Währung. Aber für Spieler wie Otto Schweizer geht die Entwicklung kontinuierlich weiter. Bald tritt an die Stelle von Bier und Dauerwurst ein Gehalt, das in Deutscher Mark ausgezahlt wird. Das heißt, »Gehalt« darf dieses Salär eigentlich nicht genannt werden, denn offiziell bekommt der so genannte Vertragsspieler lediglich eine Entschädigung für den Aufwand, den er rund ums Fußballspielen hat. Die Spieler bleiben Amateure, aber mit Vertrag. Eine verworrene Situation, die nur verständlich ist vor dem Hintergrund der im Nachkriegsdeutschland von alten und neuen Funktionären geschaffenen Strukturen. Otto Schweizer ist jedenfalls heute noch dankbar, dass er seinerzeit bereits Geld fürs Fußballspielen bekam: »Mit Fußball habe ich mein komplettes Studium finanziert.« So konnte Schweizer sich nach Ende seiner Karriere als Steuerberater niederlassen, und nicht zuletzt dank der Kontakte aus der aktiven Zeit liefen die Geschäfte bald gut.

Um wieder so etwas wie einen geordneten Spielbetrieb zu organisieren, treffen sich am 13. Oktober 1945 die Präsidenten verschiedener süddeutscher Clubs im Gasthaus »Krone« in Fellbach bei Stuttgart. Man ist sich rasch einig: Eine Deutsche Meisterschaft wird es in diesem Vier-Zonen-Gebilde so bald nicht geben, ebenso wenig nationale Strukturen oder Verbände. Um aber wieder um Punkte gegeneinander spielen zu können, bedarf es einer minimalen Organisation auf regionaler Ebene. Man gründet die Süddeutsche Oberliga, in der Kickers Stuttgart gegen Bayern München oder VfR Mannheim gegen die SG Fürth antreten sollen.

Während im Süden also bald wieder gespielt wird, bastelt im Westen des Landes eine Gruppe altbekannter Funktionäre um den Kölner Peco Bauwens an der Restaurierung der durch die Kapitulation des Nazi-Regimes zerschlagenen Strukturen. Bauwens selbst, 1886 geboren, war in den Jahren 1933–45 öffentlich kaum in Erscheinung getreten. Er war vor allem, so nahmen es die fußballinteressierten Deutschen wahr, Schiedsrichter gewesen, der den Höhepunkt seiner Laufbahn ausgerechnet bei den Olympischen Spielen 1936 erlebt hatte: Da Deutschland ja zur Enttäuschung des Führers und des Reichspropagandaministers bereits früh gegen Norwegen ausgeschieden war, durfte nämlich wenigstens der deutsche Schiedsrichter Bauwens das Endspiel zwischen Italien und Österreich leiten. Ob er dabei gravierende Fehler gemacht hat, ist nicht überliefert. Der zeitgenössische Chronist vermerkt lediglich: »Der Kampf nahm an Heftigkeit zu. Häßliche Zwischenfälle beeinträchtigten mehr und mehr das Spiel. Die Rücksichtslosigkeit der Italiener wurde selbst durch mächtige Pfeifkonzerte der Zuschauer nicht eingedämmt.«[11] Ob und wann Peco Bauwens pfiff, darüber schweigt sich der Chronist aus. Immerhin gewann das unter Mussolini mit Deutschland befreundete Italien das Endspiel mit 2:1.

Die andere Rolle des Peco Bauwens blieb dem großen Publikum eher verborgen. Bereits seit 1925 gehörte er dem internationalen Fußballverband FIFA an, und zwar als Mitglied der Regelkommission. Ab 1932 stieg Bauwens in das Exekutivkomitee der FIFA auf, ein Job, den er übrigens bis 1945 behalten sollte. Seine Haltung zum Regime Hitlers ist unklar. Einerseits trat er der Partei bereits im Mai 1933 bei, andererseits hielt er sich in der Zeit des Dritten Reiches eher zurück, vielleicht um seine jüdische Ehefrau zu schützen. Jetzt, kurz nach dem Ende des Nazi-Regimes, ist seine Zeit gekommen. Zusammen mit etwa 20 Weggenossen aus dem Umfeld des ehemaligen Fußballgaus »Mittelrhein« will Bauwens die alten Verbandsstrukturen wieder zum Leben erwecken. Dass in Süddeutschland mittlerweile wieder um Punkte und Meisterschaft gekämpft wird, jedoch ohne Verband und Gremien, läuft den Zielen des Kölners zuwider. Erst recht, als die Süddeutschen die Konstituierung eines Landessportbundes planen, dem sie eine neue demokratische Verfassung geben wollen. Bei der konstituierenden Sitzung des »Zonensportrates« der britischen Zone fallen Bauwens und seine Freunde als rüde Störer auf: »[...] der Einklang der Sitzung wurde durch den Einbruch einer turbulenten Schar rheinischer Fußballer zerschmettert. Das muß ähnlich gewirkt haben wie das plötzliche Erscheinen der bösen Fee Carabosse bei der Taufe Dornröschens. Wie Carabosse waren sie zum Fest nicht eingeladen worden, und das machte sie rasend. Sie verfluchten das unschuldige Kind in der Wiege, verhießen ihm einen frühen Tod und verschwanden wieder - sozusagen mit Knall und Bimssteingeruch.«[12]

Doch Bauwens lernt schnell. In der Folge versucht er, organisatorische Fakten zu schaffen, bevor andere dazu kommen. Im April 1948 wird zunächst ein Arbeitsausschuss für Fußball gegründet - Vorsitzender wird Bauwens -, und bereits am 10. Juli 1949 wird unter Missachtung des alliierten Besatzungsrechts der Deutsche Fußball-Bund feierlich wieder aus der Taufe gehoben. Dessen erster Vorsitzender wird selbstverständlich - Peco Bauwens.

Hintergrund dieser hektischen Etablierung von möglichst festen Strukturen ist auch ein Netzwerk aus alten Fußballfunktionären, die einen organisatorischen und personellen Schnitt - sozusagen die »Stunde null« im Fußball - mit allen Mitteln verhindern wollen, ohne sich freilich selbst aufgrund ihrer belasteten Vergangenheit allzu sehr in die Öffentlichkeit zu trauen. Die in den Landessportverbänden organisierten Sportvertreter, häufig mit sozialdemokratischem Hintergrund, denen etwa in der Britischen Zone ausdrücklich die Säuberung des Sports übertragen worden war, wollen einen echten Neuanfang. Doch das Netzwerk der Altvorderen, nun mit dem vergleichsweise wenig belasteten Bauwens als Frontmann, funktioniert effektiver, ist schneller. Denen, die Bauwens undemokratisches Vorgehen vorwerfen, hält der Ex-Referee entgegen: »Bei den hohen Idealen, die wir vertreten, hört die Demokratie auf.«[13]

Zu den hohen Idealen gehört auch die Ablehnung des Profitums. Zunächst hatte bereits die Süddeutsche Oberliga im September 1948 den »Vertragsspieler« eingeführt und damit den Kickern in Übereinstimmung mit den Finanzbehörden einen Status eingeräumt, der ihnen ein Gehalt von 150 bis 320 Mark monatlich einbringt. Das ist, so kurz nach der Währungsreform, genug, um anständig zu leben. Nach dieser Regelung wären die Spieler fortan Angestellte ihres Vereins, Profis, wie wir sie heute kennen und wie es sie damals in vielen Ländern längst gibt. Doch schon der rheinische Vorgänger des DFB, der Deutsche Fußball Ausschuss unter Leitung von Bauwens, beschließt im Mai 1949 ein so genanntes »Vertragsspielerstatut«. Dieses Statut beruht auf der Unterscheidung zwischen Vertragsspieler und Berufsspieler. Der Vertragsspieler ist danach Profi, weil er Geld für sein Spiel bekommen soll, aber gleichzeitig ist er kein Profi, denn er ist per Definition kein Angestellter seines Vereins, sondern muss neben dem Fußball einem anderen Beruf nachgehen. Daraus ergibt sich auch, dass er keinerlei Rechte aus seinem Status ableiten kann. Der Verein kann seinen Spieler für andere Aufgaben »freigeben«, dem Spieler ist dagegen ein Wechsel zu einem anderen Verein praktisch unmöglich gemacht worden: Ein Wechsel ins Ausland kommt nur mit dem Einverständnis des Verbandes zustande, ein Wechsel im Inland zieht eine Sperre von mindestens zwölf Monaten nach sich. Alles in allem zeugt das Vertragsspielerstatut weniger von dem Willen, eine praktikable Regelung für eine veränderte Fußballwelt zu schaffen, es ist vielmehr der verzweifelte Versuch, die neue Entwicklung einerseits aufzugreifen und andererseits mit allen Mitteln zu verhindern. Denn die DFB-Führungsriege hält eisern an dem deutschen Sportideal fest, das sie auch dank der Nazis stets bewahren konnte: dem Amateurstatus als Inbegriff des »reinen« Sports - zum Wohl von Volk und Vaterland.

16. Vom Musterknaben zum Wunderkind

Der DFB und die Wiederkehr des alten Personals

Felix Linnemann

Hochtrabende Worte zur Vergangenheit des DFB fallen auf seiner Wiedergründungsversammlung am 10. Juli 1949 in Stuttgart: »Es wird die Zeit kommen, die die Handlungsweise von Felix Linnemann, der als Einsamer in der Lüneburger Heide gestorben ist, und vieler seinesgleichen einmal ganz unvoreingenommen als richtig erkennen wird. Sie wird diesen Männern einmal dafür danken, daß sie – alles in allem genommen – den Sport in einer unmenschlichen Umgebung doch fleckenrein gehalten und ihn als Insel der Menschlichkeit bewahrt haben.«[1] Worte des neuen DFB-Präsidenten Peco Bauwens über seinen Amtsvorgänger Felix Linnemann und das Wirken des DFB im Dritten Reich.

Zwei Jahre zuvor sagt Bauwens im Entnazifizierungsverfahren von Linnemann für diesen aus. Einen DFB gibt es 1947 noch nicht, aber dessen künftiger Präsident Bauwens wirbt bei den zuständigen Behörden in den drei Westzonen um Vertrauen in die Wiedergründung des DFB. Denn die Alliierten stehen allen Sportverbänden sehr skeptisch gegenüber. Noch ist der DFB als ehemaliges Mitglied des Nationalsozialistischen Reichsbundes für Leibesübungen verboten, und sein ehemaliger Präsident Linnemann muss sich wegen seiner Mitgliedschaft in der NSDAP und seines Ranges als Obersturmbannführer in der SS, in die er 1940 eintrat, verantworten. Namentlich benennt Linnemann, der im Dritten Reich mit der Gleichschaltung des DFB zum Führer des Fachamtes Fußball wurde, drei Entlastungszeugen aus dem Bereich des Fachamtes: Peco Bauwens, Carl Koppehel und Georg Xandry.

Im Zivilberuf Kriminalrat vollzieht DFB-Präsident Linnemann bereitwillig die Gleichschaltung des Verbandes, er wird gleichzeitig Vorsitzender des DFB und Leiter des Fachamtes Fußball.

Peco Bauwens, entlastet seinen Vorgänger: Der habe sich »immer wieder dem Verlangen nationalsozialistischer Kreise, die meine Ablösung forderten, entgegengestellt«.[2] Bauwens gibt weiterhin zu Protokoll: Bis sich die Sportverbände unter der Führung der Fachamtsleiter 1938 unter den Schutz der Partei gestellt hätten, habe Fachamtsleiter Linnemann dafür gesorgt, »daß der Sport aus der Partei geblieben ist«.

Auch Linnemann selbst äußert sich zu den Vorgängen der Jahre 1937/38, in denen er als Fachamtsleiter Parteimitglied wurde: Am 31. Mai 1937 tritt er der NSDAP bei. Wenige Wochen zuvor hatte der Chef des SS-Sicherheitsdienstes Reinhard Heydrich, seit 1936 auch zuständig für die Kriminalpolizei in Deutschland, in einem Streitgespräch dem Kommissar Linnemann mangelnde nationalsozialistische Einstellung vorgeworfen und in Folge des Streits seine berufliche Versetzung nach Stettin angeordnet. Dienstantritt dort am 1. April 1937. Er ist damit weit von der »Zentrale der Macht« in Berlin entfernt. Neun Wochen später ist der gemaßregelte Linnemann Parteimitglied. Zu dieser Zeit schwelt parallel ein Streit zwischen den nationalsozialistischen Parteiorganisationen über die Kontrolle des deutschen Sports. Der Reichssportführer steht unter Druck: Durch eine Eingliederung des Sports in die SA oder »Kraft durch Freude« würde sein Posten überflüssig. In dieser Situation, so Linnemann später, habe die Gestapo Reichssportführer Tschammer darauf aufmerksam gemacht, es sei untragbar, dass einige Sportführer noch nicht der NSDAP beigetreten wären. »Um alle diese Männer, die sich großen Ansehens und großen Vertrauens bei den deutschen Sportlern erfreuten, nicht zu verlieren, stellte der Reichssportführer bei der Partei den erfolgreichen Antrag, diese Männer in die Partei aufzunehmen und übernahm für sie die

Carl Koppehel (links) erklärte in der Fußball-Fachpresse die Rassepolitik Hitlers, bevor er nach Kriegsende wieder für den DFB publizieren darf.

Bürgschaft.«[3] Die Fachamtsvorsitzenden wie Felix Linnemann bleiben bis zum Ende des Krieges im Amt, auch der Reichssportführer Tschammer behält seine Position bis zu seinem Tod 1943. Ihn kann die Entnazifizierungskammer nicht mehr zu Linnemanns Aussage befragen. Peco Bauwens reagiert 1948 »verschnupft« auf Fragen der Alliierten, warum die Sportorganisationen der Weimarer Republik so wenig Widerstand gegen die Nationalsozialisten bewiesen hätten.[4]

Carl Koppehel, der zweite Entlastungszeuge für Linnemann, stützt die Darstellung von Bauwens. Koppehel, seit 1934 in der Geschäftsstelle des DFB tätig, unter anderem zu Kriegszeiten in der Pressestelle, hat bereits als Autor an den Fußballjahrbüchern 1937 und 1938 mitgearbeitet. Unter dem Titel »Fußball im Dienst der Volksgemeinschaft« versichert Koppehel den Nationalsozialisten zu diesem Zeitpunkt allerdings noch: »Der Fußball ist da, wenn man ihn ruft.«[5] Den Beweis dafür tritt Koppehel auch persönlich an: Koppehel, der nicht Mitglied der NSDAP ist und vor dem Verbot 1933 den Sozialdemokraten nahe stand, trägt in seiner offiziellen Funktion im DFB die Rassenpolitik der Nazis mit. Er interpretiert 1936 die Einheitssatzung der Vereine dahingehend, dass mit dem Ziel der nationalsozialistischen Erziehung der Mitglieder »die Aufnahme von Juden in den Verein dadurch ausgeschlossen ist«.[6] Am Ende des Krieges ist

Koppehel der letzte DFB-Funktionär, der in der DFB-Geschäftsstelle im »Haus des deutschen Sports« noch seiner Tätigkeit nachgehen kann.

Nach der Kapitulation Deutschlands engagiert Koppehel sich zunächst im Osten für den Wiederaufbau des Sports unter sozialistischer Flagge. Aufgrund seiner Vergangenheit ist er dort aber nicht erwünscht. Er siedelt in den Westen über. Hier stellen die amerikanischen Besatzungsbehörden 1947 fest: Koppehel »sieht nicht ein, daß es ein Fehler war, bei den Nazis mitzumachen«.[7] Negative Konsequenzen hat das für ihn allerdings nicht. Nach dem Krieg beschäftigt der DFB den erfahrenen Funktionär als Leiter der Pressestelle. Als 1950 das 50-jährige Verbandsjubiläum ansteht, schreibt Koppehel rückblickend zur Geschichte des Bundes in der Zeit von 1933 bis 1945, im Dritten Reich sei es Sportverbänden wie dem DFB, »den späteren Fachämtern, wenn auch nicht immer leicht, so doch möglich gewesen, ihr Eigenleben zu behaupten«[8].

Auch der DFB-Geschäftsführer Georg Xandry sagt als dritter Entlastungszeuge für Linnemann aus. In der Weimarer Republik ist er Mitglied der DDP gewesen, einer liberalen Partei, der auch der erste Präsident der Bundesrepublik, Theodor Heuss, angehörte. 1928 wird er Geschäftsführer des DFB. Xandry wird wie Linnemann Mitglied der NSDAP, er tritt allerdings schon im Mai 1933 der Partei bei. Er behält sein Amt und vollzieht die Gleichschaltung des DFB mit. Seine Begründung für den politischen Richtungswechsel: »Ich möchte mich nicht nach bekannten Mustern aus der Mitgliedschaft der Partei herausreden, bedauere sie vielmehr aufrichtig. An und für sich war sie nur nomineller Natur, denn ich hatte von vorneherein zur Bedingung gemacht und den Reichssportführer entsprechend veranlaßt, meine Befreiung von allen parteipolitischen Obliegenheiten zu erwirken. Die ist auch erfolgt, und ich brauchte deshalb auch an keinerlei Veranstaltungen oder parteipolitischen Vorrichtungen teilzunehmen. [...] So wurde ich als hauptamtlicher Geschäftsführer zwar nicht gezwungen [...], aber doch veranlaßt, durch den Beitritt zur NSDAP eine bessere Plattform für bevorstehende und zukünftige Verhandlungen herauszuholen.«[9] In der heute zur Verfügung stehenden Literatur findet sich kein Urteil einer Entnazifizierungs-Spruchkammer im Fall Xandry. Georg Xandry wird unter Peco Bauwens erneut Geschäftsführer des wiedergegründeten DFB. Schwenkt glücklich nach dem Gewinn der Weltmeisterschaft 1954 im offenen Cabrio an der

Seite der Nationalmannschaft die Trophäe. Der größte Triumph als Geschäftsführer im nunmehr dritten politischen System seiner Karriere.

Die Entnazifizierungskammer stuft den DFB-Präsidenten Felix Linnemann als Mitläufer ein. Seinen Rang als Obersturmbannführer der SS kann er der Spruchkammer als »typische Dienstangleichung« innerhalb der Kriminalpolizei glaubhaft machen. Offiziell entnazifiziert, wird Linnemann jedoch nicht mehr an die Spitze des DFB zurückkehren. Er stirbt 1948. Es bleibt die Anerkennung seines Nachfolgers Bauwens bei der Gründungsveranstaltung 1949, den DFB so lange erhalten zu haben, wie es ihm möglich war.

Im Jubiläumsjahr 1950 vergibt der DFB auch Ehrenmitgliedschaften: Constans Jersch vom Westdeutschen Spielverband (WSV) ist einer der Geehrten, aus dem gleichen Verband später auch Wilhelm Erbach. Jersch erinnert sich zum 60. Verbandsjubiläum, dass im Dritten Reich »die Politisierung des Sportes vermieden wurde«[10]. Die Begründung: »Wir haben diese Zeit überstanden, weil die in Berlin an der Spitze wirkenden Männer sich ihrer ursprünglichen Aufgabe, dem Sport und der Jugend zu dienen, stets bewußt geblieben sind und sich trotz aller parteilichen Einflußnahmen nicht vom rechten Weg ablenken ließen.«[11] Bereits lange vor der Machtübernahme Hitlers ist Jersch Vorsitzender des WSV. Doch 1933 tritt Jersch mit dem gesamten Vorstand zurück: »Nicht weil wir uns nicht einordnen können, sondern weil wir uns ein- und unterordnen wollen, weil wir ein Beispiel von Disziplin geben wollen.«[12] Die neue Zeit erfordere einen Mann an der Verbandsspitze, der dem neuen Regime eng verbunden sei. Konsequent wählt der Verband dann den überzeugten Nationalsozialisten Josef Klein zum Verbandsführer.[13] Der gesamte Wechsel erfordert nach zeitgenössischen Presseberichten wenige Minuten. Constans Jersch bleibt weiterhin im Sport tätig. Seit dem 1. Mai 1933 Parteimitglied der NSDAP, erhält er den Posten eines Gauführers im Dritten Reich.

Sein Verbandskamerad Wilhelm Erbach ist seit 1933 Mitarbeiter des Fachamtes Fußball in Berlin: »Heute dürfen wir und müssen wir wirken. Dankbarkeit und Freude über den Umschwung verpflichten einen jeden von uns zum Einsatz aller Kräfte für den neuen Staat und für die Erziehung der Jugend, die das Werk des Führers zu erhalten und fortzuführen hat.«[14] Erbach, Leiter des Jugendausschusses des DFB, formuliert seine Grundsätze »Zur Jugendarbeit des DFB«: Im Mittelpunkt steht die Er-

Wilhelm Erbach feiert als Jugendwart des DFB die Machtergreifung Hitlers in schwülstigen Tönen. Nach dem Krieg ist er im Schulfußballausschuss des DFB tätig.

ziehung, mit dem Ziel unter Förderung der »rassischen Anlagen« einen »bestimmten völkischen Stil herauszuarbeiten«. 1934 erhält der Eiferer Post von der NSDAP: Die Partei teilt ihm am 14. November mit, dass er seine Parteimitgliedschaft doppelt beantragt hat. Nach Löschung einer der beiden Mitgliedschaften wird Erbach als Parteimitglied vom 1. Mai 1933 in der Zentrale geführt.[15]

In der Uniform eines HJ-Bannführers trägt Erbach als Reichsfachwart Fußball auch die Kontrolle der sportlichen Jugendarbeit durch die HJ mit: »Schafft körperlich gesunde, für die Bedürfnisse des deutschen Volkes wertvolle, charakterfeste, harte, einsatzbereite, durchglühte, geistig aufgeschlossene Kämpfer und Führer, wie sie unser Volk in seiner Lage braucht«, fordert Erbach, der 1936 seine Arbeit nachdrücklich in den Dienst der »alle einenden Fahne des zum Lichte und zur Höhe weisenden Hakenkreuzes stellt«.[16]

Nach dem Krieg sitzt Erbach in alliierter Internierungshaft. Dann bekommt auch er seinen »Persilschein«. Guido von Mengden, im Dritten Reich Referent des Reichssportführers Tschammer, bescheinigt dem wortgewaltigen Erbach Gewissensnöte: »Wir rangen lange miteinander über die Frage, ob er [...] als Reichsfachwart Fußball der HJ seine Arbeit weiterführen sollte. Er meinte schließlich, er dürfe seine Jungens nicht im Stich lassen und zog die Uniform an.«[17] Mitte 1949 entlassen die Alliierten Erbach – sein alter Verbandskamerad Constans Jersch hat Mitleid und findet, dass Erbach im Dritten Reich einen Übergang der Sportjugend in die Organisationen der NSDAP verhindert habe und dafür von den Alliierten mit »jahrelanger Konzentrationslagerhaft«[18] bestraft wurde. Erbach greift nach dem Krieg auf seine Erfahrungen im Dritten Reich zurück und verfasst ein Buch zur Jugendarbeit. Erneut unterstützt von Constans Jersch, der im Vorwort von Erbachs Buch schreibt: »Wer aber wäre mehr berufen, zur Jugend und jugendlich begeisterten Jugendleitern zu sprechen, [...] selbst von Jugend auf ein ›Sportsmann ohne Furcht und Tadel‹ als unser aller Freund Wilhelm Erbach! Wir folgen ihm!«[19]

Constans Jersch tritt 1933 als Vorsitzender des Westdeutschen Spielverbandes zurück und bald darauf der NSDAP bei. Nach dem Krieg sorgt er sich um alte Kameraden.

Die Wiederkehr des alten Personals ist ganz im Sinne von DFB-Präsident Peco Bauwens, der bereits bei der Gründung des Westdeutschen Fußballverbandes 1948 ausgesprochen hat: »Zur politischen Haltung einiger führender Persönlichkeiten im Sport muß betont werden, daß gerade Männer des deutschen Sportes, die führende Stellung hatten, gerade um diese Führung nicht an fanatische Nationalsozialisten abgeben zu müssen, der Partei beitraten und dadurch dem Sport einen Dienst erwiesen haben. Auch diesen Männern gilt unser Dank.«[20] Wilhelm Erbachs nationalsozialistische Überzeugung und sein Eifer, seine DFB-Tätigkeit in den Dienst der Nationalsozialisten zu stellen, hindert den DFB nach dem Krieg nicht, ihn als Vorsitzenden des Schulfußball-Ausschusses erneut in verantwortlicher Position zu beschäftigen. Er zeichnet ihn außerdem mit der DFB-Ehrenmitgliedschaft aus.

Georg Xandry, Constans Jersch und Wilhelm Erbach sind nur einige der ehemaligen NSDAP-Mitglieder, die nach dem Krieg für den DFB weiterarbeiten und denen der Fußball-Bund die Ehrenmitgliedschaft verleiht. Sie werden darüber hinaus später auch alle Träger des Bundesverdienstkreuzes.[21]

Guido von Mengden

»In der Stille« habe er gewirkt, heißt es 1939, stets »im Hintergrund agiert«, heißt es im Jahre 1956.[22] Ob nationalsozialistische Presse oder demokratische Nachkriegsveröffentlichung: die Urteile der Medien über ihn sind stets gleich. Zweimal macht Guido von Mengden erfolgreich Karriere im deutschen Sport, die ihn als Funktionär an die höchsten Stellen führt. Beide Male ist der DFB die Basis des Aufstiegs in höchst unterschiedlichen politischen Systemen.

Er kommt aus altem westfälischem Adel, früh demonstriert er seine nationalistische Einstellung: Der 1896 geborene Rheinländer engagiert sich nach dem Ersten Weltkrieg trotz Kriegsverletzungen, die ihn wehrdienstuntauglich machen, beim Kampf gegen die Besetzung des Rheinlandes durch die Franzosen. Dessen »Rückgliederung« nach Deutschland, die Hitler nach seiner Machtübernahme vornehmen wird, fordern neben der NSDAP auch viele andere konservative und nationalistische Parteien. Guido von Mengden findet jedoch über die Rheinland-Frage hinaus bei keiner Partei eine politische Heimat, er engagiert sich parteilos.

Sport betreibt von Mengden trotz seiner Kriegsverletzungen durchaus erfolgreich: Er steht 1924 in der westdeutschen Hockeyauswahl; ein Jahr später übernimmt er im Westdeutschen Spielverband die Geschäftsführung und die Verbands-Zeitschrift. Schon früh erkennt von Mengden, Journalist auf dem zweiten Bildungsweg, den propagandistischen Wert des Fußballs für die deutsche Politik. Bei der Olympiade 1928 steht für ihn die Schmach des verlorenen Ersten Weltkrieges im Vordergrund, nach dem Spiel Deutschland - Uruguay schreibt er: »Unsere Elf hatte ein Kulturvolk zu repräsentieren, darzutun, daß in der Welt noch manches schiefe Werturteil über uns kolportiert wird. Ein Sieg Deutschlands war unser aller Wunsch, die Ehrenrettung des deutschen Namens eine Notwendigkeit.«[23] Deutschland verliert das Spiel 1:4 und scheidet aus.

Guido von Mengden macht Karriere: Nach der Machtergreifung Hitlers holt der DFB ihn am 1. Juni 1933 als Pressewart in die Verbandszentrale nach Berlin. Seit einem Monat ist von Mengden Mitglied der NSDAP. Beim DFB übernimmt er die Verbands-Postille *Deutscher Fußball-Sport* und will darin »die alten Ideale des Sports in nationalsozialistischer Sinngebung herausstellen«.[24] Wie nahe diese beieinander liegen, formuliert von Mengden folgendermaßen: »Der Nationalsozialismus hat dem Sport seinen Sinn wiedergegeben, sein echtes Wesen wiederhergestellt und ihn auf die Höchstwerte der Ehre, des Rassebewußtseins und der Volksgemeinschaft zurückgeführt.«[25]

Der DFB lässt von Mengden gewähren, sodass dieser - ganz im Sinne der Nationalsozialisten - im DFB-Verbandsorgan 1934 die Sportler in

»den Ehrenstand der politischen Soldaten des Dritten Reiches«[26] erhebt. Das nationalsozialistische Ziel von Sport als Wehrertüchtigung sieht er erfüllt durch »Menschen, die eine parlamentarische Volks- und Gesellschaftsordnung ablehnen und soldatische Charaktereigenschaften hoch einschätzen.«[27] Auch Reichssportführer Tschammer liest die ideologischen Grundsatzartikel in der DFB-Zeitschrift. Von Mengden, erfahrener Sportfunktionär seit den zwanziger Jahren und offenkundig mit Talent zur politischen Propaganda ausgestattet, wäre auch für den sportlich unerfahrenen Reichssportführer eine Bereicherung. Zumal von Mengden dem Reichssportführer Tschammer trotz dessen fehlender Fachkenntnisse bereits 1933 bescheinigt, der richtige Mann am richtigen Ort zu sein: »Der Führer braucht einen Mann, der Fleisch von seinem Fleisch, und Blut von seinem Blut ist.«[28]

Im April 1935 steigt von Mengden zum Pressereferenten des Deutschen Reichsbundes für Leibesübungen (DRL) auf. Es ist das Jahr vor der Olympiade, die in der internationalen Propaganda der Nationalsozialisten solch eine große Rolle spielt, die aber Staaten wie die USA wegen der nationalsozialistischen Rassenpolitik boykottieren wollen. Von Mengden entwirft eine Verschleierungstaktik, indem er explizit darauf verweist, dass jüdischen Bürgern in Deutschland der Sport nicht verboten sei, und auf entsprechende Erklärungen des Deutschen Olympischen Komitees hinweist. Gleichzeitig stellt er aber auch klar: »So wie man vom Wasser nicht verlangen kann, daß es trocken wird, so kann man vom Nationalsozialismus nicht erwarten, daß er von seinem Glauben an Blut und Rasse läßt. Mit dieser Tatsache muß das Ausland sich abfinden.«[29] Im Olympia-Jahr 1936 kann von Mengden stolz sein, seinen Teil zum Erfolg der Olympiade beigetragen zu haben: Die Spiele finden statt, Hitler zeigt dem Ausland ein friedliebendes, weltoffenes Deutschland.

Der Reichssportführer fasst Vertrauen zu Guido von Mengden und ernennt ihn 1936 zu seinem Generalreferenten. Als der DRL, 1938 in den Nationalsozialistischen Reichsbund für Leibesübungen umfunktioniert, den Status einer von der NSDAP betreuten Organisation erhält, wird von Mengden Stabsleiter. Im gleichen Jahr kann der Reichssportführer vermelden, sein Stabsleiter sei neben der Partei nun auch der SA als Hauptsturmführer beigetreten. Bis 1941 wird er es zum Obersturmbannführer der SA bringen.

Im Kriegsjahr 1939 übernimmt von Mengden die Schriftführung des Blattes *NS-Sport*. Den Krieg feiert er als Verwirklichung der Parallele von Soldatentum und Sport, die er seit 1933 beschwört: »Diese unsere Kameraden folgen der Fahne Adolf Hitlers zwiefach: Als Soldaten und als Säeleute des Leibeserziehungs-Auftrages, den sie vom Führer erhalten haben. Ihr Saatbeet ist heute die ganze Weite des Volkes in Waffen geworden.«[30] Bis 1945 stellt von Mengden den Sport in den Dienst der Kriegspropaganda. Über den *NS-Sport* erreicht er die Soldaten an der Front, und in den Stadien lässt er Durchhalteparolen verbreiten. Nach der Kapitulation der 6. Armee vor Stalingrad, dem Wendepunkt des Krieges im Osten, fordert er: »Zu Beginn, nach der Pause, bei der Siegerehrung – mit wenigen Sätzen unseren unerschütterlichen Willen zu bekunden, im Glauben an den Führer den Kampf bis zum Siege durchzustehen.«[31] Am Ende des Krieges muss schließlich auch Guido von Mengden zur Waffe greifen. Er wird Kommandant eines Volkssturm-Bataillons.

Schon bald nach dem Krieg lässt von Mengden seine alten Beziehungen wieder spielen. Aus Berlin wendet er sich 1948 mit der Bitte um Hilfe bei seiner Entnazifizierung unter anderem an Peco Bauwens, der ja den Neuaufbau des DFB im Nachkriegsdeutschland betreibt, und an Carl Diem, ebenfalls herausragender Sportfunktionär im Dritten Reich. Die alten Kameraden helfen: Diem bescheinigt von Mengden, anfangs zwar vom Nationalsozialismus überzeugt gewesen zu sein, dessen »Hohlheit und Lüge«[32] aber letztlich durchschaut zu haben. Damit ist auch von Mengdens Weste wieder weiß. Schreiben will er allerdings vorerst nicht mehr: Dazu sehe er sich politisch und persönlich nicht in der Lage, informiert er im gleichen Jahr seinen Fürsprecher Diem. Guido von Mengden ist vorsichtig geworden …

Fünf Jahre nach Kriegsende lobt in der Jubiläumszeitschrift des DFB zum 50-jährigen Verbandsjubiläum der Autor Tyll van Rhyn den verstorbenen DFB-Präsidenten Felix Linnemann als »Idealisten reinsten Wassers«. Der wohlklingende rheinische Name des Verfassers ist allerdings ein Pseudonym: Guido von Mengden ist der Autor, dem der DFB die Laudatio auf Linnemann in seiner Festschrift gestattet. Die Resonanz ist positiv, und unter eigenem Namen macht Guido von Mengden in der Wirtschaftswunderzeit schließlich erneut Karriere im Sport: zunächst ab 1951 als Geschäftsführer der Deutschen Olympischen Gesellschaft, zehn

DFB-Präsident Linnemann (Mitte) will bei Nationalspielen mit der DFB-Elf glänzen, setzt dafür auch selbstherrlich Mannschaftsaufstellungen per Führerprinzip durch.

Jahre später steigt er dann zu deren Präsidialmitglied auf. Im gleichen Jahr vertritt er auch den deutschen Sport wieder olympisch: Er wird 1961 Mitglied des Nationalen Olympischen Komitees (NOK). Und zusätzlich lenkt er in Deutschland schnell wieder die sportlichen Geschicke, denn ab 1954 bringt er als Hauptgeschäftsführer des Deutschen Sportbundes seine Erfahrungen auch in den bundesdeutschen Sport ein.

Flugs ändert sich nun auch seine Ansicht von der Rolle des Sportes in der Gesellschaft: Erkannte er bei der Olympiade 1936 noch die von den Nazis gern beschworene Volksgemeinschaft als Grundlage des Sieges einzelner Sportler an (»Zu einem solchen letzten Einsatz ist der einzelne nur fähig, wenn er sich als Vollstrecker des Willens des ganzen Volkes fühlen kann.«[33]), so weiß er 1964 zu berichten: »Sport individualisiert, er kollektiviert nicht«[34], und die olympische Idee sei »dem Einzelmenschen zugewandt«[35]. Eine verblüffende Wendung um 180 Grad.

Dennoch weiß Guido von Mengden, dass seine Propagandafunktion im Dritten Reich ihn angreifbar macht. Kritische Betrachtungen, wie beispielsweise zum Sport in der DDR, dessen Funktionäre er als »Handlanger der Politik« bezeichnet, schreibt er sicherheitshalber unter seinem bewährten Pseudonym. Zu offenkundig wären die Parallelen, würde er unter eigenem Namen veröffentlichen. Bis 1971 wird er sich in verschiedenen Aufsätzen und Schriften immer wieder seines Pseudonyms bedienen.

Im hohen Alter von 84 Jahren unternimmt von Mengden unter eigenem Namen den Versuch, die bereitwillige Erfüllung nationalsozialistischer Forderungen durch die Sportverbände sowie die eigenen Propagandaparolen im Dritten Reich zu erklären. In seinen Augen ist es »eine geschichtliche Erfahrung, daß in einer Diktatur sich eine gesellschaftliche Gruppe, die von Herkommen und Substanz nicht ipso facto linientreu ist, nach außen hin besonders linientreu geben muß, wenn sie sich behaupten will«.[36] Ein selbst ausgestellter »Persilschein«, der den Erhalt der Gruppe über alles andere stellt. Die deutschen Sportfunktionäre wird es gefreut haben. Guido von Mengden, von Kritikern der »Generalstabschef des deutschen Sports« genannt, stirbt 1983.

Peco Bauwens

1922 gibt es keinen Deutschen Meister - und das, obwohl sogar zwei Endspiele ausgetragen werden. Der Schiedsrichter lässt im ersten Spiel am 16. Juni 1922 zwischen dem 1. FC Nürnberg und dem Hamburger SV 189 Minuten kicken, ehe er das Spiel als unentschieden anerkennt und abbricht. Im Wiederholungsspiel steht es 1:1, und nachdem der Schiedsrichter zwei Nürnberger des Platzes verwiesen hat und die Franken nach zwei Verletzungen schließlich nur noch sieben Spieler auf dem Platz haben, bricht er letztendlich auch dieses Spiel ab. Der HSV lehnt die Meisterehren, die ihm der DFB daraufhin anträgt, ab.

Der Schiedsrichter beider Partien heißt Peter Josef Bauwens, genannt »Peco«, geboren 1886. Der Sohn aus gutbürgerlichem Haus lernt bereits das Fußballspielen, als es noch als Arbeitersport und Fußlümmelei gilt. Fußball, zunächst nur erfolgreiche Therapie gegen eine drohende Beinamputation, beschert Bauwens die höchsten Auszeichnungen. Im Nationaldress läuft er 1910 gegen Belgien auf - es gibt allerdings eine 0:3-Pleite. Nach dem Ersten Weltkrieg folgt der entscheidende Schritt: Bauwens pfeift nun als Schiedsrichter, 1925 beruft ihn die FIFA als ersten Deutschen in ihre Gremien. Bauwens, seit 1910 mit zwei Brüdern in der Firmenleitung des familieneigenen Bauunternehmens, ist finanziell unabhängig, er brilliert in der Arbeit auf dem internationalen Parkett. Die Regelkommission wird sein Fachgebiet, und Fremdsprachenkenntnisse, die er als Jugendlicher in seinem Elternhaus erworben hat, erleichtern ihm die Arbeit. Sein Teilnachlass beim DFB umfasst Hunderte von Überlegungen zur Auslegung und Vereinheitlichung der FIFA-Regeln. 1932 beruft ihn das FIFA-Exekutivkomitee in seine Reihen; hier wird FIFA-Politik gemacht.

Nachdem die Nationalsozialisten an die Macht gekommen sind, tritt Bauwens, obwohl mit einer jüdischen Frau verheiratet, im Mai 1933 der NSDAP bei. Mit dünnem Bleistift findet sich auf seiner Mitgliedskarte aber auch der Eintrag, dass er der NSDAP aufgrund von Zahlungsdifferenzen bereits ein Jahr später nicht mehr angehört. Fest steht auch, dass er die deutschen Interessen auch nach dem Kriegsausbruch 1939 repräsentiert. So meldet er Reichssportführer Tschammer in einem Brief vom 28. Oktober 1939, er habe einen Vortrag über die Durchführung von Kriegsmeisterschaften gehalten, dem größte Beachtung der FIFA zuteil geworden sei. Bauwens lässt Tschammer wissen, er glaube damit zu einer Änderung »über manche teilweise absurde Auffassung bezüglich der Verhältnisse in Deutschland wesentlich beigetragen zu haben«.[37] Er informiert den Reichssportführer außerdem über sein Verhältnis zu den anderen Delegierten, die zum Teil den Krieg führenden Nationen angehören: »Die Sitzungen wie auch das inoffizielle Zusammensein gestalteten sich wie früher [...]«, allerdings moniert Bauwens, dass die FIFA ihm zu frankophil sei, ein deutscher Vizepräsident fehle. Zum Schluss gibt er Tschammer noch den Ratschlag, internationale Vereinsspiele nicht mehr durch offizielle Anfragen, die auch offizielle Absagen nach sich ziehen könnten, zu vereinbaren, sondern durch Vermittlung von Bekannten.

Bauwens' jüdische Ehefrau begeht im September 1940 Selbstmord, laut Bauwens auch wegen der nationalsozialistischen Rassenpolitik. Dennoch gibt er sich weiter systemkonform. Im gleichen Jahr fordert Guido von Mengden, Stabschef des Reichssportführers: »Wir wollen ein besseres Europa gestalten. Dazu sind, ganz nebenbei, auch die internationalen Sportverbände ein wenig mit aufzuräumen.«[38] FIFA-Mitglied Bauwens schreibt am 25. Oktober an von Mengden: »Wenn wir geschickt vorgehen, so können wir die heutige FIFA ganz unter den Einfluß der Achse bringen und England noch mehr vereinsamen, wie es schon ist.«[39] In der Nachkriegszeit liest sich das allerdings so: »Wäre ich nicht der schlechteste Mensch der Welt, wenn ich auch nur die kleinsten Handlan-

DFB-Präsident Peco Bauwens (rechts) und Geschäftsführer Georg Xandry (links) genießen nach dem Krieg hohes Ansehen im DFB. Dass beide 1933 der NSDAP beitraten, tut dem keinen Abbruch.

gerdienste für diejenigen getätigt habe, die meine Frau auf dem Gewissen haben? Wäre dem so, sollten sie mich mit Schimpf und Schande aus der FIFA rauswerfen«,[40] schreibt Bauwens 1945 dem FIFA-Präsidenten Jules Rimet.

Mit Kriegsende erfolgt die vorläufige Demontage des FIFA-Mitglieds Peco Bauwens: FIFA-Generalsekretär Schricker teilt ihm am 11. Oktober 1945 mit, dass die meisten Delegierten seine Teilnahme an einer Sitzung am 10. November 1945 nicht wünschen.[41] Bauwens ahnt, was folgt, und verfasst am 29. Oktober 1945 den oben erwähnten Brief an Rimet, in dem er auf den Tod seiner Frau verweist. Gegen Vorwürfe, sich der sportlichen Spionage für das nationalsozialistische Deutschland schuldig gemacht zu haben wird er sich während seiner gesamten weiteren Karriere noch häufiger wehren müssen.

Am 11. November 1945 erhält Bauwens ein Telegramm, dass Deutschland in der FIFA nicht mehr vertreten sei, da es auch keinen DFB mehr gebe. Bauwens will das nicht so einfach wahrhaben. Am 15. November

1945 bittet er den FIFA-Generalsekretär, das Telegramm vom 11. November klarzustellen.[42] Aber es bleibt bei der Entscheidung, und damit sind Länderspiele sowie internationale Begegnungen von Vereinsmannschaften untersagt. In den nächsten Jahren setzt Bauwens alles daran, mit Deutschland wieder in die internationalen Gremien zurückzukehren. Dazu muss sich aber zuerst der DFB wiedergründen.

Zwei Hindernisse muss Bauwens nun überwinden. Zum einen macht die Einheitssportbewegung dem DFB seinen bisherigen Platz im deutschen Sport streitig. Die einzelnen Sportarten sollen sich spartenübergreifend zu großen Organisationen zusammenschließen und so gemeinsam den Wiederaufbau des Sports von zentraler Stelle aus neu organisieren. Einzelne Fachverbände wie der DFB drohen damit überflüssig zu werden. Doch Bauwens hat aus dem Misstrauen der Alliierten gegenüber dem 1938 gegründeten NSRL gelernt: Eine »Zentralisierung komme dem deutschen Wesen und der deutschen Krankheit nahe«[43], diskreditiert er die Idee des Einheitssportverbandes, die nach dem Krieg viele Anhänger auch unter den Alliierten hat. Noch im Januar 1949 schreibt Bauwens, es sei »keine zentralistische Dachorganisation beim Fußball gewünscht, wie es zum Beispiel Landessportbünde sind«.[44] Bauwens will den alten Fachverband DFB wiedergründen, und wie der auszusehen hat, schreibt 1949 sein Mitstreiter Schaffner in einem Brief an ihn: Er solle eine »straffe Organisation«[45] gegen die Einheitssportler anstreben.

Von einem ersten großen Schritt berichtet Bauwens am 21. Februar 1947. Wenige Tage zuvor hat eine Tagung von Fußballvertretern aller vier Zonen stattgefunden, deren Ziel laut Bauwens vor allem die deutsche Repräsentation und die Anbahnung internationaler Beziehungen ist. Darüber hinaus versucht Bauwens, Fakten auf dem Spielfeld zu schaffen: Er bittet FIFA-Generalsekretär Ivo Schricker, mit dem ihn eine lange Freundschaft verbindet, sich für eine Spielgenehmigung deutscher Vereine gegen ausländische Clubs einzusetzen. Und Bauwens ist hartnäckig. Er drängt so lange, bis Schricker ihm in einer knappen ablehnenden Antwort die entscheidenden Passagen auch noch unterstreicht: »Die Anbahnung von Beziehungen über die Grenzen hinaus muß *von außerhalb* kommen – *jede andere Initiative erreicht das Gegenteil des gewünschten Erfolges.* Ist es wirklich so schwer, das zu verstehen?«,[46] lautet Schrickers genervte Antwort.

Das zweite große Problem für eine Wiederherstellung der alten Strukturen im Fußball ist das Fachpersonal. Zum Teil sind die alten Funktionäre, die nach dem Krieg wieder auftauchen, als Parteimitglieder belastet und an der Spitze der Fußballorganisation nicht präsentabel. Sie sind aber fachkundig und willens, zusammenzuarbeiten. Auch Bauwens ist 1933 in die Partei eingetreten, kann aber auf die Ehe mit einer jüdischen Ehefrau und deren tragischen Tod im Dritten Reich verweisen. Er steht an der Spitze der DFB-Wiedergründungsbewegung, deren Erfolg allein für ihn ausschlaggebend ist: »Bei den hohen Idealen, die wir vertreten, hört die Demokratie auf.«[47] Organisatorisch hat Bauwens im April 1948 diese Wiedergründung schon weit vorangetrieben. Er ist Vorsitzender des Arbeitsausschusses für Fußball in den Westzonen, der sich bald in »Deutscher Fußball-Ausschuss« umbenennt – somit nur noch einen Buchstaben vom Ziel entfernt. Bauwens versäumt nicht, dies der FIFA mitzuteilen. Im gleichen Jahr genehmigen die alliierten Behörden erstmals, eine deutsche Fußballmeisterschaft durchzuführen. Dies jedoch unmissverständlich unter der Auflage, dass damit keine gefestigte Organisation entsteht, die internationale Geltung hat. Erster Nachkriegsmeister der Westzonen wird der 1. FC Nürnberg.

»Skandal« ist noch das Geringste, was die internationale Presse im gleichen Jahr schreibt, doch Peco Bauwens ist zufrieden: 1948 kann er endlich die ersten internationalen Begegnungen deutscher Clubs vermelden. In drei Städtespielen begegnen sich deutsche und Schweizer Mannschaften in deutschen Stadien. Prompt verlangt die FIFA eine Bestrafung der Schweizer Clubs, und der SFV verhängt eine Strafe von 1 000 Schweizer Franken. Die zahlen die Leser der Schweizer Fußballzeitung *Sport*. Die Redaktion hatte um Spenden gebeten … Allerdings finden die Rückspiele nicht statt. Ernst Thommen, Zentralpräsident des Schweizer Fußball-Verbandes, bittet Bauwens, aufgrund der Schwierigkeiten mit der FIFA davon abzusehen. Außerdem wäre eine Wiederaufnahme des DFB in die FIFA nach seiner Einschätzung damit langfristig gefährdet. Bauwens stimmt zu; in seinem Kalkül spielt die Schweiz längst eine andere Rolle: »Ich weiß, daß Sie Ihr Ziel, daß Sie sich gesteckt haben, nicht aus den Augen verlieren, und es dennoch erreicht wird.«[48]

Im Jahr 1948 positioniert Bauwens die DFB-Wiedergründungsbewegung an zentraler Stelle im deutschen Fußball: Er informiert FIFA-Generalsekretär Schricker über Kontakte von Schweizer Arbeitersportvereinen zur deutschen Sportbewegung. Eine Wiederherstellung der Arbeiter-Turn- und Sportvereine, die einst Hitler zerschlagen hatte, würde jedoch für den

Der DFB und sein Prunkstück: die Nationalmannschaft. Die Wiedergründung des DFB nach dem Krieg und der Gewinn der Weltmeisterschaft 1954 ist auch das Werk ehemaliger NSDAP-Mitglieder um DFB-Präsident Peco Bauwens (sitzend, Mitte).

DFB auch die Konkurrenz mit anderen Verbänden wie vor 1933 bedeuten und kommt Bauwens deshalb nicht gelegen. »Wir haben hier in Deutschland keine Arbeiter-Turn- und Sportverbände und anderes mehr, eine erfreuliche Feststellung. Es könnte leicht diese schöne Entwicklung gestört werden durch Beeinflussung von Separatverbänden aus dem Ausland.«[49] Bauwens' Befürchtung erweist sich in der Folge als unbegründet: Nie wieder wird die Arbeiter-Turn- und Sportbewegung in Deutschland die Stärke erlangen, die sie vor der Machtergreifung Hitlers innehatte.

Stolz präsentiert sich der erste Vorstand des DFB 1949 auf einem Gruppenbild: Anlässlich des Endspiels um die Deutsche Meisterschaft 1949 gründet der bisherige Deutsche Fußball-Ausschuss den DFB offiziell wieder, und der Vorsitzende ist selbstverständlich Peco Bauwens. Allerdings verstoßen die Männer um Bauwens hiermit gegen Besatzungsrecht, denn sie hielten es zuvor nicht für nötig, die Genehmigung der zuständigen alliierten Behörden einzuholen. Im Januar 1950 muss der DFB die Gründung deshalb offiziell wiederholen. Von den Mitgliedern des Vorstandes besaßen neben Peco Bauwens übrigens Carl Arpe und Hans Körfer das Parteibuch der NSDAP.

Noch fehlt die internationale Anerkennung, doch nach der Wiedergründung des DFB zahlen sich Bauwens' gute Kontakte in die Schweiz aus. Die beantragt im Juni 1950 bei der FIFA, den DFB wieder aufzunehmen. Was den Deutschen Fußball-Bund angeht, ist Bauwens kurz darauf am Ziel, denn die FIFA gibt dem Schweizer Antrag statt. Im November läuft erstmals wieder eine deutsche Nationalelf auf. Gegner ist die Schweiz. »Man spielt wieder mit uns«, ist das allgemeine Echo in der Bevölkerung. Deutschland gewinnt 1:0.

Vier Jahre darauf feiert Bauwens seine Rückkehr auf das internationale Parkett. Die Europäische Fußball-Union (UEFA) wählt auf ihrer Tagung in Wien den DFB-Vorsitzenden in das Exekutivkomitee des Verbandes. Im gleichen Jahr erlangt der DFB unter Bauwens' Führung Weltgeltung: Deutschland wird Fußballweltmeister 1954. Die Rückkehr aus der Schweiz nach dem 3:2 über Ungarn feiern Hunderttausende von Menschen. Nationalistische Töne bei der Siegesfeier in München schaden seinem Ruf nicht, mit dem Titelgewinn haben Vorwürfe gegen den DFB ihre Berechtigung verloren: »Dieser Sieg hat gezeigt, daß es keine Schlacken auf dem Sport und dem deutschen Volk mehr geben kann«,[50] wischt Bauwens die Vergangenheit beiseite.

»Was hier passiert ist, grenzt an Volksverhetzung. Nie mehr werden wir dieses Land betreten, nie mehr werden wir gegen Schweden spielen«,[51] lässt er weitere vier Jahre später die ebenfalls entrüstete deutsche Öffentlichkeit wissen, als Deutschland bei der WM 1958 im Halbfinale gegen den Gastgeber Schweden ausscheidet. Zehntausende Schweden auf den Rängen feuern ihre Mannschaft lautstark an, unterstützt von Fahnenschwenkern mit Megafonen in den Blöcken. In der zweiten Hälfte muss der deutsche Spieler Juskowiak nach einem rüden Foul den Platz verlassen, erschwerend kommt hinzu, dass Fritz Walter nur noch humpelnd spielen kann. Nachdem es zuvor 1:1 stand, schießen die Schweden in dieser Situation zwei Tore zum 3:1-Endstand. Bauwens wittert Missgunst und Verrat an Deutschland. Unterstützt wird er dabei tatkräftig von der deutschen Fachpresse: »Was haben wir den Schweden getan? In beiden Weltkriegen hat kein deutscher Soldat schwedischen Boden betreten!«[52]

Bis 1962 wird Peco Bauwens dem DFB vorstehen. Unter seiner Präsidentschaft fällt der Entschluss zur Gründung der Bundesliga.

17. Erich wirft die Keule

Die Neuorganisation des Sports in der DDR

Der erste DDR-Fußballmeister

Die erste Fußballmeisterschaftssaison der frisch gegründeten DDR findet 1949/50 statt und endet gleich mit einem handfesten Skandal, in den auch die politische Führung verwickelt ist. Am letzten Spieltag der DDR-Oberliga stehen sich die beiden Mannschaften ZSG Horch Zwickau und die SG Dresden-Friedrichstadt gegenüber. Die Zwickauer sind bereits eine Betriebssportgruppe, so wie die Partei sich das vorstellt. Und die Horch-Werke, bei der die meisten Spieler ihr Geld verdienen, gelten als Inbegriff des wirtschaftlichen Neuanfangs und als Hoffnungsträger für den Aufschwung der Planwirtschaft. Hier werden zunächst Traktoren gefertigt, später erste PKW und schließlich der legendäre Trabi. Die SG Friedrichstadt dagegen ist hervorgegangen aus dem Dresdner SC, jenem bürgerlichen Club, der nicht nur der letzte Meister des faschistischen Deutschland gewesen ist, sondern auch als Günstling des Wehrbezirkskommandos bis zum Schluss mit der kompletten »Friedensbesetzung« spielen durfte. »Die Dresdner galten in der SED als Mannschaft der bürgerlichen Bonzen«,[1] erinnert sich Wolfgang Hempel, damals Sportreporter des DDR-Hörfunks. Trotzdem ist die Mannschaft um den Techniker Helmut Schön und den damals populärsten Ost-Spieler und Stürmer Richard Hofmann nicht nur in und um Dresden sehr beliebt. Schließlich sind die Meisterkicker der letzten Kriegsjahre immer noch die Idole vieler Fußballanhänger.

Die ZSG Horch Zwickau und die SG Friedrichstadt liegen jedenfalls am Ende der Fußballsaison punktgleich an der Tabellenspitze. Bis drei Spieltage vor Schluss hatte Zwickau schon wie der sichere Meister ausgesehen, doch während den Horch-Kickern am Ende die Luft ausging, konnten die Dresdner ihre Spiele gewinnen. So kommt es also am letzten Spieltag zum entscheidenden Aufeinandertreffen im Dresdner Heinz-Steyer-Stadion, das immerhin 60 000 Zuschauer fasst. Das Spiel des Jahres in der DDR. Für 15 Uhr ist es angesetzt, doch schon in der Nacht haben Fans auf dem Sportplatz übernachtet, um sich ihren Platz zu sichern. Und bereits im Laufe des Vormittags hat sich das Stadion restlos gefüllt, auf dem Schwarzmarkt sind 100 Mark für eine Karte bezahlt worden.

Neunzig Minuten später fühlt sich das Publikum um sein Geld und sein Vergnügen betrogen. Nicht die Niederlage der Dresdner - das Spiel endet 5:1 für Zwickau -, sondern die Art, wie sie zustande kommt, löst den Ärger aus. Die Spieler der Betriebssportgruppe gehen äußerst rustikal zu Werke, nach grobem Foul muss der Dresdner Spielführer Kreische bereits Mitte der ersten Halbzeit verletzt das Spielfeld verlassen. Und auswechseln ist damals noch verboten. Nicht nur das Foul an Kreische übersieht der Schiedsrichter, auch in der Folgezeit werden die Zwickauer durch den Mann in Schwarz begünstigt. Selbst das Parteiorgan *Neues Deutschland* notiert später: »[...] eine sehr schlechte Leistung des Schönebecker Schiedsrichters Schmidt, der seinem Amt in keiner Weise gewachsen war.«[2] Natürlich vermuten die Dresdner Spieler und die meisten Zuschauer eine »höhere Weisung« an den »Un«parteiischen. »Dieser Verdacht konnte allerdings nie erhärtet werden«, erinnert sich Wolfgang Hempel. »Aber es war natürlich klar, dass dieses Ergebnis einigen Gästen auf der Ehrentribüne im Stadion besonders gut passte.« Gemeint sind der Parteivorsitzende Walter Ulbricht sowie der Vorsitzende des Deutschen Sportausschusses und spätere Präsident des Deutschen Turn- und Sportbundes Manfred Ewald.

Die Anwesenheit der Politprominenz aus Berlin hindert die Zuschauer allerdings nicht daran, ihrer Wut über das »geschobene« Spiel nach dem Schlusspfiff freien Lauf zu lassen. Es kommt zu regelrechten Ausschreitungen, das Schiedsrichtergespann kann nur unter Polizeischutz aus dem Stadion geführt werden, selbst Spieler der ZSG Horch Zwickau werden von aufgebrachten Fans angegriffen. Mit Reiterstaffeln gelingt es der Polizei schließlich, die Lage zu beruhigen.

Die anschließende Meisterfeier findet dann in kleinem Kreis statt. Walter Ulbricht tut zunächst kund, wie viel er von dem versteht, was auf dem grünen Rasen abgelaufen ist. Die Zwickauer, näselt er, seien ihm von Beginn an sympathisch gewesen, »weil ihr die roten Hemden getragen habt«.[3] Bei dieser Feier setzt sich der Skandal fort. Ulbricht, der sich ausdrücklich darüber freut, dass »es gerade die Mannschaft eines volkseigenen Betriebes ist, die die ersten Meisterehren in der DDR erwarb, womit die Richtigkeit des Weges der demokratischen Sportbewegung erwiesen ist«,[4] Ulbricht also feiert »seine« Zwickauer, während er den unterlegenen Gegnern nicht einmal gratuliert und sie vollständig ignoriert. Hans Kreische, der verletzte Spielführer der Dresdner, erinnert sich: »Wir saßen da wie die dummen Jungs, wurden überhaupt nicht beachtet. Da haben wir uns leise abgesprochen, sind aufgestanden und rausgegangen. Was sollten wir dort noch? Wir sind als Mannschaft ins Stadion gefahren und haben mit unseren Fans im Ostragehege gefeiert. Bis früh haben wir Bier getrunken.«[5]

Dies ist der letzte Auftritt der Mannschaft der SG Dresden-Friedrichstadt. Wenige Tage später wird der Club wie alle anderen in einen Betriebsclub verwandelt und gehört fortan zum VVB Tabak. Doch auch dieser Club tritt nicht zu Meisterschaftsspielen an, denn die gesamte Mannschaft bis auf zwei Spieler, darunter Kapitän Kreische, hat sich inzwischen in den Westen abgesetzt. Durch Vermittlung von Fußballfan Ignaz Bubis kommen die Dresdner zunächst nach Berlin zur dortigen Hertha. Ein Teil der Spieler versucht später sogar, den Mythos Dresden noch einmal wiederzubeleben und gründet in Heidelberg einen neuen DSC. Doch in der fremden Umgebung, zumal in einer Stadt, die bislang fußballerisch kaum in Erscheinung getreten ist, misslingt der Neuanfang. Einige Spieler gehen später in die DDR zurück, die meisten aber folgen Helmut Schön nach Berlin zu Hertha BSC.

In der DDR wirkt die Flucht der Dresdner wie ein zusätzlicher Beweis dafür, dass es der Fußball unter den herrschenden Bedingungen nicht leicht haben würde. Wie hat doch Helmut Schön kurz nach der Ausreise erklärt: »Wir sind hierher gekommen, weil wir unserer Lieblingsbeschäftigung, dem Fußballspielen, wieder ungehindert nachgehen wollen.« Die Öffentlichkeit erfährt damals übrigens nichts von der spektakulären Übersiedlung der ganzen Dresdner Mannschaft in den Westen. Die Partei hat striktes Schweigen verordnet. Selbst die *Fußballwoche,* ein beliebtes Pendant zum West-*Kicker,* darf weder über die Flucht noch über die Gründung der VP Dresden berichten.

Nachfolger des Dresdner Traditionsclubs DSC soll nach dessen Flucht im Jahr 1950 die örtliche Sportpolizeimannschaft werden, die, auf »höhere Weisung« verstärkt, das Dresdner Fußball-Publikum den alten DSC vergessen lassen soll.

Sport als Fortsetzung der Politik mit anderen Mitteln

Während der Fußball also seine erste Meisterschaft und seine ersten Skandale erlebt, während nicht zum letzten Mal Spieler ihr Land Richtung Westen verlassen, werden auf anderen Ebenen die sportpolitischen Weichen der sozialistischen Republik DDR gestellt. Die SED misst dem Sport so große Bedeutung zu, dass er sogar Teil der neuen Verfassung wird. Sport soll die »körperlichen, geistigen und sittlichen Kräfte« der Bürger entfalten. Im ersten Fünf-Jahres-Plan spielt der Aus- und Aufbau der Sportstätten eine wichtige Rolle, mit dem Ziel, Sport »zum aktiven Faktor des gesellschaftlichen Fortschritts« werden zu lassen. Bei den Sportarten, auf die es den Funktionären ankommt, spielt Fußball nur eine untergeordnete Rolle. Andere, unmittelbar der Kräftigung der »Kampfbereitschaft« und »Wehrfähigkeit« dienende Sportarten stehen auf der Liste ganz oben. Mit teilweise aus heutiger Sicht kuriosen Begleiterscheinungen. So wird tatsächlich der Keulenweitwurf ausgeübt, gewissermaßen eine zivile Variante des zuvor in HJ-Kreisen beliebten Granatenweitwurfs, und Erich Honecker, der schon nicht mehr ganz so jugendliche Chef der FDJ, lässt sich beim Keulenwerfen ablichten.

Dass Fußball sich längst zum Volkssport entwickelt hat und beispielsweise der Dresdner Stürmer »Moppel« Schröter eher zum Idol taugt als der keulenschwingende Honecker, das müssen aber selbst die SED-Strategen einsehen. Auch wenn es ihnen ganz persönlich schwer fällt, denn die gesamte Führungsriege der Partei kommt aus der Turnbewegung und kann dem runden Leder nichts abgewinnen. (Das ändert sich erst ein wenig, als der spätere Stasi-Leiter und Fußballfan Erich Mielke an Einfluss gewinnt.) Nein, dem Politbüro ist dieser Sport gründlich suspekt, und das schon deswegen, weil sich ein Erfolg der eigenen Mannschaft so gar nicht planen lässt. Und wenn man es doch versucht, wie vielleicht bei der ersten Meisterschaft, ist das Volk auch noch undankbar. Hinzu kommt, dass man viele Fußballer für politisch unzuverlässig hält. Herbert Pohl, in den ersten Nachkriegsjahren Mitglied der Mannschaft der SG Friedrichstadt-Dresden, erinnert sich an einen Städtevergleich zwischen Dresden und Leipzig, der für ihn unangenehme Folgen haben sollte: »Das war am Tag der Revolution. Helmut Schön, eigentlich der Spielführer der Städtemannschaft, war krank oder es war sonst was, jedenfalls, er war nicht dabei. Der nächste war dann ich. Und vor dem Spiel musste ein Papier zu Ehren der Revolution verlesen werden. Ich ging also rauf ans Mikrofon und sagte, so auf meine Art: ›Gib' mal her, den Mist.‹ 25 000 Zuschauer lachten aus voller Kehle. Dann habe ich das Papier so mit monotoner Stimme verlesen.«[6] Ein paar Tage nach dem Spiel wird Pohl prompt zum Verhör gebeten. Und dort stellt er verblüfft fest, dass man ihm nicht nur sein Verhalten beim Städtespiel zum Vorwurf macht. »Die konnten mir sämtliche Witze wieder erzählen, die ich mal im Zug oder so erzählt hatte. Da mussten also ein paar Spitzel auch unter den Spielern gewesen sein.« Pohl kommt übrigens noch einmal davon, denn sein damaliger Mannschaftsbetreuer, obwohl linientreu, will einen seiner wichtigsten Spieler nicht verlieren. »Der sagte«, erinnert sich Pohl weiter, »›der Pohl ist so ehrgeizig, der war viel zu aufgeregt vor dem Spiel, da passiert so was schon mal‹.« Die Politkommissare geben sich vorerst zufrieden. Aber wer die Spitzel unter den Mannschaftskameraden gewesen sind, hat Herbert Pohl nie in Erfahrung bringen können. Oder wollen.

Die Schwerpunkte, die der DDR-Sport setzt, liegen also woanders als beim Fußball. Dabei schwebt der SED nicht nur ein Sport treibendes Volk insgesamt vor, man will auch Spitzenleistungen, die sich nach außen wie nach innen propagandistisch nutzen lassen. Um Talente gezielt zu fördern, wird bereits 1951 die flächendeckende Einrichtung von so genannten Kinder- und Jugendsportzentren (KJS) beschlossen. In diesen Zentren sollen Kinder und Jugendliche, deren Talent an der Schule aufgefallen und »nach oben« weitergereicht worden ist, zusammengebracht und trainiert werden. Es ist sicher kein Zufall, dass im gleichen Jahr auch die Entwicklung eines eigenen Sportärztewesens der DDR eingeleitet wird. Die KJS sollen sich übrigens in der Folgezeit verheerend für den Fußball auswirken. Denn die DDR-Sportplanung überlässt es keineswegs den Kindern oder ihren Eltern, zu wählen, welchen Sport der talentierte Nachwuchs treiben möchte. Mit Hilfe der Ärzte und Trainer wird die jeweils am besten geeignete Sportart ermittelt. So kommen beispielsweise so gut wie nie Nachwuchskicker aus den Wintersportgebieten der DDR. Denn wer dort Bewegungstalent zeigt, wird eben zum Skispringer, Bobfahrer oder Rodler gemacht.

Walter Ulbricht, der in jenen Tagen mächtigste Mann der DDR-Führungsriege, hat früh den propagandistischen Nutzen des Leistungssports entdeckt. Mit herausragenden Leistungen vor allem in Disziplinen, in denen nach Minuten und Sekunden oder nach Metern und Zentimetern gemessen wird, könnte sich die DDR eine internationale Anerkennung verschaffen, die ihr auf der politischen Bühne vorerst versagt bleibt. Spitzenzeiten, -höhen oder -weiten würden selbst dann in der Weltöffentlichkeit wahrgenommen werden, wenn sie zunächst nur in Wettbewerben erzielt würden, bei denen die sozialistischen Staaten unter sich blieben. Dabei zählen Leistungen für die Sportplaner der DDR vor allem im Vergleich zu den Leistungen bundesdeutscher Sportler. Schon für 1952 hat der Plan eine Überlegenheit der DDR-Sportler über die BRD-Sportler vorgesehen. Dieses Ziel wird jedoch verfehlt. Noch. Denn 1953/54 gelingen den DDR-Sportlern in den Bereichen Schwimmen und Leichtathletik einige überragende Leistungen, die den internationalen Durchbruch auf der Ebene des Sports vorbereiten.

Doch vorerst bleibt die internationale Bühne für die DDR noch beschränkt auf Spartakiaden oder Jugendfestspiele der sozialistischen Welt. Schon bei den Weltjugendfestspielen im Herbst 1949 darf eine DDR-

Mannschaft antreten. Dieses erste internationale Auftreten von ostdeutschen Sportlern wird von der SED und der ihr verpflichteten Presse propagandistisch genutzt. Und die nächsten Spiele 1951 in Ost-Berlin sind für die DDR erst recht eine Präsentationsfläche. Lediglich die Fußballmannschaft, die aufgrund fehlender Anerkennung durch die FIFA offiziell als Gewerkschaftsmannschaft antritt, zeigt wieder einmal wenig sozialistischen Geist. Herbert Pohl, der Dresdner, ist nun Spielertrainer der ostdeutschen Mannschaft, weil Helmut Schön, der eigentliche Trainer, inzwischen geflohen ist. Pohl erinnert sich, dass man im Spiel gegen Ungarn schnell in Führung ging. »Dann habe ich unserer Mannschaft gesagt, wir führen die mal ein bisschen vor, lassen die ins Leere laufen, damit das Publikum auch was zu lachen hat.« DDR-Sportchef Manfred Ewald und Walter Ulbricht, die beide auf der Tribüne sitzen, gefällt der wenig diplomatische Auftritt der Kicker überhaupt nicht. »Der Ewald und der Ulbricht, die kamen dann nach dem Spiel zu mir. ›Gut gespielt‹, sagten sie. ›Aber politisch völlig daneben.‹ Da habe ich zum ersten Mal begriffen, dass man auch politisch Fußball spielen kann.« Weitere Erfahrungen in dieser Hinsicht will Herbert Pohl dann aber doch nicht mehr machen. Er folgt seinen früheren Mannschaftskameraden und geht in den Westen. Wuppertal wird seine zweite Heimat werden.

Die DDR-Führung benutzt den Sport in den Jahren zwischen 1949 und 1957 gewissermaßen als Ersatz für Politik beim Bemühen um internationale Anerkennung. Diplomatisch anerkannt wird der neue Staat in diesen Jahren nämlich lediglich von zwölf anderen Regierungen in der Welt. Im Gegensatz dazu gelingt den nationalen Sportverbänden peu à peu die Aufnahme in die internationalen Dachorganisationen. Dabei gelingt es ihnen häufig, nicht zuletzt dank der guten Leistungen ihrer Sportler, an denen man international nicht mehr vorbeikommt, sich als eigenständige nationale Vertretung neben derjenigen der Bundesrepublik zu etablieren.

Dabei gehen die DDR-Vertreter diplomatisch und strategisch geschickt vor, denn die Sportfunktionäre werden ständig politisch-juristisch, sportfachlich und diplomatisch geschult. Darüber hinaus hat man rasch begriffen, dass es vor allem darauf ankommt, die Vertreter neutraler Staaten für die eigenen Interessen zu gewinnen. So werden immer wieder wichtige Mitglieder von Entscheidungsgremien zu »Informations«-Aufenthalten in die DDR eingeladen, bei denen es ihnen an nichts fehlt. Ein typisches

Beispiel für den Erfolg dieser Strategien ist auch die Aufnahme des Deutschen Fußball-Verbandes der DDR (DFV) in die FIFA. Nachdem der DDR nacheinander die Aufnahme in die internationalen Verbände im Schwimmen, Skifahren, Tischtennis, Volleyball und Ringen gelungen ist, wird auch ein Antrag auf Aufnahme in die FIFA gestellt. Da mit dem DFB bereits ein deutscher Fußballverband aufgenommen worden ist und nach Einschätzung der DDR-Strategen kaum Aussichten auf eine Parallelmitgliedschaft bestehen, stellt man einen Antrag beim so genannten Dringlichkeitskomitee – die Qualifikation zur WM 1954 steht nämlich vor der Tür. Dort gelingt eine »provisorische Aufnahme«, die beim FIFA-Kongress bestätigt werden muss. Es ist der Finne Erik von Frenckell, einer der vier Stellvertretenden Vorsitzenden und auch bereits Gast in Ost-Berlin, der eine Formel für die delikate Eingliederung des DFV findet. Die Aufnahme erfolge demgemäß provisorisch, solange Deutschland nicht wiedervereinigt sei. Nach einer Wiedervereinigung sei selbstverständlich nur ein Vertreter des deutschen Fußballs zuzulassen. Damit ist die Aufnahme gelungen. An der Qualifikation zur WM in der Schweiz kann sich trotzdem keine DDR-Mannschaft mehr beteiligen. Dafür ist es inzwischen zu spät, da die Qualifikationsgruppen bereits eingeteilt sind.

So ist der DDR zwar mit der Aufnahme in die FIFA ein weiterer Erfolg im Bemühen um internationale Anerkennung gelungen, dem weitere Aufnahmen in andere internationale Sportgremien folgen. Doch nach dem WM-Titel 1954 für die Mannschaft der Bundesrepublik wird es für den Fußball in der DDR eher noch schwieriger. Denn klar ist nun, dass zumindest die Nationalmannschaft immer mit der Auswahl des anderen Teils verglichen werden würde. So bleibt sie ein wenig gefördertes Stiefkind des DDR-Sports. Man spielt zunächst ausschließlich gegen Teams aus den sozialistischen Bruderländern.

Das erste offizielle Länderspiel der DDR wird am 21. September 1952 in Warschau gegen Polen ausgetragen. Ein Spiel mit brisantem Hintergrund. Zwar ist Polen inzwischen befreundetes Ausland, doch das Leid, das Deutsche den Polen zugefügt haben, ist sieben Jahre nach Kriegsende noch nicht vergessen. Die Mannschaft, obwohl 70 Minuten mindestens gleichwertig, verliert am Ende »politisch korrekt« mit 0:3. Ohnehin findet die Auswahl der DDR in den ersten Jahren ihrer Existenz nicht zu einer Kontinuität. Einerseits nicht gefördert, soll das Team andererseits doch möglichst erfolgreich spielen. So kommen in den ersten sechs Spielen 37 Spieler zum Einsatz. Den ersten Sieg erspielt sich das Team schließlich 1955 mit einem 3:2 über Rumänien. Und erst bei der Qualifikation für die WM 1958 wird im Mai 1957 erstmals gegen ein Team aus der westlichen Welt gespielt. Zwar gewinnt die DDR das erste Spiel in Leipzig, doch die Qualifikation zur WM in Schweden wird verpasst. Und die Geschichte der DDR-Auswahl liest sich auch in den Folgejahren bis zum Ende der DDR 1989 wie eine einzige Geschichte von verpassten Chancen. Typisch ist dafür sogar der größte Triumph einer DDR-Mannschaft, jenes 1:0 gegen die bundesdeutsche Auswahl bei der Fußballweltmeisterschaft 1974 in der Bundesrepublik. Zwar gewinnt das Team des damaligen Trainers Georg Buschner durch das berühmte Tor von Jürgen Sparwasser. Weltmeister allerdings wird wenig später das besiegte Team aus der Bundesrepublik. Trainer dieser Mannschaft ist selbstverständlich Helmut Schön, jener Helmut Schön, der eigentlich nach dem Krieg als DDR-Nationaltrainer vorgesehen war, jener Helmut Schön, der sich noch rechtzeitig mit seinen Mannschaftskameraden vom Dresdner SC in den Westen absetzen konnte.

Auch der Vereinsfußball der DDR tut sich schwer mit der verordneten Nähe von Sport und Ideologie. In ihre zweite Saison geht die DDR-Oberliga ja bereits mit der Hypothek eines möglicherweise zugunsten der Parteilinie manipulierten Spiels. In gewisser Weise ziehen die Genossen um Manfred Ewald aus dieser Erfahrung ihre Konsequenzen. Fortan hält sich die Politik aus dem konkreten Spielablauf heraus. Eingegriffen wird trotzdem. Nur wesentlich früher, schon beim Aufbau einer Mannschaft.

Die Mannschaft der SG Dresden-Friedrichstadt ist inzwischen in Heidelberg angekommen und bemüht sich erfolglos um eine West-Variante des DSC-Mythos. Da etabliert sich, wieder in Sachsen, eine Mannschaft, die in ihrem spielerischen Vermögen, ihrem Auftreten und dementsprechend bald auch in Sachen Popularität in die Fußstapfen der Dresdner treten kann: die Mannschaft von Chemie Leipzig. Ähnlich wie die Dresdner sind allerdings auch die Leipziger manchen Parteifunktionären ein Dorn im Auge, haben sie doch, wie so manches Team im Westen, einen Gastwirt als inoffiziellen Sponsor, der sich um das leibliche Wohl der Kicker kümmert, die ansonsten bei »Lacke und Farben Leipzig Leutzsch« ihr Geld verdienen müssen und dort keinen Pfennig mehr bekommen als die nicht Fußball spielenden Kollegen. Die Extras durch den guten Draht zum Wirt vom »Weißen Roß« werden von den gestrengen regionalen Kadern rasch als »bürgerliche Verhaltensweise« eingestuft. Der Beliebtheit der Leipziger in der Öffentlichkeit tut dies allerdings keinen Abbruch.

Die Hauptkonkurrenten von Chemie Leipzig im Kampf um die DDR-Meisterschaft sind Turbine Erfurt und Motor Zwickau. Zwickau – jene Mannschaft, die im Vorjahr, noch als Horch Zwickau, durch den »anrüchigen« Sieg über die SG Dresden-Friedrichstadt DDR-Meister geworden war. Die Begleitumstände dieses Spiels sind auch dem Leipziger Publikum trotz Nachrichtensperre nicht verborgen geblieben. Prompt kommt es beim Gastspiel der Zwickauer in Leipzig zu Ausschreitungen. Das Spiel Chemie Leipzig gegen Motor Zwickau endet 2:2, und nachdem aufgebrachte Chemiefans den Platz gestürmt haben, werden die Leipziger mit einer Platzsperre bestraft.

Am Ende der Saison aber stehen Chemie Leipzig und Turbine Erfurt punktgleich an der Tabellenspitze. Da das Torverhältnis damals nicht zählt, wird ein Entscheidungsspiel angesetzt – ausgerechnet in Zwickau. Nach einem packenden Kampfspiel vor 60 000 Zuschauern, in dem die Leipziger spielerische Vorteile haben, gewinnt Chemie mit 2:0 und wird damit der zweite Meister der DDR. Und auch diese Mannschaft, deren Spieler längst Volkshelden in der sächsischen Metropole geworden sind, wird bald nach der gewonnenen Meisterschaft auseinander gerissen. Dabei hat man gerade alles in die Wege geleitet, um die Spitzenposition zu festigen: Die Mannschaft soll mit vielversprechendem Nachwuchs aus der eigenen Jugendarbeit und mit guten Spielern aus dem Umfeld verstärkt werden, namhafte Gegner werden zu Freundschaftsspielen verpflichtet, man plant gar eine Auslandsreise. Da kommt der Befehl aus Berlin, ab sofort seien acht Mitglieder der Meistermannschaft zum Team der kasernierten Volkspolizei abzuordnen, das bis dahin unter dem Namen Vorwärts Leipzig mit mäßigem Erfolg in den unteren Tabellenregionen spielt. Das Rückgrat der Elf ist damit weg. In einer Trotzreaktion baut Chemie eine neue Mannschaft auf, die in der folgenden Saison immerhin den dritten Platz der Oberliga belegt und damit einen weiteren höchst populären Mythos schafft, den so genannten »Chemie-Geist«. Die Sportführung der DDR hat sich mit dieser Maßnahme jedenfalls nicht beliebt gemacht.

Der 17. Juni 1953

Der Aufstand vom 17. Juni 1953 hat auch auf den DDR-Sport seine Auswirkungen. Gerade der Sport wird ja von der SED als besonders wichtiges Instrument zur innenpolitischen Legitimation angesehen. Die herausragenden sportlichen Leistungen sollen die Identifikation der Bürger mit ihrem Arbeiter- und Bauernstaat fördern. Kein Wunder, dass nach der ersten Lähmung durch den unerwarteten Volksaufstand bereits Anfang 1954 eine große Tagung zur patriotischen Erziehung der Sportler stattfindet. Und die Bemühungen werden verstärkt, Talente in den »kalkulierbaren« Sportarten mit allen Mitteln, darunter auch medizinischen, zu fördern.

Im Fußball hat der 17. Juni den Zusammenbruch der dritten DDR-Meistermannschaft zur Folge. Die Mannschaft von Turbine Halle, das beste Team der Saison 1951/52, ist dabei allerdings schon im Vorfeld der Straßenkämpfe den SED-Sportfunktionären unangenehm aufgefallen. Bei einer Gastspielreise durch die Tschechoslowakei wollen einige Spieler nicht nur Kränze vor den Gräbern sowjetischer Kriegsopfer niederlegen, sondern auch vor den Gräbern deutscher Soldaten, die dort gefallen sind. Delegationsleiter Manfred Ewald, bereits mehrfach als besonders eifriger Politkommissar des Fußballs aufgefallen, streicht der Mannschaft zur Strafe das Abendessen mit den tschechischen Gastgebern. Und kurz darauf wird Fred Schulz, der Trainer der Hallenser, zur sowjetischen Kommandantur gebeten. Er solle ab sofort, so wird ihm beschieden, den KGB regelmäßig mit Informationen aus der Mannschaft beliefern. Solchen »Angeboten« zieht Schulz die Flucht in den Westen vor, wo er bald Trainer von Werder Bremen wird. Nach dem 17. Juni geht auch der größte Teil seiner ehemaligen Mannschaft in den Westen.

Die Geschichte der Meisterteams, die im Jahr nach der Meisterschaft zerfallen oder auseinander gerissen werden, setzt sich fort. Der Sieger des Jahres 1953 heißt Dynamo Dresden. Der Volkspolizeiclub war bei den Dresdner Fußballfans zunächst nicht sehr beliebt. Schließlich ist er der Nachfolger – von SED-Gnaden – der legendären Mannschaft des Dresdner SC und der SC Dresden-Friedrichstadt. Doch im Laufe der Zeit ist es den Kickern von Dynamo gelungen, sich vor allem durch Einsatzbereitschaft und »ehrliche Arbeit« auf dem Platz den Respekt der Dresdner zu erobern. Mit Spielern wie Herbert Schön und Günter »Moppel« Schröter sind sie zur besten Mannschaft der DDR herangereift. Vor allem Schröter, der zwischen seinem 18. und 21. Lebensjahr im polnischen Kohlerevier unter Tage gearbeitet hat, ist über die sächsischen Grenzen hinaus ein Star geworden. In Berlin allerdings hat inzwischen Erich Mielke, Chef der Stasi, seine Liebe zum Fußball entdeckt und will mit Dynamo Berlin einen Gegenpol zu den populären Westvereinen Hertha und Tennis Borussia schaffen. Also ergeht 1954 der Befehl, die Mannschaft von Dynamo Dresden komplett nach Berlin umzusiedeln und dort als Dynamo Berlin antreten zu lassen. Herbert Schön, der Kapitän, widersetzt sich am längsten. Er verlässt Dresden erst, als man ihm mit einer lebenslangen Sperre droht.

18. Nation ohne Nationalität

Die Fußballmacht Saarland

Sepp Herberger spielt gegen Helmut Schön: Am 11. Oktober 1953 treffen die beiden Altstars des deutschen Fußballs zum ersten Mal als Gegner aufeinander. Allerdings nicht als Spieler: Sepp Herberger steht als Nationaltrainer der deutschen Elf in Stuttgart am Spielfeldrand, und bei Helmut Schön lässt sich nur schwer sagen, in welcher genauen Funktion er eigentlich auf der Trainerbank Platz nimmt. Er betreut eine Auswahl des Saarlandes, die sich im Spiel gegen Deutschland für die WM 1954 qualifizieren will. Das Saarland steht nach dem Zweiten Weltkrieg unter eigener französischer Militärherrschaft. Es ist kein Teil der französischen Besatzungszone in Deutschland, sondern die Franzosen wollen es von Deutschland abtrennen. Das Saarland heißt jetzt »La Sarre« und ist eigenständiges Mitglied der FIFA. Ausdruck der französischen Abtrennungsbestrebungen, deren »Speerspitze« die Sportpolitik ist.

General Gilbert Grandval, höchste französische Militärinstanz an der Saar, bemüht sich seit seinem Amtsantritt 1945 um eine Unterscheidung zwischen Deutschland und dem Saarland. Nach FIFA-Beschluss ist allen ausländischen Vereinen der Spielverkehr mit Deutschland verboten. Grandval nimmt das Saarland davon aus und bemüht sich um ein Spiel zwischen dem 1. FC Saarbrücken und einer französischen Mannschaft. Er will so den französischen Standpunkt unterstreichen, dass das Saarland ab sofort nicht mehr als deutsch zu betrachten ist. Parallel dazu ruft Grandval 1946 einen Landessportausschuss ins Leben – das höchste Leitungsgremium im Saarsport, besetzt mit Funktionären, die nach eingehender Überprüfung durch die Franzosen bereit sind, deren Saarpolitik mitzutragen. Die Franzosen wissen, dass es nur drei realistische Lösungen in der Sportpolitik an der Saar gibt, die gleichbedeutend sind mit dem allgemeinen politischen Status des Saarlandes: entweder ein Anschluss der saarländischen an die französischen Sportverbände, in denen die eigenständigen Saarsportorganisationen dann aufgehen würden, oder aber ein international abgesicherter autonomer Status des Saarsports. Beide Lösungen liegen im Rahmen der französischen Saarpolitik. Die dritte Lösung wäre aus offizieller französischer Sicht die schlechteste: die Rückgliederung an die deutschen Verbände, falls die beiden ersten Lösungen scheitern.

Erstes internationales Spiel des 1. FC Saarbrücken: Am 27. April 1947 trifft das Team nach langer Vorbereitung auf die Fußballmannschaft von Reims. Austragungsort ist das »Stade Jean Bart« in Saarbrücken. Bis vor kurzem hieß es noch deutsch »Kieselhumes«, doch die Franzosen setzen ihre Eingliederungspolitik auch sprachlich durch und benennen das Stadion nach einem französischen Schlachtschiff des Zweiten Weltkriegs. An den Kiosken um das Stadion und in der Saarbrücker Innenstadt liegen vermehrt französische Zeitungen und Magazine aus ... Die Begegnung Saarbrücken – Reims findet statt, obwohl die FIFA ihr Spielverbot gegen deutsche Mannschaften noch nicht aufgehoben hat. General Grandval hat sein Ziel, international zwischen Deutschland und dem Saarland zu unterscheiden, erreicht. Auf der Tribüne des »Stade Jean Bart« unterstützt FIFA-Präsident Jules Rimet, gleichzeitig Präsident des französischen Fußballverbandes Fédération Francaise de Football (FFF), durch seine Anwesenheit die Politik des Generals.

Jetzt gilt es, den Anschluss an Frankreich durchzusetzen: Ganz im Sinne von Grandval trägt der saarländische Landessportausschuss die offizielle französische Politik mit, diskutiert die »Weiterentwicklung des Saarsports nach dem Anschluß« und stellt am 7. November 1947 einen entsprechenden Antrag an das Comité National des Sports in Paris.

»FC Saarbrücken vier Jahre nach Kriegsende französischer Fußballmeister!« Kommt es zum Anschluss, wäre diese Schlagzeile möglich. Am 29. April 1948 verhandeln der Landessportausschuss und das Kultusministerium des Saarlandes – seit Ende 1947 gibt es wieder eine saarländische Regierung – mit dem Hohen Kommissariat, dem Comité National und der Direction Générale des Sports um die Eingliederung. Die französischen Vertreter lehnen jedoch den Antrag ab, und die Politik von General Grandval droht zu scheitern. Für die Saarvereine bedeutet das, dass sie künftig in einer eigenen Saarliga gegeneinander spielen müssten. Kein attraktiver Gedanke, denn die Konkurrenz ist klein und mit großen Zuschauereinnahmen ist kaum zu rechnen.

Dem 1. FC Saarbrücken gelingt schließlich als einzigem Saarverein die Teilnahme am französischen Wettbewerb. Der Terminplan für die zweite französische Liga steht schon fest, als die Association Sportive d'Angoulême ihre Profilizenz zurückgibt, sodass der 1. FC Saarbrücken, spielstärkster Verein an der Saar, an ihrer Stelle als Hospitant in der Zweiten Division starten darf. Er darf zwar mitspielen, die Spiele werden vom Verband aber als inoffiziell gewertet. Die Teilnahme des deutschen Clubs führt zum Eklat: Die Saarbrücker beenden die Saison 1948/49 auf dem ersten Platz! Eigentlich der Aufstieg in die erste Liga, doch die Saarbrücker sind ja nur Hospitanten. Der Verein akzeptiert das, beantragt für die kommende Saison aber erneut die Teilnahme an der Zweiten Division. Dort wird allerdings auch der französische Erstliga-Absteiger Strasbourg spielen. Die Aussicht, Spiele gegen eine deutsche Mannschaft zu bestreiten, weckt Erinnerungen an die Zeit der Gauliga im Dritten Reich. Elsässische Fußballfunktionäre erinnern an

Im Saarland ist nach dem Krieg die Sportpolitik Ausdruck der französischen Bestrebungen, das Saarland von Deutschland abzutrennen. Bereits zur Olympiade 1952 tritt »La Sarre« mit einer eigenen Mannschaft an, im Jahr darauf spielt eine saarländische Nationalmannschaft gegen Deutschland um die Qualifikation für die WM 1954.

die »undankbare« Haltung der Saarländer, die sich 1935 für den Anschluss des Saarlandes an das nationalsozialistische Deutschland einsetzten. Damals stand das Saarland ebenfalls unter französischer Herrschaft. Die Elsässer machen auf die Zeit der Besatzung aufmerksam und sprechen unverblümt aus, dass ein Saarclub niemals legaler französischer Meister werden könne. Warum also einen Saarclub in die französische Liga aufnehmen?

Jules Rimet stolpert über diesen Streit. Provisorisch hatte er bereits eine Teilnahme des 1. FC Saarbrücken genehmigt, doch letztlich können sich die elsässischen Vertreter mit ihrer ablehnenden Haltung durchsetzen. An ihnen scheitern auch andere Clubs, die einen Antrag auf Eingliederung gestellt haben. Doch es sind nur wenige. Das Gros der Saarvereine spricht sich 1949 gegen eine Eingliederung in den französischen Spielbetrieb aus, will zurück in die deutschen Ligen. »Hier wird nach meiner Meinung zu viel auf die nationale Tränendrüse gedrückt«, findet Hermann Neuberger, der seine Funktionärskarriere in der Jugendarbeit des Saarfußballs nach dem Krieg beginnt. Als DFB-Präsident wird er später die entgegengesetzte Version der Geschichte erzählen: Er habe wegen seines Einsatzes für die Rückgliederung des saarländischen Sportes nach Deutschland mit einer Ausweisung durch die Franzosen gerechnet und auf gepackten Koffern gesessen. Mythenbildung.

Mit den ablehnenden Voten von französischer und saarländischer Seite ist die Politik der Eingliederung des Saarsports faktisch gescheitert. Das Votum von FFF-Präsident Jules Rimet für eine Aufnahme des 1. FC Saarbrücken wirkt sich im französischen Fußball-Verband auch bei den anschließenden Präsidentschaftswahlen aus: Jules Rimet wird abgewählt. Im Saarland bietet nach dem Scheitern der Eingliederung auh Gilbert Grandval, der diese Politik ebenfalls verfolgte, seinen Rücktritt an, demissioniert aber schließlich doch nicht. Ob aus persönlichen oder politischen Gründen, bleibt unklar.

Die französische Politik gerät 1949 unter Druck, denn die FIFA hebt das internationale Spielverbot gegen Deutschland auf. Damit sind Begegnungen zwischen deutschen Vereinen und Saarclubs nicht mehr automatisch verboten. Der Ligabetrieb in Deutschland ist nach dem Scheitern der Eingliederung in die französischen Verbände zudem eine gedankliche Alternative für die sportlich isolierten Vereine an der Saar, die den Franzosen aber missfallen muss. Frankreich verfolgt nun die zweite

Lösung der Saarfrage: Die internationale Anerkennung eines autonomen Saarlandes soll eine Rückkehr der Vereine in den deutschen Sport verhindern. Das französische Hohe Kommissariat für das Saarland wertet darum gemeinsam mit der saarländischen Regierung den Saarsport gehörig auf. Für mehrere Millionen Francs stiften sie den Saarpokal, bei dem allein zwei Millionen Franc als Siegprämien ausgeschüttet werden. Teilnahmeberechtigt sind alle Vereine, die von der FIFA anerkannt sind. Deutsche Clubs sind damit ausgeschlossen, denn die FIFA hat zwar die Spielsperre aufgehoben, aber Deutschland ist offiziell noch nicht Mitglied der FIFA.

Aus Südamerika und Westeuropa melden sich 16 Mannschaften für den Saarpokal, erstmals nach dem Krieg spielen saarländische Clubs im Turniermodus gegen attraktive Gegner. Den Pokal gewinnt prompt der Lokalfavorit: Am 11. Juni 1950 feiern Tausende den Sieger 1. FC Saarbrücken. Im kommenden Jahr allerdings ist schon Schluss mit dem Pokal, da sich zu viele Mannschaften anmelden und der Wettbewerb unübersichtlich wird. Schließlich stoppen die Initiatoren das laufende Projekt.

Politisch läuft das Projekt eines international anerkannten, unabhängigen Saarlandes allerdings wesentlich besser. Im Juni 1950 müssen die Vertreter des inzwischen wiedergegründeten DFB zur Kenntnis nehmen, dass der Saarländische Fußball-Verband (SFB) vor dem deutschen in die FIFA aufgenommen wird. Es ist wohl der Preis dafür, dass der DFB wenige Wochen später aufgenommen wird. Eine deutlich positive Geste der FIFA unter Präsident Jules Rimet zugunsten der französischen Abtrennungspolitik. Jedoch müssen die Franzosen auch Rückschläge einstecken: Am 22. November spielt Deutschland sein erstes Länderspiel gegen die Schweiz, zeitgleich spielt die Schweizer B-Nationalauswahl gegen das Saarteam. Ein klarer Affront gegen das Saarland, denn nach damaligem Spielmodus ist es üblich, dass die B-Mannschaft des Gastes gegen die B-Mannschaft des Gastgebers spielt. Und das ist nicht die des Saarlandes ...

Für den FC Saarbrücken und die anderen Saarvereine brechen mit dem Ende des Saarpokales wirtschaftlich schwere Zeiten an. Es fehlen die Zuschauereinnahmen aus den internationalen Begegnungen. Deshalb herrscht nun hektische Betriebsamkeit im Hohen Kommissariat. Die Idee einer gemeinsamen Liga von Saarclubs, belgischen und luxemburgischen Mannschaften scheitert jedoch; die Belgier wollen nicht auf ihre nationale Meisterschaft verzichten. Und der Gedanke einer eigenen Saarliga von acht Clubs, die an Industriebetriebe gebunden und von diesen gesponsert eine eigene Meisterschaft ausspielen, ist seiner Zeit um Jahre voraus. Schließlich wird 1950 von der Regierung das Sport-Toto eingeführt. Ab jetzt ist Sonntag Tipp-Tag, und zwar erstmals am 5. August 1951. Sportfans nehmen das Toto begeistert an. Ein Achtel der Einnahmen geht an die Sportverbände, die diese Summe an die Clubs weiterverteilen. Am Ende des Jahres sehen diese schon wirtschaftlich rosigeren Zeiten entgegen. Aber die Idee des Totos kommt zu spät, die Sportpolitik der Franzosen ist zu diesem Zeitpunkt längst gescheitert. Denn einige Monate zuvor hatte der Saarländische Fußball-Verband mit einem Coup seine Clubs zurück in den deutschen Spielbetrieb gebracht. Das war die dritte Lösung für den Saarsport, die die Franzosen eigentlich unbedingt vermeiden wollten.

Sonntag, 22. April 1951. In einer Pressemitteilung informiert der SFB über die Teilnahme der Vereine 1. FC Saarbrücken und Borussia Neunkirchen am Spielbetrieb der Südwestdeutschen Oberliga ab der Saison 1951/52. Die eigenständige Mitgliedschaft des Saarlandes in der FIFA bleibe davon unangetastet. Am Montagmorgen stehen die zuständigen Politiker vor vollendeten Tatsachen, können sich aber zu keinem strikten Verbot durchringen, da sie den angeschlagenen Vereinen keine Alternativen nennen können und der Erfolg des Saar-Totos zu diesem Zeitpunkt noch nicht abzusehen ist.

Finale um die Deutsche Meisterschaft 1952: Im Stadion von Ludwigshafen wehen neben der Deutschlandflagge die Banner des SFB und die des DFB, jedoch keine Saarlandflagge. Die »Saarfranzosen«, wie die Spieler des 1. FC Saarbrücken in Deutschland oft genannt werden, spielen gleich in ihrer ersten Saison um die Deutsche Meisterschaft. Ein Politikum, denn nur widerstrebend erkennt die Bundesrepublik unter Kanzler Adenauer die Abtrennung des Saarlandes durch Frankreich an: »Wir Deutsche haben kein Mittel, Frankreich gegen seinen Willen zu einem Verzicht auf seine Position an der Saar zu bewegen.«[1] Die Saarfahne wird nicht gehisst, bundesdeutsche Politiker verzichten auf einen Stadionbesuch. Nur Carlo Schmid, der Bundestags-Vizepräsident, und Ludwig Erhard verfolgen das Spiel. Auch der DFB hat reagiert und mit der Begründung, dass Ludwigshafen für beide Mannschaften gleich gut zu erreichen sei, auf den traditionellen Endspielort Berlin verzichtet. Die Saarbrücker unterliegen dem VfB Stuttgart mit 2:3. Erleichterung beim DFB und den

Zehntausend Fußball-Fans in Saarbrücken feiern 1952 den deutschen Vizemeister FC Saarbrücken wie den eigentlichen Titelträger. Dabei gehört das Saarland zu diesem Zeitpunkt gar nicht zu Deutschland.

deutschen Politikern: Der Deutsche Meister kommt aus Deutschland. Politische Verwirrungen bleiben dadurch aus, den 1. FC Saarbrücken empfangen die Fans in seiner Heimatstadt auch als Vize wie einen Deutschen Meister.

Ein Jahr später, am 8. Oktober 1953, beschäftigen die Saarfußballer erneut die deutsche Politik. Denn in drei Tagen steht das WM-Qualifikationsspiel Deutschland - Saarland an, und noch ist keine Regelung über die Beflaggung im Stadion in Sicht. Eine Saarfahne aufzuziehen, würde die Anerkennung des autonomen Saarstaates bedeuten, ein Verzicht auf jegliche Beflaggung wiederum wäre ein politischer Affront gegen das Saarland. In Anwesenheit von DFB-Präsident Bauwens diskutieren Politiker und Sportfunktionäre im Innenministerium. Dass es überhaupt so weit kommen musste, verdanken sie dem französischen FIFA-Präsidenten Jules Rimet. Auf seine Intervention hin spielen Deutschland und das Saarland in einer Gruppe. Eine internationale Demonstration der Trennung von Saarland und Deutschland! Unter diesen Umständen hofft der DFB lange auf einen freiwilligen Verzicht des Saarlandes, doch hier ist man mittlerweile stolz auf die eigene Stärke. Im Innenministerium findet DFB-Präsident Bauwens schließlich die Lösung: Neben der niederländischen Fahne für das Schiedsrichtergespann werden keine Nationalflaggen im Stadion wehen, sondern lediglich die Banner der beiden Fußballverbände. Die saarländische Staatsangehörigkeit, 1948 eingeführt, ist international ohnehin nicht anerkannt. Der Saarländische Fußball-Verband sagt auch für das Rückspiel am 28. März 1954 in Saarbrücken die gleiche Beflaggung zu. Nach einem 0:3 gegen die deutsche Nationalmannschaft im Hinspiel unterliegt die Saar-Elf auch beim Rückspiel mit 1:3. Bauwens hatte zuvor beruhigende Worte gefunden, als er den Ausgang der Qualifikation für unerheblich erklärte: »Der Sieg bleibt so oder so in der Familie.« Bei der WM treffen die beiden Mannschaften nicht mehr aufeinander, denn im Gegensatz zur bundesdeutschen Mannschaft kann sich das Saarteam nicht qualifizieren.

Fußballerisch ist die französische Politik eines autonomen Saargebietes mit der Teilnahme von Saarbrücken und Neunkirchen am deutschen Fußballbetrieb bereits 1951 gescheitert. Im Rahmen des zwischen Deutschland und Frankreich ausgehandelten Saarstatutes stimmt die Bevölkerung des Saargebietes 1955 über eine Europäisierung ihrer Heimat ab. Eine Zweidrittelmehrheit lehnt dies ab. Die angestrebte zweite Lösung der Franzosen ist damit gescheitert. Mit dem deutsch-französischen Saarvertrag vom 27. Oktober 1956 ist »La Sarre« ab dem 1. Januar 1957 wieder ein Teil Deutschlands.

19. *Hansdampf in allen Gassen*

Die wechselvolle Karriere des Helmut Schön

Als Helmut Schön am 4. November 1964 die Nachfolge des »Weisen von der Bergstraße« Sepp Herberger als Bundestrainer antritt, haben viele Beobachter des deutschen Fußballs ihre Zweifel, ob der Sachse wirklich der richtige Mann für den verantwortungsvollen Posten ist. Zu sensibel, zu dünnhäutig und zu leise erscheint ihnen der Mann aus Dresden gegenüber dem ebenso charmanten wie streitbaren Fußballphilosophen aus der Kurpfalz. Doch sie sollten sich alle täuschen.

Helmut Schön, am 15. September 1915 als Sohn eines Kunsthändlers in Dresden geboren, gilt zu seinen aktiven Zeiten als einer der besten Halbstürmer Deutschlands und bildet zusammen mit »König« Richard Hofmann und dem Mittelfeld Pohl, Schubert und Dzur die zentrale Achse des Dresdner SC. Weniger Glück ist Schön allerdings bei seiner Nationalmannschaftskarriere beschieden – trotz 17 Treffern in nur 16 Spielen. Denn nach der Niederlage gegen Schweden am 5. Oktober 1941 – die deutsche Mannschaft unterliegt mit 2:4 – wird Schön als Sündenbock ausgemacht. Wütend notiert Reichstrainer Sepp Herberger in sein Tagebuch: »Die Stürmer sind zu weich! Keine Kämpfer!! Gegen Schweden gewinnt man nur durch Kraft und Kampf, Schnelligkeit und Härte!! Schön ist gegen Mannschaften aus Skandinavien hinfort nicht mehr tragbar!«[1] Die Folge davon ist, dass Schön nicht am Länderspiel gegen Dänemark teilnehmen darf, das ausgerechnet in seiner Heimatstadt Dresden stattfindet, und fortan nicht mehr für die Nationalmannschaft nominiert wird. Für ihn kommt das der Höchststrafe gleich. Dem Verhältnis der beiden soll diese Episode jedoch nicht geschadet haben, wenn man Helmut Schöns Memoiren Glauben schenken darf. Seine Frau Annelies ist dagegen Jahre später noch höchst erbost über die ungerechte Behandlung ihres Mannes.

Allerdings machen die Erfolge des Dresdner SC das vorzeitige Ende der Nationalmannschaftskarriere mehr als wett. In den Jahren 1940 und '41 holt die Mannschaft den Tschammer-Pokal und 1943 und '44 wird man gar Deutscher Meister. Ohne Frage ist Dresden die einzige Mannschaft, die in den Kriegsjahren mit Schalke 04 mithalten kann. Anders als viele andere Fußballer hat Helmut Schön im Krieg enormes Glück: Aufgrund einer langwierigen Knieverletzung wird er erst im Oktober 1944 an die Front beordert – und bereits drei Wochen später wieder nach Hause geschickt. Die Arzneimittelfirma Madaus, für die Schön als Vertreter arbeitet, gilt als »kriegswichtiger Betrieb« und hat für ihn eine Freistellung erwirkt.

Nach dem Krieg wird Schöns Verein, der Dresdner SC, aufgelöst; er gilt als politisch vorbelastet und als Symbol für die Cliquenwirtschaft der Nazi-Zeit. In den Wirren der Nachkriegsjahre pendelt Schön zwischen Westdeutschland und der Sowjetischen Besatzungszone hin und her und spielt mal für die SG Friedrichstadt in Dresden und ein anderes mal für den FC St. Pauli. Außerdem erhält Schön die Erlaubnis, die Sporthochschule in Köln zu besuchen und sich dort von Sepp Herberger zum Trainer ausbilden zu lassen. Schließlich braucht auch der Sozialismus tüchtige Übungsleiter.

1950 schließlich kommt die entscheidende Wende in Helmut Schöns Leben. Nachdem die SG Friedrichstadt das Endspiel um die DDR-Meisterschaft auf Druck von oben und durch eine skandalöse Schiedsrichterleistung gegen den BSC Horch Zwickau mit 1:5 verliert, hat Schön die Nase voll. Und als er zudem beschuldigt wird, die Zuschauerproteste nach dem Spiel mit angeheizt zu haben, entschließt er sich endgültig zur Übersiedlung in den Westen. Nach kurzen Intermezzi in Heidelberg und bei Hertha BSC Berlin beendet Schön schließlich seine aktive Laufbahn als Spieler und erhält 1951 das Angebot, Verbandstrainer des Saarlandes zu werden, sozusagen der Nationaltrainer eines eigenen FIFA-Mitglieds. Er zögert nur kurz – und greift dann zu. In der Qualifikation zur WM 1954 in der Schweiz setzt die FIFA das Saarland und Deutschland in einer Gruppe. Schön muss damit gerechnet haben gegen das Team seines einstigen Trainers und jetzigen Freundes Sepp Herberger anzutreten. Zwar haben die Saarländer keine Chance gegen den späteren Weltmeis-

Training des Dresdner Sportclubs um Helmut Schön (Zweiter von links) im Dresdner Heinz-Steyer-Stadion. Im gleichen Stadion wird der DSC auf politische Weisung nach dem Krieg als »SG Friedrichstadt« auflaufen müssen. Nach der Wiedervereinigung 1990 spielt vor der gleichen Tribüne der wieder gegründete DSC.

ter, doch immerhin spielen sie so beeindruckend auf, dass Herberger den Verbandstrainer Schön 1956 als Assistenten zu sich holt.

1964 tritt der Dresdner schließlich die Nachfolge seines Fußballlehrers Sepp Herberger als Fußballnationaltrainer an. Es folgt eine bis dahin beispiellose Erfolgsserie des deutschen Fußballs: Vize-Weltmeister 1966, WM-Dritter 1970, Europameister 1972, Weltmeister 1974 und Vize-Europameister 1976. Mit insgesamt 87 Siegen, 31 Unentschieden und nur 21 Niederlagen wird er zu einem der erfolgreichsten Nationaltrainer der Welt. Besonders schwer wiegt dabei allerdings die letzte Niederlage, nach der Schön schließlich seinen Hut nimmt: »Die Schmach von Cordoba« am 21. Juni 1978 bei der WM in Argentinien, als der amtierende Weltmeister mit 2:3 Toren ausgerechnet gegen Österreich unterliegt. Eine der bittersten Stunden für den »Mann mit der Mütze«.

Dabei hatte Helmut Schön fast den größten Erfolg verpasst, den Weltmeistertitel 1974 im eigenen Land. Angewidert von dem Gefeilsche der deutschen Nationalmannschaft um die Erfolgsprämien spielt Schön nämlich mit dem Gedanken, einfach abzureisen. Die Koffer sind angeblich schon gepackt. Während die Weltmeisterschaft wie kein Sportereignis zuvor kommerziell vermarktet wird, sollen die deutschen Spieler nach dem Willen der DFB-Oberen vor allem um »Ruhm« und »Ehre« für Deutschland kämpfen. Auch Schön zeigt kein Verständnis für die unbotmäßigen Forderungen seiner Schützlinge. Er knöpft sich den vermeintlichen Rädelsführer Paul Breitner vor, der als die »fußballerische Verkörperung der APO-Generation« ohnehin zu den üblichen Verdächtigen der siebziger Jahre gehört. Nur dank des Einschreitens von Franz Beckenbauer kann der erzürnte Breitner noch von seiner frühzeitigen Abreise aus dem Quartier der DFB-Elf abgehalten werden.

Überhaupt ist Schön ein Trainer vom alten Schlag und ein erbitterter Feind der zunehmenden Kommerzialisierung des Sports. So haben Spieler, die ihr Geld im Ausland verdienen, bei Schön kaum eine Chance, für die Nationalelf nominiert zu werden. Selbst der »Kaiser« Franz Beckenbauer wird diese Erfahrung machen, als er 1977 in der amerikanischen Operettenliga bei Cosmos New York anheuert.

Kurios wie vieles im wechselvollen Leben des Helmut Schön ist auch sein Abschiedsspiel als Bundestrainer der deutschen Nationalmannschaft am 15. November 1978. Das Spiel gegen Ungarn endet – entgegen der Weisheit von Schöns Ziehvater Herberger – nicht nach 90 Minuten, sondern bereits nach rund einer Stunde. Der Grund: Dicke Nebelschwaden ziehen durch das Frankfurter Waldstadion und sorgen für einen vorzeitigen Spielabbruch beim Stand von 0:0.

Nachfolger Schöns im Amt des Bundestrainers wird sein bisheriger Assistent Jupp »Häuptling Silberlocke« Derwall, der von Anfang an gegen den Schatten seines Vorgängers zu kämpfen hat. Und so sind die dicken Nebelschwaden bei Helmut Schöns Abschiedsspiel für viele Zuschauer auch ein Omen für die trüben Aussichten, die dem deutschen Fußball nach der Ära Schön bevorstehen sollten.

Helmut Schön, einer der erfolgreichsten Nationaltrainer aller Zeiten, verstirbt am 22. Februar 1996 in Wiesbaden.

20. *Nationalmannschaften mit Vergangenheit*

Die Auftritte gegen die Schweiz und gegen Polen

Das erste Länderspiel der Bundesrepublik

Rekordkulisse in Stuttgart am 22. November 1950. Buß- und Bettag, ein Feiertag: 115 000 Zuschauer stapfen im strömenden Regen zum Neckarstadion, das einige Jahre zuvor noch »Adolf-Hitler-Kampfbahn« hieß. Schlamm- und dreckverschmiert warten sie auf das Einlaufen der deutschen Nationalmannschaft zum Spiel gegen die Schweiz. Es ist das erste Spiel nach dem Krieg. Offiziell das 199. Spiel einer deutschen Nationalmannschaft. Erst seit wenigen Wochen darf der DFB als FIFA-Mitglied seine Länderspiele offiziell wieder zählen. »Man spielt wieder mit uns«, ist die allgemeine Stimmung vor dem Spiel.

Auf dem Spielfeld stehen beide Mannschaften und hören zuerst die Schweizer Hymne. Dann ist es ruhig: Die Bundesrepublik, gerade mal ein Jahr alt, hat noch keine Hymne. »Totenstille herrschte im Rund der 115 000, die entblößten und gesenkten Hauptes dastanden. Die ganzen schweren Ereignisse der letzten 15 Jahre zogen wie ein Film an unserem geistigen Auge vorbei. Wir dachten daran, daß bei diesem Spiel ja nur das halbe Deutschland vertreten war«,[1] schildert der Reporter des *Sport-Magazins*, Nachfolger des belasteten *Kicker*, die Szene.

Drei Spieler der Mannschaft, die an diesem Tage antritt, waren bereits im Dritten Reich Stammspieler: Herbert Burdenski, Andreas Kupfer und Jakob Streitle. Und auch der Trainer ist derselbe: Sepp Herberger, nun Bundestrainer. Als Mitläufer entnazifiziert, nimmt er seine Arbeit bei der ersten Gelegenheit wieder auf.

In Köln war 1947 die Deutsche Sporthochschule (SpoHo) eröffnet worden, und zwar auf Betreiben von Carl Diem, der ja im Dritten Reich unter anderem Mitorganisator der Olympischen Spiele in Berlin gewesen war und 1945 in der Hauptstadt die Hitlerjugend zur Verteidigung des Reichssportfeldes gegen die näher rückende Rote Armee angetrieben hatte. Sepp Herberger, ehemaliger Reichstrainer, ist nach dem Krieg arbeitslos. Er kennt Diem noch aus der Zeit vor 1945. Zunächst arbeitet er aushilfsweise als Trainer für verschiedene Vereine, will sich aber aus gutem Grund an keinen binden: Er hält Kontakt mit alten Nationalspielern, sichtet neue Talente. Für Carl Diem ist der arbeitslose Herberger der ideale Fußballlehrer. Und für den ist die SpoHo in Köln die Gelegenheit, verschiedene Spieler zusammenzuziehen und neben der Vermittlung von Trainerwissen so an einer künftigen Nationalmannschaft zu arbeiten.

Als ihm 1949 der Deutsche Fußball-Ausschuss (DFA), Vorläufer des DFB, mitteilt, man erwäge die Aufstellung einer deutschen Nationalmannschaft, ist Herberger sich sicher, dass der Platz auf der Bank ihm gehört. Kurz darauf fordert der DFA ihn auf, eine Bewerbung einzureichen. Thema: »Pläne zur Durchführung eines Ausbildungsprogramms«. Es stellt sich heraus, dass Herberger einer von vier Kandidaten ist. Mit seiner selbstherrlichen Art habe er es sich mit einigen maßgeblichen Entscheidungsträgern in den Regionalverbänden verdorben, bescheidet man ihm leise unter der Hand. Man bestehe auf der Bewerbung. Herberger grantelt laut zurück, wer ihn denn überhaupt prüfen wolle, und erfährt schließlich den wahren Grund für das zögerliche Verhalten ihm gegenüber. Dem Spielausschuss liegt ein Brief vor, Herberger habe Spitzeldienste für das Oberkommando der Wehrmacht geleistet und Spieler an die Front geschickt. Herberger streitet dies ab, und auch die Spieler entlasten ihn persönlich. Daraufhin ist von einer Bewerbung auch keine Rede mehr. Herberger ist vorerst designierter Bundestrainer, feiert auf dem Oktoberfest die Ernennung und stellt fest, »wie ganz vortrefflich ein Glas Bier munden kann«[2].

Die Freude währt jedoch nicht lang, denn schon zeichnet sich neuer Streit mit dem wiedergegründeten DFB ab. Der Spielausschuss des Fußball-Bundes will sich bei der Mannschaftsaufstellung die letzte Entscheidung vorbehalten. Herberger erinnert sich an die Gründe der Demontage seines Vorgängers, des Reichstrainers Otto Nerz, bei der Olympiade 1936 und setzt sich schließlich mit seiner Forderung durch, Alleinverantwortlicher für die Aufstellung zu sein. Am 22. November 1950 steht Herberger erstmals wieder als Nationaltrainer auf dem Platz. Das Spiel ist mäßig, die Spieler untertrainiert. Durch einen Elfmeter siegen die Deutschen schließlich 1:0. Aber der impulsive Herberger, stellen die anwesenden Journalisten fest, ist wieder der alte.

Das erste Länderspiel der DDR

Die andere Hälfte Deutschlands, die der Reporter des *Sport-Magazins* beim ersten Spiel der Bundesrepublik gegen die Schweiz vermisste, bestreitet erst 1952 ihr erstes offizielles Länderspiel. Zwar gab es im Gegensatz zur Bundesrepublik zuvor durchaus einige internationale Begegnungen einer DDR-Elf mit anderen Nationen, wie zum Beispiel bei den Weltjugendfestspielen in Budapest, doch diese Spiele zählen laut FIFA-Modus nicht. Die DDR ist kein Mitglied, stellt erst im September 1951, ein Jahr nach der Bundesrepublik, ihren Antrag. Der DFB als Vertreter der Bundesrepublik versucht diesen sofort zu hintertreiben: »Der DFB ist sich durchaus bewußt, daß die FIFA es sich nicht zur Aufgabe machen möchte, die Sportstruktur ihrer verschiedenen Nationalverbände zu überprüfen, insbesondere, ob sich in ihnen einseitige politische Strömungen geltend machen. Der DFB mußte aber die schmerzliche Erfahrung machen, daß eine Führung des Sports durch politische Kräfte dem Sport nicht dient. Der DFB möchte daher, ohne die Entscheidung der FIFA beeinflussen zu wollen, immerhin doch erklären, daß es für seine Bestrebungen [...] sehr wenig dienlich wäre, wenn die eindeutig geführte Fußballsportbewegung der Ostzone die Mitgliedschaft in der FIFA erwerben würde.«[3] Es ist jedoch ein erfolgloses Störmanöver, denn die FIFA nimmt die DDR auf, und am 21. September 1952 steht das erste Länderspiel gegen Polen an.

»Mit der Gründung der DDR galt ja Polen als ein freundschaftliches Nachbarland [...] ich nehme an, das ist mehr oder weniger auf Regierungs- oder Parteiebene entschieden worden. Es ging ja in diesem Stile weiter. Es hat lange gedauert eh die DDR-Nationalmannschaft ein offizielles Länderspiel gegen eine westeuropäische Mannschaft gemacht hat. Die Gegner kamen anfangs immer aus Osteuropa: Polen, dann aber Ungarn – die waren begehrt, weil sie berühmt waren, auch international. Dann Rumänien, Bulgarien – und relativ spät auch kam das erste offizielle Länderspiel gegen die Sowjetunion, das war erst in den späten fünfziger Jahren«,[4] erinnert sich der DDR-Sportjournalist Wolfgang Hempel.

Bei Länderspielen zeigt sich die DDR als vorbildlicher Arbeiter- und Bauernstaat. Dementsprechend stehen nicht sportliche Leistungen bei der Auswahl der Spieler im Vordergrund, sondern ihre politische Einstellung. Im Spiel gegen Polen stehen erfahrene Spieler wie Fritz Ritter oder Helmut Nordhaus nicht auf dem Platz. Dafür aber Kicker wie Günter Imhof, der nicht ein einziges Spiel in der ersten DDR-Spielklasse, der Oberliga, bestritten hat. Gerade bei diesem ersten Länderspiel der DDR ist aber die politische Zuverlässigkeit der Akteure auf dem Platz gefragt, das Zusammentreffen ist heikel: Deutschland hatte Polen 1939 überfallen und besetzt. Kriegstote, Massaker an der Zivilbevölkerung, Rassenwahn der Besatzer sind in den Köpfen noch präsent. Die Regierung in Ost-Berlin will sich an ihrem Umgang mit der Geschichte messen lassen und setzt ein Zeichen für einen Neubeginn im deutsch-polnischen Verhältnis. Polen und die DDR, beide sind jetzt sozialistische Bruderstaaten. »Wir wußten, daß wir durch ein einfühlsames Verhalten und faires, anständiges Auftreten versuchen mußten, uns als Freunde aus einem neuen Deutschland zu zeigen. Allen war klar, daß die Polen noch nicht vergessen hatten«,[5] berichtet der Kapitän der DDR-Auswahl, Horst »Schere« Scherbaum nach dem Spiel.

Die DDR-Auswahl tritt zu ihrem ersten Spiel auswärts an; im Warschauer Armeestadion verliert sie mit 0:3, obwohl die Mannschaft bereits eineinhalb Monate zuvor mit dem Training beginnen konnte. Die Niederlage gegen Polen ist der Beginn einer Serie, die erst mit dem 3:2 über Rumänien am 18. September 1955 endet.

21. *»Das gehört nicht dem Adolf, das gehört dem Albert«*

Begegnung mit Albert Sing

Besucht man Albert Sing, fährt man erst am Luganer See entlang, durch den Ort Cureglia hindurch, dann die Straße hinauf, die Berge im Hintergrund. Er ist ein wenig kleiner, als man den Fotos nach vermuten würde. Albert Sing, Nationalspieler unter Sepp Herberger, später Trainer in der Bundesliga vom VfB Stuttgart und von 1860 München. Lebt seit über 40 Jahren in der Schweiz, in den letzten Jahren hier in Lugano. Albert Sing, der das 500. Tor der deutschen Nationalmannschaft geschossen hat.

Nach der Begrüßung geht Sing durch einen Garten, vorbei an einem Swimming-Pool, ein Mann ruft aus dem Fenster »Buon Giorno«. »Grüß Gott«, brummelt Sing. Eine Parterrewohnung haben die Sings hier gemietet, in einem Zweifamilienhaus. Der Blick geht auf die Berge. Davor hat Frau Sing einen Gemüsegarten angelegt. Selbstversorgung.

Albert Sing hat fast das ganze letzte Jahrhundert erlebt. Weimarer Republik, Weltwirtschaftskrise, Nazis und Zweiter Weltkrieg. Aber immer Fußball. Einzige Leidenschaft. Dabei war Fußball verpönt, als er geboren wurde. 1917 im schwäbischen Eislingen war das, der Vater gehörte der Turnerbewegung an. Als der junge Albert sich ausgerechnet für den Fußball begeistert, wird sein Vater rabiat. »Vom Vater habe ich jeden Tag den Ranzen voll gekriegt, jeden Tag Schläge bekommen. Aber der hätte mich totschlagen können, ich hätte trotzdem Fußball gespielt. Im Winter haben wir auf dem Turnplatz gespielt, das war ein Aschenplatz, und da sind zwei Kastanienbäume gewesen, das war das eine Tor. Und das andere Tor waren die Regenrinnen von der Turnhalle. Wenn wir da gespielt haben, auf dem Rußplatz, haben wir natürlich dreckige Schuh gekriegt, vor allem, wenn's geregnet hat. Nebendran war der Mühlbach und da sind wir dann danach reingegangen. Der Vater hat natürlich gleich gesehen, dass da mit den Schuhen was nicht in Ordnung war, und da hab' ich jeden Abend den Ranzen voll gekriegt.«[1] Mit acht Jahren tritt Albert trotzdem in den Fußballclub ein, die Mutter hilft ihm, das vor dem Vater geheim zu halten.

Erst sehr viel später wird sich der Vater damit abfinden, dass sein Sohn Fußball spielt. Da ist Albert schon so gut, dass man in Stuttgart auf das junge Talent aufmerksam geworden ist. Der dominierende Verein ist damals Kickers Stuttgart. »Man hat mir sogar eine Lehrstelle angeboten, wenn ich zu den Kickers gehe«, erzählt Sing. Doch das erfährt er erst viel später, als er schon in der Ersten Mannschaft der Kickers spielt. Der Brief des Großstadtvereins an den Lehrling Albert Sing hat den Empfänger nie erreicht. »Später hat mein Vater zugegeben, dass er den Brief geöffnet und versteckt hat, um zu verhindern, dass ich nach Stuttgart gehe.« Natürlich geht er dann sofort, als der Vater ihn nicht mehr hindern kann. Eine Karriere beginnt.

Und es wäre vielleicht die Karriere eines ganz Großen geworden. Doch kaum hat sie begonnen, ist sie auch schon fast vorbei. »Die Nazis haben

Auch regelmäßige Schläge seines Vaters hielten Albert Sing nicht ab, immer wieder Fußball zu spielen. Allen Widerständen der Zeit zum Trotz spielte er sich sogar 1940 als Soldat in die Nationalelf, schoss Deutschlands 500. Länderspieltor.

mir meine Karriere kaputtgemacht«, sagt Albert Sing, und es klingt ebenso wütend wie bitter. Heute immer noch, siebzig Jahre danach. Sechzehn ist Sing, als Hitler zum Reichskanzler ernannt wird. »Auf dem Sportplatz von Eislingen ist eine Kundgebung gewesen«, erinnert er sich, »da sind sie dann aufmarschiert, die Nazis. Ich bin auch dahin und hab' zugehört. Ich hör' den heute noch brüllen: ›Die ganze Welt wird staunen‹, und so weiter, und ich habe gedacht, der hat doch nicht alle, und warum muss der immer so brüllen. Dann sind sie an mich herangetreten, ich soll in die Hitlerjugend eintreten. Aber ich hab' gesagt, ohne mich.« Dennoch meldet sich Sing 1936 zum Arbeitsdienst. Anschließend Wehrdienst. Aber nicht so weit weg. Fußballspielen will er. In der Kaserne von Cannstadt erreicht ihn die Sondermeldung, in der eine schnarrende Stimme euphemistisch den Kriegsbeginn verkündet: »Seit 5:45 Uhr wird jetzt zurückgeschossen.« Der Polenfeldzug beginnt, kurz bevor Albert Sings Wehrzeit zu Ende gewesen wäre. Er wird sofort an die Front verlegt, und seine Laufbahn als Fußballer ist erst einmal zu Ende.

Dass er trotzdem am 20. Oktober 1940 von Sepp Herberger zu seinem ersten Länderspiel für Deutschland berufen wird, hat er der Tatsache zu verdanken, dass der Krieg, je länger er dauert, immer mehr Fußballer an die Front zwingt. Am Anfang ist das noch anders. Da fehlen den Vereinen nur wenige Spieler, Sing hingegen darf höchstens im Urlaub spielen oder, je nachdem, in Soldatenmannschaften. Doch nach dem Polenfeldzug kommt der Frankreichfeldzug, immer mehr Spieler werden an die Front geschickt, und Herberger muss für jedes Spiel eine andere Mannschaft zusammenstellen. So wird eines Tages auch Albert Sing Nationalspieler: »Ich bin aus dem Frankreichfeldzug heim gekommen, hab' dreimal für Stuttgart gespielt, im Urlaub. Dann bin ich wieder nach Frankreich retour, bin aber nur bis Mülhausen gekommen, denn inzwischen war meine Truppe von Mittelfrankreich auf dem Heimweg nach Deutschland und wir sind von Mülhausen bis Stuttgart marschiert. In Stuttgart sind wir dann stationiert gewesen. Einen Monat später hat Deutschland gegen Bulgarien gespielt, und der Herberger hat mich – ich hatte nur drei Spiele gemacht, nachdem ich ein Jahr nicht mehr gespielt hatte – trotzdem in die Nationalmannschaft berufen, halb links, Kohne Mittelstürmer, Fritz Walter halb rechts, und da haben wir gegen Bulgarien 7:3 gewonnen.« Allerdings kann Sing in seinem ersten Länderspiel nicht überzeugen und seine Karriere wird erst einmal wieder unterbrochen.

Und schließlich, ein Jahr später, beginnt für Albert Sing der Anfang vom Ende. Er hat wieder einmal Urlaub und wartet auf die Rückkehr an die Front. »Da kommt meine Schwester, meine ältere Schwester, morgens um sieben, und sagt: ›Sondernachricht, der Hitler hat Russland den Krieg erklärt.‹ Mich hat's fast aus dem Bett hinausgehauen und ich sagte: ›Jetzt ist es zappenduster, das ist eine Katastrophe.‹ Ich bin sofort gleich weggekommen mit der Truppe, wir haben ja gar nicht gewusst, was mit uns passiert. Und dann haben sie mit uns gemacht, was sie wollten.« Und trotzdem spielt Sing noch ein paar Mal für Deutschland. 1942 gelingt es Herberger, den Nazis für 40 Spieler die Erlaubnis abzuringen, sie in der verfügbaren Nähe zu stationieren. Sing wird von Russland nach Paris verlegt und in acht Spielen eingesetzt. Es sind jene Spiele, die später als »Propaganda-« oder »Durchhaltespiele« bezeichnet werden, da inzwischen der Krieg in Stalingrad seine Wende erfahren hat. Doch selbst als Durchhalte-Ereignis will der Fußball den Nationalsozialisten nicht recht dienen, denn ausgerechnet gegen das neutrale Schweden verliert die deutsche Mannschaft, und Goebbels sieht ein, dass sich ein Sport, bei dem man auch verlieren kann, nicht gezielt zur Hebung der Stimmung einsetzen lässt. Am 22. November 1942 findet das letzte Länderspiel statt. In Pressburg wird die Slowakei mit 5:2 besiegt, Albert Sing ist mit dabei.

Nach dem Ende der Nationalmannschaft kehrt Sing zurück an die Front nach Russland. Und hier bringt ihn seine, obwohl eigentlich unpolitische, doch stets geradlinige Haltung vors Kriegsgericht. Am 20. April 1943, Hitlers Geburtstag, hat sich der Kommandeur der Singschen Division etwas Besonderes einfallen lassen. Eine Spende für Hitler, wo doch der Krieg, der längst in einen Rückzug mündet, so schwierig geworden ist. Jeder soll seinen Sold für diesen Zweck zur Verfügung stellen. »Und unser Kompaniechef ist der größte Nazi gewesen, der mir je begegnet ist«, erinnert sich Sing, »einer, der jede Woche große Vorträge gehalten hat, der auch nach Stalingrad noch gesagt hat, den Krieg gewinnen wir. Auf dem freien Feld hat der den Tisch aufgestellt, einen Stuhl mitgebracht und sich davor gesetzt. Wir sollten nur unterschreiben, und er hat das Geld dann weggenommen. Und wie ich jetzt von weitem sehe, dass ich drankomme, habe ich gedacht, ›Mensch, was machst du jetzt, das ist doch unmöglich, ich lass' mir doch das Geld nicht wegnehmen, ich hab' gerade erst geheiratet, ich muss doch das Geld heimschicken‹. Meine Frau hat Möbel anschaffen müssen, ich habe ja nicht gewusst, wie es zu Hause aussieht. Und als ich dran war, habe ich unterschrieben. Und er will mir, wie bei den anderen, das Geld wegnehmen. Da habe ich den am Arm gepackt und gesagt: ›Moment mal, das Geld gehört nicht dem Adolf, das gehört dem Albert.‹ Dann bin ich weggerannt.« Die »freiwillige« Spendenaktion wird abgebrochen, und wenige Monate später findet sich Albert Sing vor dem Kriegsgericht wieder.

Hier hat er Glück, denn eigentlich steht auf solch offenen Widerstand im Angesicht des Feindes die Todesstrafe. Doch Sing ist inzwischen im ganzen Land und auch an der Front bekannt. Nationalspieler. Bei den Kameraden beliebt. Er wird degradiert und zu sechs Wochen Strafzug verurteilt. Nach einer Verletzung wird er schließlich nach Hause ins Krankenhaus geschickt, und von dort kehrt er nie wieder zurück an die Front. Statt, wie vorgeschrieben, zu einer Sammelstelle in Polen zu fahren – was, wie man heute weiß, den sicheren Tod bedeutet hätte – besteigt er zusammen mit seiner Frau einen Zug nach Wien. Eine lebensgefährliche Flucht, denn Sing würde als Deserteur auf der Stelle erschossen, würde er gefasst. Doch der Schwabe hat Glück und gelangt bis Wien. Dort rettet ihn: der Fußball! Zuerst in Gestalt eines ehemaligen Mannschaftskameraden bei der Nationalelf, der ihn aufnimmt und Vorwände findet, ihn in ein Lazarett einweisen und damit vorläufig aus dem Verkehr ziehen zu lassen. Und später, man mag es kaum glauben, trainiert Albert Sing bei Austria Wien mit und absolviert sogar ein paar Spiele. Unter den Augen der Wiener Nazis. »Aber die hatten andere Probleme«, sagt Sing, »da befand sich doch schon alles in Auflösung.«

Das Kriegsende erlebt Sing dann doch wieder an der Front. Als er erfährt, dass Teile seiner Kompanie inzwischen an der Westfront kämpfen, schließt er sich den Kameraden an und wird in den letzten Kriegstagen noch verwundet. »Ich fahre im Morgengrauen des 21. März 1945 so um sechs Uhr morgens, es ist diesig und ich kann nur 20 Meter weit sehen, da steht auf einmal vor mir ein riesiger Panzer und oben guckt wahrscheinlich der Kapitän oder Oberst raus mit einem Maschinengewehr. Und der hat einen Warnschuss abgegeben über unsere Köpfe. Die sechs Mann hinter mir sind in den Graben gesprungen, denen ist gar nichts passiert. Ich bin aber nicht rausgekommen, weil die Tür geklemmt hat. Und dann hat der Oberst vorne reingeschossen, durch das Blech, und hat mich getroffen. Überall waren Kugeln, im ganzen Körper. Brustdurchschüsse, Darmdurchschüsse. Die hat man dann im Lazarett rausgeholt.

Albert Sing, ehemaliger Spieler der Stuttgarter Kickers und Nationalspieler, geht nach dem Krieg als Trainer in die Schweiz. Er bietet sich dem DFB 1954 freiwillig als Quartiermeister an.

Aber eine sitzt immer noch bei mir im Rücken.« Zwar spielt Sing nach dem Krieg wieder Fußball, doch die Schmerzen werden immer größer, und an eine Fortsetzung der Karriere ist nicht mehr zu denken. Erst 1965, bei einer erneuten Operation, stellt sich heraus, dass die Schmerzen durch Blechreste des Autos verursacht wurden, die mit den Kugeln in den Körper eingedrungen waren.

»Lieber Albert«, so beginnt ein Brief von Sepp Herberger, den Albert Sing auseinanderfaltet. Ein Brief aus dem Jahr 1950. Inzwischen ist Sing in der Schweiz gelandet und Trainer geworden. In dem Brief bittet Herberger den »lieben Albert«, ihm vor dem Länderspiel der deutschen Nationalmannschaft in der Schweiz ein bisschen über die eidgenössischen Spieler zu erzählen. »Selbstverständlich bleibt das unter uns. Dein Seppl.« Der Beginn eines unausgesprochenen und nie bezahlten Engagements für den DFB und seinen Trainer Herberger, dessen Höhepunkt 1954 bei der Fußball-WM in der Schweiz erreicht wird. Sing macht sich Sorgen über das Quartier der deutschen Mannschaft. Damals ist es noch üblich, dass der ausrichtende Verband den Teilnehmerländern die Hotels anweist. Sing ist entsetzt. »Die Ungarn hatten ein Hotel direkt gegenüber einer Kirche. Jede halbe Stunde läuteten da die Glocken. Auch nachts. Keine Ruhe.« Nach Rücksprache mit Herberger macht sich Sing selbst auf Quartiersuche und findet schließlich das idyllische Hotel in Spiez, das später mit seinem ganz eigenen »Geist von Spiez« zum Gewinn der Weltmeisterschaft beitragen sollte – während die Ungarn in jenem Haus gegenüber der Kirche übernachteten und beim Endspiel nicht mehr ausgeschlafen wirkten …

Wenn Albert Sing diese Geschichte erzählt, mischt sich ein bitterer

Unterton in seine Rede. Man braucht nicht lange zu fragen, den Grund nennt er rasch: Undankbarkeit. Denn während alle Welt den berühmten »Geist von Spiez« beschwor, immer und immer wieder, geriet der Mann, der doch diesen Geist durch seine Wachsamkeit erst möglich gemacht hatte, in seinem Heimatland in Vergessenheit. Und als es vor ein paar Jahren um Unterlagen für Rentenansprüche ging, hat der DFB ohne Not den Eindruck erweckt, als habe Albert Sing mit dem deutschen Fußball so gut wie nichts zu tun. Vielleicht ist die Verbitterung des alten Mannes darüber symptomatisch für das ambivalente Verhältnis dieses Fußballers zu seinem Heimatland. Stets ein Schwabe geblieben, der heute noch kein Hochdeutsch, geschweige den Schwyzerdeutsch oder gar Italienisch spricht, hat er Deutschland doch früh verlassen. Seinen Traum, für Deutschland Tore zu schießen, konnte er sich nur für ein paar Augenblicke erfüllen. Aber dieses Deutschland hat ihm auch durch die Nazis und den Krieg den Traum zerstört, seiner einzigen wirklichen Leidenschaft nachgehen zu können, dem Fußball. Später, längst lebt er in der Schweiz, kommt er als Trainer doch noch einmal zurück. Erst wird er Trainer beim VfB Stuttgart, in der Saison 1965/66, dann für eine Saison bei 1860 München. Schließlich wird er noch einmal 1974/75 Coach beim VfB, bevor er sich wieder in die Schweiz zurückzieht und dort diverse Trainerangebote annimmt. Doch seine Engagements in Deutschland sind kurz, kaum mehr eine Halbsaison, und es ist immer Sing, der geht.

Nun sitzt er hier im schönen Cureglia mit seiner Frau im Garten, den Blick in die Berge gerichtet. Ein Mann, der kein Detail seiner langen und spannenden Lebensgeschichte vergessen zu haben scheint – vor allem dann nicht, wenn es um Fußball geht.

22. »Nun siegt man schön«

Das Wunder von Bern und die Reaktionen in der Bundesrepublik und der DDR

WM-Halbfinale in Basel 1954, die Bundesrepublik schlägt Österreich mit 6:1. Der Außenseiter aus Westdeutschland steht damit im Finale der Fußballweltmeisterschaft. Bundesinnenminister Schröder gratuliert, und auch Marshall-Plan-Minister Blücher will Teil haben am Erfolg von Herbergers Mannschaft, spricht seine Glückwünsche aus. Das verärgert den Innenminister: »Seit wann gehören denn nationale Siege ins Ressort des Marshall-Planes?«,[1] fragt er eifersüchtig. Binnen weniger Wochen hat die Politik den Fußball wieder entdeckt. »Nun siegt man schön«, hatte Bundespräsident Heuss der Nationalmannschaft angeblich bei ihrer Abreise noch launig mit auf den Weg gegeben.

Im Finale trifft die Mannschaft der Bundesrepublik auf Ungarn, bereits in der Vorrunde Gegner der deutschen Mannschaft. Da setzte es ein 3:8, und die Erwartungen fürs Finale sind nicht besser: Ungarn ist die Mannschaft der letzten zehn Jahre, wurde 1952 Olympiasieger und hat seit diesem Tag kein Spiel mehr verloren. In 32 Länderspielen erreichte das Team 28 Siege und vier Remis. Torbilanz 144:33. Der Weg ins WM-Finale gestaltet sich allerdings hart für die Mannschaft um Superstar Ferenc Puskás. Neben Korea und der Bundesrepublik müssen die Ungarn auch die spielstarken Mannschaften aus Brasilien und Uruguay aus dem Weg räumen. Außerdem ist nach den Spielen an Erholung kaum zu denken, denn das Quartier der Ungarn liegt mitten in Solothurn, und zwar gegenüber einer Kirche, deren Glocke pünktlich anzeigt, was die Stunde geschlagen hat. Und in der Nacht vor dem großen Finale feiert Solothurn auch noch ein Blaskapellenfest …

In Solothurn wollten die Schweizer Veranstalter eigentlich die deut-

Prominenz aus der Politik ist den Anfangsjahren der Republik noch die Ausnahme in den Stadion: »Nun siegt man schön« hatte Bundespräsident Heuss (links), dem Team von DFB-Präsident Bauwens (rechts) mit auf den Weg zur WM 1954 gegeben. Mit dem unerwarteten Triumph erhält der Fußball schließlich die Anerkennung der Politik.

sche Nationalmannschaft unterbringen. Doch Herberger hat ja das Glück, mit dem ehemaligen Nationalspieler Albert Sing einen »Quartiermeister« zu finden, der sich in der Schweiz auskennt. Bei einer Inspektionsreise fallen ihm gleich die Kirchenglocken von Solothurn auf, und er organisiert daraufhin die berühmt gewordene Unterkunft der deutschen Nationalelf in Spiez. Die zahlreich erscheinenden deutschen Journalisten erleben zwischen den Spielen eine Mannschaft mit großem Teamgeist und kreieren den »Geist von Spiez«; laut Presseberichten die Grundlage des Erfolges der Herberger-Mannschaft.

Unter den deutschen Pressevertretern in der Schweiz ist auch Wolfgang Hempel, der Berichterstatter für die DDR-Medien. Ausgestattet mit politischen Instruktionen, die er vor der Abreise auf den Weg bekommen hat: »Ich hatte aus Berlin die Anweisung bekommen: ›Die westdeutsche‹ – das mussten wir ja damals so sagen – ›die westdeutsche Mannschaft behandelst du genauso korrekt und nüchtern wie jede andere Westmannschaft. Ob Frankreich oder Brasilien oder wen auch immer‹, und daran hab' ich mich eigentlich gehalten«,[2] erinnert sich Hempel. Fußballerisch kann die DDR keiner der WM-Mannschaften das Wasser reichen, sie hat zu diesem Zeitpunkt noch kein Länderspiel gewonnen. Und bei der Weltmeisterschaft ist sie gar nicht vertreten. Die Regierung in Ost-Berlin verfolgt deshalb die Erfolge des sozialistischen Partners Ungarn im Verlaufe des Turniers mit großem Interesse. Die Bevölkerung fiebert jedoch mit der Mannschaft des »Klassenfeindes« Bundesrepublik. Seit fünf Jahren ist Deutschland in zwei selbstständige Staaten geteilt, doch noch ist die Grenze offen. Gegenseitige Besuche sind möglich, außerdem kann sich zu diesem Zeitpunkt niemand vorstellen, dass die Teilung 40 Jahre lang dauern wird.

4. Juli 1954, Finaltag. Es regnet, Fritz-Walter-Wetter. Doch spielentscheidend ist heute nicht Herbergers Lieblingsspieler. Im Berner Wankdorf-Stadion liegt die Bundesrepublik schnell mit 0:2 zurück. Herbergers Taktik scheint zu platzen. Beim 3:8 im ersten Spiel gegen die Ungarn hatte er starke Spieler geschont, um in den verbleibenden Begegnungen möglichst in die Finalrunde vorzustoßen. Nun steht er im Endspiel und es reicht scheinbar doch nur zum zweiten Platz.

»Toni, du Fußballgott«, stöhnt dann der westdeutsche Reporter Herbert Zimmermann ehrfürchtig ins Mikrofon, als der deutsche Torwart

Sepp Herberger feiert den Höhepunkt seiner Karriere: Der ehemalige Amateurspieler und Reichstrainer führt 1954 nunmehr als Bundestrainer durch geschicktes Taktieren die bundesdeutsche Elf zum Weltmeister-Titel.

Toni Turek wieder einmal eine Chance der Ungarn zunichte macht. Ein Begriff ist geboren, den die Fans auf den Tribünen auch heute noch als Ehrentitel ihren Stars skandieren. Im Wankdorf-Stadion nimmt die westdeutsche Mannschaft den Kampf an. »›Toni, du Fußballgott‹ konnte ich natürlich nicht wie mein Kollege Zimmermann ins Mikrofon sagen«, schildert DDR-Reporter Hempel seine Situation. »Ich kann mich erinnern, dass ich mich da dann einfach an die Spielzüge gehalten habe und die im Radio dem Publikum nachvollziehbar machen wollte.«

Zimmermanns Stimme schnappt schließlich endgültig über, sein Kommentar ist längst Legende. Spielstand 2:2 nach Toren von Morlock und Rahn, dann Rahn erneut auf halbrechts am ungarischen Strafraum. Noch wenige Minuten bis zum Abpfiff: »[...] aus dem Hintergrund müsste Rahn schießen, Rahn schießt, Tooor! Tooor! Tooor! Tooor! Tor für Deutschland!« Und wenige Minuten später das erlöste: »Auuus! Auuus! Auuus! Auuus! Das Spiel ist aus! Deutschland ist Weltmeister! Schlägt Ungarn mit 3:2 Toren im Finale von Bern!« Der Reporter Wolfgang Hempel verliert dagegen nur kurz die Kontrolle (»Ich habe sogar beim Siegtor von Rahn auch dreimal Tor geschrieen.«) und kehrt schnell wieder zur verordneten Nüchternheit zurück: »Ich habe dann allerdings den berühmten Satz gesagt mit dem Schlusswort: ›Es ist etwas Unglaubliches geschehen: Der große Außenseiter Westdeutschland hat den großen Favoriten geschlagen und ist Weltmeister geworden.‹« Die kurze Entgleisung bleibt zum Glück ohne Folgen nach der Heimkehr. Bis heute bewahrt Wolfgang Hempel ein Foto auf, das ihn als jungen Reporter mit dem deutschen Kapitän Fritz Walter im Interview zeigt.

Ost-Berlin, Spreebogen. Im Zentralkomitee der SED hat niemand mit einem Sieg der bundesdeutschen Mannschaft gerechnet. Es herrscht Erklärungsnotstand, denn im Systemvergleich auf dem Platz ist die sozialistische Mannschaft der Ungarn der kapitalistischen Bundesrepublik unterlegen. Fußballbegeisterten Jugendlichen soll eine Broschüre der FDJ wieder zu »ideologischer Klarheit verhelfen«[3], in der das Spiel der ungarischen Mannschaft als »Kampf für den Frieden« gepriesen wird. Die Propaganda ergänzen praktische Schritte: Modernen Wohnraum und finanzielle Vorteile verspricht der DTSB-Vorsitzende Ewald übersiedlungswilligen Sportlern aus dem Westen. Einer von ihnen ist der Nürnberger Fußballer Max Morlock, auch Torschütze im WM-Finale. Er winkt ab.

Immerhin findet die DDR-Presse anerkennende Worte für den bundesdeutschen Sieg: »Unseren Glückwunsch der Elf aus dem Westen unserer Heimat«[4], übermittelt die *Berliner Zeitung* aus dem Osten, selbst die FDJ-Zeitschrift *Junge Welt* kennt nur noch eine Nation und gratuliert zum »größten deutschen Erfolg in der Geschichte des deutschen Fußballsports überhaupt«. Diese Glückwünsche gehen an die Mannschaft. Über die Siegesgesänge westdeutscher Fans in Bern schreibt die Ost-Berliner Zeitung *Vorwärts:* »Sie sind sicherlich zu borniert, als daß sie begreifen können, daß dieser Ball weder eine Welt einstürzen läßt, noch die Situation des westdeutschen Imperialismus verbessert.« Noch im Stadion hatten sich deutsche Schlachtenbummler ganz bewusst im Text des Deutschlandliedes vergriffen und sangen statt der dritten die erste Strophe – »von der Maas bis an die Memel«. »Wir sind wieder wer«, der WM-Sieg ist das erste Nachkriegsereignis, das wieder Nationalstolz in Deutschland weckt. Und den haben viele im Kaiserreich oder unter Hitler entwickelt. Alte Lieder beschwören alte Werte.

Viele Anläufe hat das DFB-Team gebraucht, bis es seinen ersten internationalen Triumph für Deutschland feiern konnte: Weltmeisterschaft 1934, ein hoffnungsvoller Dritter Platz. Olympia 1936, ausgeschieden nach dem zweiten Spiel. Weltmeisterschaft 1938, im ersten Spiel vergeigt. 1954 also endlich der große Sieg. Zu einem Zeitpunkt, als Politiker und Fans sich eigentlich nichts vom DFB-Team erwarten.

DFB-Präsident Peco Bauwens weiß sich mit den singenden Fans im Wankdorf-Stadion auf einer Linie: Bei der Siegesfeier im Münchener Löwenbräukeller bedient er in seiner Rede alte nationalistische Klischees, wie das vom »Erbfeind Frankreich«. Das Misstrauen der französischen Politiker gegenüber Deutschland geißelt er als »Welsche Mißgunst«[5], und es folgen weitere Entgleisungen. Sogar den Germanen-Kult der Nationalsozialisten bemüht Bauwens: »Wotan, der Donnergott der Germanen«, habe den Deutschen beigestanden und schließlich: das »Führerprinzip« habe den Sieg ermöglicht. Dem Bayerischen Rundfunk, der die Rede live überträgt, reicht das an Erklärungen für das »Wunder von Bern«. Er bricht die Übertragung kurzerhand ab.

Internationale Irritationen folgen, die Politik springt ein: Bundesdeutsche Politiker, vertraut mit nationalistischen Rückfällen in den eigenen Reihen, spielen das Ereignis herunter. »Der gute Bauwens, der meint wohl, gut kicken sei schon gute Politik«, gibt sich selbst Bundespräsident

Deutsche Gemütlichkeit bei der WM-Siegesfeier 1954, bei der DFB-Präsident Peco Bauwens (links) mehrere verbale Entgleisungen unterlaufen.

Heuss jovial. Es sind die Wirtschaftswunderjahre, in denen der Blick vor allem nach vorn gerichtet und die Erinnerung an die Vergangenheit lästig ist. Der WM-Titel eint die junge Bundesrepublik erstmals, im nationalen Titelrausch will niemand den DFB und seinen Präsidenten angreifen. Der DFB stürmt erfolgreich für Deutschland.

Anmerkungen

1. Das politische Erbe

Fußball und der DFB bis 1933

1. Zum ersten Präsidenten des Verbandes wird der Prager Hygiene-Professor Ferdinand Hueppe gewählt (1900–1904), ihm folgen Friedrich-Wilhelm Nohé (1904–1905), Gottfried Hinze (1905–1925) und Felix Linnemann (1925–1945) im Präsidentenamt nach.
2. »Nachrichten und Vermischtes«, in: *Deutsche Turn Zeitung (DTZ)* 45 (1900) 1, S. 14.
3. Gürich, Dr.: »Turner, auf zum Streite«, in: *DTZ*, 46 (1901) 48, S. 1032.
4. Zit. nach Schulze-Marmeling, Dietrich: *Fußball. Zur Geschichte eines globalen Sports*, Göttingen 2000, S. 65.
5. Allerdings beziehen die herangezogenen Statistiken Fußball, American Football und Rugby unterschiedslos mit ein und kommen so zu teilweise erschreckenden Verletzungszahlen. So vermerkt die *Deutsche Turn Zeitung* im Jahre 1900 für einen Zeitraum von fünf Wochen 11 Tote und 67 Verletzte – beim American Football.
6. »Nachrichten und Vermischtes«, in: *DTZ*, 45 (1900) 2, S. 36.
7. Bericht über den Ersten Allgemeinen deutschen Fußballtag am 28. Januar 1900 zu Leipzig, in: *Spiel und Sport*, 10 (1900) 5, S. 100.
8. Koch, Konrad: »Das Fußballspiel im Jahre 1900«, in: *Jahrbuch für Volks- und Jugendspiele*, 10 (1901), Leipzig 1901, S. 284.
9. Ebd., S. 100.
10. Racquet, F.W.: *Moderne englische Spiele. Zum Zweck der Einführung in Deutschland*, Göttingen 1882, S. 50 f.
11. Markus, Karl: »Die Entwicklung des Fußballspiels«, in: *Deutsches Fußball-Jahrbuch 1912*, Dortmund o. J. [1912], S. 24.

12. Berner, Martin: »Fußballsport und Staat«, in: *Deutsches Fußball-Jahrbuch 1912*, Dortmund, o. J. [1912], S. 112.
13. Sanss, Walter: »10 Jahre Verbandsgeschichte«, in: *Westdeutscher Spielverband. Festschrift zur Erinnerung an die Feier des 10-jährigen Bestehens*, hg. vom Kölner Ballspielclub, Köln 1908, S. 10.
14. Deutscher Fußball-Bund: *Jahresbericht 1912–1913* (Erstattet durch den Vorstand und den Geschäftsführer), Dortmund 1913, S. 73.
15. Widmung des Preußischen Kriegsministers, in: *Deutsches Fußball-Jahrbuch 1913*, Dortmund o. J. [1913], S. 14 f.
16. Zit. nach Markus, Karl: »Die Verwaltungsaufgaben der Landesverbände des DFB im Kriege«, in: *Kriegsjahrbuch des Deutschen Fußballbundes*, o. O., o. J. [1915], S. 62.
17. Grolms, Friedrich: »Kritikers Rundschau«, in: *Fußball und Leichtathletik*, 19 (1918), S. 382.
18. So tragen die Auswahlmannschaften der Arbeitersportler bereits sehr viel früher Spiele und Wettkämpfe gegen ehemalige Kriegsgegner aus als das bürgerliche Lager um den DFB.
19. Zit. nach Weber, Ludwig: »25 Jahre Westdeutscher Spielverband«, in: *Jubiläums-Schrift des Westdeutschen Spielverbandes e. V. 1899–1924*, Elberfeld o. J. [1924], S. 95.
20. Zit. nach Heinrich, Arthur: *Der Deutsche Fußball-Bund. Eine politische Geschichte*, Köln 2000, S. 62.
21. Sämtliche nachfolgenden Zitate aus: Klein, Dr. Josef: »Die drei scharfen T des WSV«, in: *Fußball und Leichtathletik*, 25 (1924) 1, S. 4–6.
22. »Die drei scharfen T des WSV« [3], in: *Kicker*, 5 (1924) 19, S. 490 (F. W. Nohé).
23. »Entartung? Zwangsläufige Entwicklung!« in: *Die Fußballwoche*, 7 (1929) 55, S. 7.
24. *DFB-Jahresbericht 1918–19* (Erstattet durch den Bundesvorstand), Kiel o. J. [1919], S. 11.
25. Zit. nach Koch, Konrad: »Fichtes Reden an die deutsche Nation und der Wert der Leibesübungen«, in: *Jahrbuch für Volks- und Jugendspiele*, 17 (1908), Leipzig 1908, S. 13.
26. Zit. nach Sombart, Werner: *Händler und Helden. Patriotische Besinnungen*, München/Leipzig 1915, S. 44.
27. Zit. nach Hefner, R.: »Internationales. Glossen zur Stockholmer Sitzung der F.I.F.A.« (30. Juni und 1. Juli 1912), in: *Deutsches Fußball-Jahrbuch 1912*, Dortmund o. J. [1912], S. 57.
28. Zit. nach Hood, Robin: »Erinnerungen«, in: *Rasensport*, 12 (1914) 35, S. 641.
29. Zit. nach: Schulze-Marmeling, Dietrich, a. a. O., S. 131.
30. Zit. nach Haeffs, Heinz: »November«, in: *D.F.B.-Mitteilungen*, 1 (1926) 1, S. 3.
31. Die Fédération Internationale de Football Association wird am 21. Mai 1904

in Paris gegründet. Der DFB tritt dem Verband noch am gleichen Abend telegrafisch bei, nachdem eine Reise zur Gründungsveranstaltung aus finanziellen Gründen gescheitert war.

32. Zit. nach Grolms, Friedrich: »Von Meilenstein zu Meilenstein. Episoden, Streiflichter und zwanglos geführte Berichte aus der Tätigkeit des Verbands-Vorstandes 1920/21«, in: *Jahrbuch des Westdeutschen Spielverbandes 1921*, Elberfeld 1921, S. 76.
33. »Die Entwicklung des Deutschen Fußballsportes«, in: *Deutsches Fußball-Jahrbuch 1921/1922*, hg. vom Deutschen Fußball-Bund, Leipzig/Zürich o. J., S. 14.
34. Zit. nach Koppehel, Carl: *Geschichte des Deutschen Fußballsports*, hg. in Zusammenarbeit mit dem Deutschen Fußball-Bund, Frankfurt o. J. [1954], S. 150.

2. Der Fußball macht mobil

Der DFB und das Führerprinzip

1. Zit. nach Lindner, Gerhard/Fischer, Ulrich: *Stürmer für Hitler. Vom Zusammenspiel von Fußball und Nationalsozialismus*, Göttingen 1999, S. 20.
2. *Kicker* 13/1933, S. 485.
3. Zit. nach Schwarz-Pich, Karl-Heinz: *Der DFB im Dritten Reich. Einer Legende auf der Spur*, Kassel 2000, S. 33.
4. *Kicker* 17/1933, S. 648.
5. Zit. nach Schwarz-Pich, a. a. O., S. 62 f.
6. Zit. nach Heinrich, Arthur: *Der Deutsche Fußball-Bund. Eine politische Geschichte*, Köln 2000, S. 127.
7. Zit. nach Grüne, Hardy: *90 Jahre deutscher Liga-Fußball*, Kassel 1995, S. 97.
8. Zit. nach Scherer, Karl Adolf: »Die Geschichte erwartet das von uns. Fußball im Dritten Reich«, in: DFB (Hg.): *100 Jahre DFB. Die Geschichte des Deutschen Fußball-Bundes*, Berlin 1999, S. 286.
9. Zit. nach ebd., S. 290.
10. Zit. nach: Schwarz-Pich, a. a. O., S. 79.
11. Ebd., S. 175.

3. »Für Juden ungeeignet«

Die Arisierung des Fußballs

1. Zit. nach Lindner, Gerhard/Fischer, Ulrich: *Stürmer für Hitler. Vom Zusammenspiel von Fußball und Nationalsozialismus*, Göttingen 1999, S. 201.
2. *Kicker* 15/1933, S. 565.
3. *Kicker* 16/1933, S. 635.

4. Zit. nach Schwarz-Pich, Karl-Heinz: *Der DFB im Dritten Reich. Einer Legende auf der Spur*, Kassel 2000, S. 73 f.
5. Zit. nach Heinrich, Arthur: *Der Deutsche Fußball-Bund. Eine politische Geschichte*, Köln 2000, S. 142.
6. Zit. nach Schwarz-Pich, a. a. O., S. 78.
7. Zit. nach Heinrich, a. a. O., S. 144.
8. DFB-Archiv, Nachlass Peco Bauwens, Zeitungsausschnitt »Der neue Tag«, Nr. 236 vom 29.8.1935.
9. Vgl. Fischer/Lindner, a. a. O., S. 194 f.
10. Ebd., S. 202.

4. Amateure oder Profis?

Die ersten Handgeldskandale

1. Vgl. Martin, Hans Günter: »Festtage des Fußballs. Die Endspiele der Deutschen Meisterschaft und des DFB-Pokals«, in: DFB (Hg.): *100 Jahre DFB. Die Geschichte des Deutschen Fußball-Bundes*, Berlin 1999, S. 378 f.
2. Zit. nach Heinrich, Arthur: *Der Deutsche Fußball-Bund. Eine politische Geschichte*, Köln 2000, S. 87.

5. »Judenclubs« und »Nazivereine«

Die Machtübernahme an der Basis

1. Vgl. *München und der Fußball. Von den Anfängen 1896 bis zur Gegenwart*, hg. vom Stadtarchiv München, München 1997, S. 14.
2. Vgl. Schulze-Marmeling, Dietrich: *Fußball. Zur Geschichte eines globalen Sports*, Göttingen 2000, S. 65.
3. Hans Schiefele im Rahmen eines Interviews für den ARD-Film *Stürmen für Deutschland*. Auch die nachfolgenden Zitate Schiefeles stammen aus dieser Quelle.
4. Zit. nach Schulze-Marmeling, a. a. O., S. 69.
5. Vgl. Lindner, Gerhard/Fischer, Ulrich: *Stürmer für Hitler. Vom Zusammenspiel von Fußball und Nationalsozialismus*, Göttingen 1999, S. 179.
6. Stadtarchiv München, Amt für Leibesübungen, Nr. 151.
7. Stadtarchiv München, Amt für Leibesübungen, Nr. 151.
8. Zit. nach Fischer/Lindner, a. a. O., S. 254.
9. Zit. nach *München und der Fußball*, a. a. O., S. 107 f., das wertvolle Hinweise zur Geschichte der beiden Münchener Fußballvereine liefert. Hier finden sich auch die folgenden Zitate.

10. Stadtarchiv München, Ratsprotokolle 1950.
11. Klaus Gramlich im Rahmen eines Interviews für den ARD-Film *Stürmen für Deutschland.* Auch die nachfolgenden Zitate Gramlichs stammen aus dieser Quelle.
12. Zit. nach Matheja, Ulrich: *Eintracht Frankfurt. Schlappekicker und Himmelsstürmer*, Göttingen 1998, S. 96.
13. Zit. nach Fischer/Lindner, a. a. O., S. 204.
14. Ebd.
15. Vgl. *Frankfurter Rundschau* vom 1. August 1945.
16. Vgl. *München und der Fußball*, a. a. O., S. 101.
17. Zit. nach Fischer/Lindner, a. a. O., S. 211.
18. Vgl. Grüne, Hardy/Melchior, Claus: *Legenden in Weiß und Blau. 100 Jahre Fußballgeschichte eines Münchner Traditionsvereins*, Göttingen 1999, S. 66.
19. Zit. nach Mayer, Claudius: *Fußball. Geschichte eines Traditionsvereins – TSV München von 1860*, hg. vom TSV München von 1860 e. V., München 1997, S. 22.
20. Vgl. *München und der Fußball*, a. a. O., S. 67.
21. Zit. nach Grüne/Melchior, a. a. O., S. 67. Der spätere Präsident der Sechziger, Emil Ketterer, wird 1941 in einem Schreiben an die Stadt die große Anzahl der Blutordensträger im Verein loben. Diesen Orden stiften die Nationalsozialisten im Jahr 1934, sie verleihen ihn ausschließlich den Teilnehmern des Hitler-Putsches, die am 9. November 1923 am Marsch auf die Feldherrenhalle teilgenommen haben. Erst später werden auch wenige Nicht-Teilnehmer für außergewöhnliche persönliche Leistungen mit dem Blutorden geehrt.
22. Vgl. *München und der Fußball*, a. a. O., S. 65 ff.
23. Zit. nach Scherer, Karl Adolf: »Die Geschichte erwartet das von uns. Fußball im Dritten Reich«, in: DFB (Hg.): *100 Jahre DFB. Die Geschichte des Deutschen Fußball-Bundes*, Berlin 1999, S. 301.
24. Stadtarchiv München, Brief von Ketterer an Brückner vom 11.3.1937.
25. Zit. nach Fischer/Lindner, a. a. O., S. 172.
26. Stadtarchiv München, Amt für Leibesübungen, Nr. 217.
27. Stadtarchiv München, Amt für Leibesübungen, Nr. 146.
28. Zit. nach Fischer/Lindner, a. a. O., S. 172.
29. Zit. nach Goch, Stefan/Priamus, Heinz-Jürgen: »FC Schalke 04 – Instrumentalisierung des Zuschauersports«, in: *Macht der Propaganda oder Propaganda der Macht? Inszenierung der nationalsozialistischen Politik im ›Dritten Reich‹ am Beispiel der Stadt Gelsenkirchen*, Essen 1992, S. 85.
30. Vgl. *Fußball* 22/1934, S. 22.
31. Zit. nach Goch/Priamus, a. a. O., S. 85.
32. Ebd., S. 84.
33. Vgl. »Königsbraun« in: *Tagesspiegel*, Online-Ausgabe vom 2. Februar 2002.
34. Zit. nach Goch/Priamus, a. a. O., S. 90.

35. Zit. nach Lindner/Fischer, a. a. O., S. 144.
36. Zit. nach Goch/Priamus, a. a. O., S. 92.
37. Zit. nach Salzmann, Peter: *Fußballheimat Dresden. Geschichte und Geschichten zwischen Abpfiff und Anstoß*, Dresden o. J., S. 28.
38. Zit. nach »Geschichtsunterricht für Fußball-Unkundige 1939–1943«, in: *DSC-Fanjournal*, hg. vom DSC-Fanprojekt, Heft 02/97.
39. Herbert Pohl im Rahmen eines Interviews für den ARD-Film *Stürmen für Deutschland*. Auch die nachfolgenden Zitate Pohls stammen aus dieser Quelle.
40. Zit. nach Salzmann, a. a. O., S. 33.
41. Wolfgang Hempel im Rahmen eines Interviews für den ARD-Film *Stürmen für Deutschland*.

6. Ein jüdisches Schicksal

Der FC-Bayern-Präsident Kurt Landauer

1. Hans Schiefele im Rahmen eines Interviews für den ARD-Film *Stürmen für Deutschland*. Auch die nachfolgenden Zitate Schiefeles stammen aus dieser Quelle.

7. »Das Spiel als Massensuggestion«

Auftritte der Nationalelf bis zu den Olympischen Spielen 1936

1. Cigaretten-Bilderdienst Altona-Bahrenfeld (Hg.), *Die olympischen Spiele 1936 in zwei Bänden*, Band 2, S. 5.
2. Ebd. S. 121.
3. Ebd. S. 120.
4. Goebbels, Joseph: *Tagebücher*, hg. von R.G. Reuth, München 1999, Band 3, S. 978.
5. Zit. nach Leinemann, Jürgen: *Sepp Herberger. Ein Leben, eine Legende*, Berlin 1997, S. 105.
6. Zit. nach ebd., S. 106.
7. Albert Sing im Rahmen eines Interviews für den ARD-Film *Stürmen für Deutschland*.
8. Goebbels, a. a. O., S. 976.
9. Cigaretten-Bilderdienst, a. a. O., S. 121.
10. Goebbels, a. a. O., S. 978.
11. Cigaretten-Bilderdienst, a. a. O., S. 121.
12. Ebd.
13. Leinemann, a. a. O., S. 124.
14. Ebd.

15. Cigaretten-Bilderdienst, a. a. O., S. 121.
16. *Fünfundsiebzig Jahre DFB*, München 1975, S. 102.
17. Zit. nach Leinemann, a. a. O., S. 126.

8. »Eine Natter an meinem Herzen«

Der Machtkampf zwischen Sepp Herberger und Otto Nerz

1. Zit. nach Leinemann, Jürgen: *Sepp Herberger. Ein Leben, eine Legende*, Berlin 1997, S. 53.
2. Zit. nach ebd., S. 128.
3. Zit. nach ebd., S. 135.

9. »Kraft durch Tritte« reicht nicht

Das »Anschlussspiel« Deutschland – Österreich

1. Norbert Lopper im Rahmen eines Interviews für den ARD-Film *Stürmen für Deutschland*. Auch das nachfolgende Zitat Loppers stammt aus dieser Quelle.
2. Zit. nach Schwind, Karl-Heinz: *Geschichten aus einem Fußballjahrhundert*, Wien 1994, S. 83.
3. Ebd., S. 112.
4. Zit. nach Leinemann, Jürgen: *Sepp Herberger. Ein Leben, eine Legende*, Berlin 1997, S. 166 f.
5. Zit. nach ebd., S. 169.

10. Persönlichkeit kontra Kollektiv

Der Fall Matthias Sindelar

1. Schwind, Karl-Heinz: *Geschichten aus einem Fußballjahrhundert*, Wien 1994, S. 100.
2. Norbert Lopper im Rahmen eines Interviews für den ARD-Film *Stürmen für Deutschland*. Auch die nachfolgenden Zitate Loppers stammen aus dieser Quelle.
3. Zit. nach Schwind, a. a. O., S. 104.
4. Ebd.
5. Ebd., S. 105.
6. Zit. nach ebd., S. 103.
7. Zit. nach ebd., S. 105.

11. Zwischen Fußballplatz und Schlachtfeld

Propagandaspiele und das Ende der Nationalmannschaft

1. »Der deutsche Fußballbund und seine Pläne«, Rundfunkvortrag, gehalten am 7. Dezember 1933 über den Deutschlandsender von Bundesführer F. Linnemann, in: DFS, 1 (1933) 6, S. 1–3, zit. nach Heinrich, Arthur: *Der Deutsche Fußball-Bund. Eine politische Geschichte*, Köln 2000, S. 139.
2. Zit. nach Leinemann, Jürgen: *Sepp Herberger. Ein Leben, eine Legende*, Berlin 1997, S. 181.
3. Zit. nach Schulze-Marmeling, Dietrich u. a.: *Fußball für Millionen. Die Geschichte der deutschen Nationalmannschaft*, Göttingen 1999, S. 111.
4. Eigentlich hatte bereits die WM 1938 ursprünglich in Deutschland stattfinden sollen, doch auf Wunsch des FIFA-Präsidenten Jules Rimet verzichtete der Leiter des Fachamts Fußball, Felix Linnemann, zugunsten Frankreichs.
5. *12 Uhr Blatt*, zit. nach Lindner, Gerhard/Fischer, Ulrich: *Stürmer für Hitler. Vom Zusammenspiel von Fußball und Nationalsozialismus*, Göttingen 1999, S. 113 f.
6. Zit. nach ebd., S. 117.
7. Diem, Carl: »... und sie haben die Probe bestanden«, in: *Reichssportblatt*, 7 (1940) 26, S. 587.
8. Allerdings benutzte Felix Linnemann selbst im Jahr 1942 noch DFB-Briefpapier, wie ein Brief an Sepp Herberger belegt. Vergl. hierzu Schwarz-Pich, Karl-Heinz: *Der DFB im Dritten Reich. Einer Legende auf der Spur*, Kassel 2000, S. 188.
9. Zit. nach Schwarz-Pich, a. a. O., S. 187.
10. Schön, Helmut: *Fußball*, Frankfurt/Berlin/Wien 1978, S. 102.
11. Zit. nach Lindner/Fischer, a. a. O., S. 119.
12. Zit. nach ebd., S. 122.
13. Zit. nach ebd., S. 13.
14. Allerdings gibt es noch einen letzten Auftritt der Nationalmannschaft am 14. Februar 1943, als das Team um Reichstrainer Sepp Herberger zum Abschluss eines Lehrgangs mit 4:0 gegen eine Auswahl von Hessen-Nassau gewinnt. Von Herbergers Stammelf sind zu diesem Zeitpunkt allerdings nur noch Adamkiewicz, Kitzinger und Klingler mit dabei, alle anderen Spieler stehen längst an den diversen Fronten. Vergl. hierzu: Schulze-Marmeling, a. a. O., S. 122.
15. Zit. nach Scherer, Karl Adolf: »Die Geschichte erwartet das von uns. Fußball im Dritten Reich«, in: DFB (Hg.): *100 Jahre DFB. Die Geschichte des Deutschen Fußball-Bundes*, Berlin 1999, S. 309.

12. »Nun mit ganzer Kraft: Kriegsmeisterschaft!«

Fußball an der Heimatfront

1. *Fußball* vom 21. November 1939, zit. nach Grüne, Hardy: *Enzyklopädie des deutschen Ligafußballs*, Bd. 1, Kassel 1996, S. 186.
2. Zit. nach ebd., S. 186.
3. *Fußball* vom 12. Dezember 1939, zit. nach Lindner, Gerhard/Fischer, Ulrich: *Stürmer für Hitler. Vom Zusammenspiel von Fußball und Nationalsozialismus*, Göttingen 1999, S. 21.
4. Zit. nach Grüne, a. a. O., S. 188.
5. Zit. nach ebd., S. 199.
6. Ebd.
7. John, Michael: »Fußballsport in Österreich«, in: Eisenberg, Christiane (Hg.): *Geschichte des Fußballsports*, 1996, S. 12.
8. Unter ihnen auch der berühmte Stürmer Franz »Bimbo« Binder, der in 756 Spielen für Rapid sagenhafte 1 006 Tore erzielte, eine Quote, die selbst Gerd Müller beim FC Bayern München später nicht erreichte. Auch bei seinen neun Nationalspielen zeigte sich Binder in bester Torjägerlaune und erzielte zehn Tore. Doch nach dem Finale 1941 wurde er trotz bester Leistungen nie wieder für die Nationalmannschaft nominiert.
9. Zit. nach Grüne, a. a. O., S. 199.
10. Zit. nach ebd., S. 226.
11. Zit. nach ebd., S. 226.
12. Ebd., S. 116.
13. Schön, Helmut: *Fußball*, Frankfurt/Berlin/Wien 1978, S. 120.
14. Zit. nach Walter, Fritz: *Elf rote Jäger*, o. O. 1959, S. 104.
15. Schön, Helmut, a. a. O., S. 122.
16. *Bremer Nachrichten* vom 13. April 1945, zit. nach Grüne, a. a. O., S. 257.
17. Vergl. hierzu ebd. Laut anderen Quellen soll die letzte Partie am 23. April 1945 in München zwischen dem FC Bayern und dem TSV 1860 stattgefunden haben. Vergl. hierzu Lindner/Fischer, a. a. O., S. 225.
18. Koppehel, Carl (Hg.): *Geschichte des Deutschen Fußballsports*, hg. in Zusammenarbeit mit dem Deutschen Fußball-Bund, Frankfurt/Main 1954, S. 214.
19. Reinhard Appel in einem Beitrag der Sendung *Monitor* vom 26. Oktober 1995.
20. Zit. nach Grüne, a. a. O., S. 257.

13. Zwischen allen Fronten

Das Fußballgenie Oskar »Ossi« Rohr

1. Zit. nach Grüne, Hardy: *Enzyklopädie des deutschen Ligafußballs*, Bd. 1, Kassel 1996, S. 144.

14. Kämpfen bis zum letzten Mann

Soldatenmannschaften und ein reduzierter Spielplan

1. Zit. nach Lindner, Gerhard/Fischer, Ulrich: *Stürmer für Hitler. Vom Zusammenspiel von Fußball und Nationalsozialismus*, Göttingen 1999, S. 226.
2. Grüne, Hardy: *90 Jahre deutscher Liga-Fußball*, Kassel 1995, S. 123.
3. Ebd., S. 115.
4. Zit. nach Lindner/Fischer, a. a. O., S. 231.
5. Zit. nach Grüne, a. a. O., S. 264.
6. Aus einem Brief Grafs, der am 18. Dezember 1944 in der gemeinsamen Kriegsausgabe von *Kicker* und *Fußball* abgedruckt wurde. Zit. nach ebd.
7. Zit. nach Lindner/Fischer, a. a. O., S. 232.
8. Gloede, Walter: *Sport, die unbekannte Größe im politischen Spiel*, München 1980, S. 320.
9. Zit. nach Zöller, Martin, u. a.: *Fußball in Vergangenheit und Gegenwart*, Berlin 1978, S. 162.
10. Heisserer war auch von Sepp Herberger angeboten worden, als Volksdeutscher wie der eingebürgerte Pole Ernst Willimowski für die deutsche Nationalmannschaft zu spielen. Im Gegensatz zur SS bedrängte Reichstrainer Herberger den Elsässer nach dessen Ablehnung allerdings nicht weiter, für seine Mannschaft zu spielen. Vergl. hierzu Lindner/Fischer, a. a. O., S. 240 ff.
11. Zit. nach Lindner/Fischer, a. a. O., S. 218.
12. Ebd., S. 219.

15. Kalorienspiele unter alliierter Kontrolle

Der Neubeginn in Ost und West

1. Zit. nach Kühnst, Peter: *Der mißbrauchte Sport*, Köln 1982, S. 17.
2. Ebd. S. 24.
3. Ebd. S. 27.
4. Ebd. S. 24.
5. Ebd. S. 43.
6. Ebd. S. 27.

7. Zit. nach Friedemann, Horst (Hg.): *Sparwasser und Mauerblümchen. Die Geschichte des Fußballs in der DDR 1949–1991*, Essen 1991, S. 8.
8. Zit. nach Kühnst, a. a. O., S. 29.
9. Ebd. S. 38.
10. Otto Schweizer im Rahmen eines Interviews für den ARD-Film *Stürmen für Deutschland*. Auch die nachfolgenden Zitate Schweizers stammen aus dieser Quelle.
11. Cigaretten-Bilderdienst Altona-Bahrenfeld (Hg.): *Olympia 1936*, Hamburg 1936, S. 123.
12. Zit. nach Heinrich, Arthur: *Der Deutsche Fußball-Bund. Eine politische Geschichte*, Köln 2000, S. 164 f.
13. Ebd. S. 166.

16. Vom Musterknaben zum Wunderkind

Der DFB und die Wiederkehr des alten Personals

1. Zit. nach Heinrich, Arthur: *Der Deutsche Fußball-Bund. Eine politische Geschichte*, Köln 2000, S. 173 f.
2. Zit. nach Schwarz-Pich, Karl-Heinz: *Der DFB im Dritten Reich. Einer Legende auf der Spur*, Kassel 2000, S. 201.
3. Ebd., S. 203.
4. Zit. nach Heinrich, a. a. O., S. 168.
5. Ebd., S. 137.
6. *Fußball-Sport* 7/1936, S. 167.
7. Bundesarchiv Berlin, BDC, Personenakte Carl Koppehel.
8. Zit. nach Heinrich, a. a. O., S. 177.
9. Zit. nach Leinemann, Jürgen: *Sepp Herberger. Ein Leben, eine Legende*, Berlin 1997, S. 262 f.
10. Zit. nach Heinrich, a. a. O., S. 177 f.
11. Ebd.
12. Ebd., S. 128.
13. Dr. Josef Klein, der die NSDAP als Mittel zur Errichtung eines christlichen Ständestaates in Deutschland sieht, überwirft sich später mit der Partei. Aufgrund von Eigentumsdelikten und Differenzen in der Beurteilung der Euthanasie wird er schließlich 1942 aus der Partei ausgeschlossen. Klein protestiert gegen diese Maßnahme und fordert seine Wiederaufnahme. Es bleibt beim Ausschluss. Siehe hierzu auch den Abschnitt »Teutsch, treu und tüchtig« in Kapitel 1.
14. Zit. nach Heinrich, a. a. O., S. 151. Hier finden sich auch die folgenden Zitate.
15. Bundesarchiv Berlin, BDC, Personenakte Wilhelm Erbach.

16. Zit. nach Heinrich, a. a. O., S. 152 f.
17. Ebd., S. 152.
18. Ebd., S. 176.
19. Ebd., S. 167.
20. Ebd., S. 172.
21. Ebd., S. 176.
22. Zit. nach Bernett, Hajo: *Guido von Mengden: Generalstabschef des deutschen Sports*, München u. Frankfurt/Main 1976 (Turn- und Sportführer im Dritten Reich), S. 12.
23. Zit. nach Heinrich, a. a. O., S. 116.
24. Zit. nach Bernett, a. a. O., S. 26.
25. Ebd., S. 30.
26. Ebd., S. 31 f.
27. Ebd.
28. Ebd., S. 61.
29. von Mengden, Guido: »Boykotthetze gegen die Olympischen Spiele«, in: *Reichssportblatt* 1935, Nr. 35.
30. Zit. nach Bernett, a. a. O., S. 88.
31. Ebd., S. 97.
32. Ebd., S. 101.
33. Ebd., S. 42.
34. Ebd., S. 49.
35. Ebd.
36. Zit. nach Heinrich, a. a. O., S. 179.
37. DFB-Archiv, Nachlass Peco Bauwens. Brief an Reichssportführer Tschammer vom 28.10.1939. Hier finden sich auch die folgenden Angaben.
38. Zit. nach Heinrich, a. a. O., S.179.
39. Zit. nach Heinrich, Arthur: »Rücksichtslos deutsch. Peco Bauwens, das Fachamt Fußball und die FIFA«, in: Pfeiffer, Lorenz (Hg.): *SportZeiten. Sport in Geschichte, Kultur und Gesellschaft* 2 (2002) 2, Hannover 2002, S. 44.
40. Ebd., S. 49.
41. DFB-Archiv, Nachlass Bauwens, Brief Ivo Schricker an Bauwens vom 11.10.1945.
42. DFB-Archiv, Nachlass Bauwens, Brief Bauwens an Ivo Schricker vom 15.11.1945. Hier findet sich auch das vorgenannte Telegramm vom 11.11.1945.
43. DFB-Archiv, Nachlass Bauwens, Brief Bauwens an den Verband Düsseldorfer Sportvereine vom 23.4.1946.
44. DFB-Archiv, Nachlass Bauwens, Brief an Ivo Schricker vom 21.1.1949.
45. DFB-Archiv, Nachlass Bauwens, Brief Schaffner an Bauwens vom 3.1.1949.

46. DFB-Archiv, Nachlass Bauwens, Brief Ivo Schricker an Bauwens vom 26.1.1948.
47. Zit. nach Heinrich: *Der Deutsche Fußball-Bund*, a. a. O., S. 166.
48. DFB-Archiv, Nachlass Bauwens, Brief Bauwens an Ernst Thommen vom 23.11.1948.
49. DFB-Archiv, Nachlass Bauwens, Brief Bauwens an Ivo Schricker vom 14.1.1948.
50. Zit. nach Heinrich: *Der Deutsche Fußball-Bund*, a. a. O., S. 211.
51. Zit. nach Schulze-Marmeling, Dietrich, u. a.: *Fußball für Millionen. Die Geschichte der deutschen Nationalmannschaft*, Göttingen 1999, S. 170.
52. Ebd., S. 167.

17. Erich wirft die Keule

Die Neuorganisation des Sports in der DDR

1. Wolfgang Hempel im Rahmen eines Interviews für den ARD-Film *Stürmen für Deutschland.* Auch die nachfolgenden Zitate Hempels stammen aus dieser Quelle.
2. Zit. nach Friedemann, Horst (Hg.): *Sparwasser und Mauerblümchen. Die Geschichte des Fußballs in der DDR 1949–1991*, Essen 1991, S. 15.
3. Ebd., S. 17.
4. Ebd., S. 18.
5. Ebd.
6. Herbert Pohl im Rahmen eines Interviews für den ARD-Film *Stürmen für Deutschland.* Auch die nachfolgenden Zitate Pohls stammen aus dieser Quelle.

18. Nation ohne Nationalität

Die Fußballmacht Saarland

1. Zit. nach Harres, Wolfgang: *Sportpolitik an der Saar: 1945–1957*, Saarbrücken 1997, S. 173. Da dieses Werk die kompletteste Darstellung der Bedeutung des Fußballs für die Politik an der Saar liefert, wird auf Einzelnachweise und weitere Literaturangaben, die deckungsgleich sind, verzichtet.

19. Hansdampf in allen Gassen

Die wechselvolle Karriere des Helmut Schön

1. Zit. nach Leinemann, Jürgen: *Sepp Herberger. Ein Leben, eine Legende*, Berlin 1997, S. 206.

20. Nationalmannschaften mit Vergangenheit

Die Auftritte gegen die Schweiz und gegen Polen

1. Zit. nach Schulze-Marmeling, Dietrich, u. a.: *Fußball für Millionen. Die Geschichte der deutschen Nationalmannschaft*, Göttingen 1999, S. 139.
2. Zit. nach Leinemann, Jürgen: *Sepp Herberger. Ein Leben, eine Legende*, Berlin 1997, S. 286.
3. Zit. nach Heinrich, Arthur: *Der Deutsche Fußball-Bund. Eine politische Geschichte*, Köln 2000, S. 219 f.
4. Wolfgang Hempel im Rahmen eines Interviews für den ARD-Film *Stürmen für Deutschland.*
5. Zit. nach Schulze-Marmeling, a. a. O., S. 363.

21. »Das gehört nicht dem Adolf, das gehört dem Albert«

Begegnung mit Albert Sing

1. Albert Sing im Rahmen eines Interviews für den ARD-Film *Stürmen für Deutschland.* Auch die nachfolgenden Zitate Sings stammen aus dieser Quelle.

22. »Nun siegt man schön«

Das Wunder von Bern und die Reaktionen in der Bundesrepublik und der DDR

1. Zit. nach Schulze-Marmeling, Dietrich, u..a.: *Fußball für Millionen. Die Geschichte der deutschen Nationalmannschaft*, Göttingen 1999, S. 146.
2. Wolfgang Hempel im Rahmen eines Interviews für den ARD-Film *Stürmen für Deutschland.* Auch die nachfolgenden Zitate Hempels stammen aus dieser Quelle.
3. Zit. nach Kühnst, Peter: *Der mißbrauchte Sport*, Köln 1982, S. 60 f.
4. Zit. nach Schulze-Marmeling, a. a. O., S. 151 f.
5. Zit. nach Heinrich, Arthur: *Der Deutsche Fußball-Bund. Eine politische Geschichte*, Köln 2000, S. 211 f.

Literatur- und Quellenverzeichnis

Monographien u. ä.

Bernett, Hajo, *Guido von Mengden: Generalstabschef des deutschen Sports*, München u. Frankfurt/Main 1976

Cigaretten-Bilderdienst Altona-Bahrenfeld (Hg.), *Die olympischen Spiele 1936 in zwei Bänden*, Bd. 2, Altona, 1936

Friedemann, Horst (Hg.), *Sparwasser und Mauerblümchen. Die Geschichte des Fußballs in der DDR 1949–1991*, Essen 1991

Fünfundsiebzig Jahre DFB, München 1975

Fußball für Millionen. Die Geschichte der deutschen Nationalmannschaft, Dietrich Schulze-Marmeling u. a., Göttingen 1999

Fußball in Vergangenheit und Gegenwart, Martin Zöller u. a., Berlin 1978

Gloede, Walter, *Sport, die unbekannte Größe im politischen Spiel*, München 1980

Goch, Stefan/Heinz-Jürgen Priamus, *Macht der Propaganda oder Propaganda der Macht? Inszenierung der nationalsozialistischen Politik im »Dritten Reich« am Beispiel der Stadt Gelsenkirchen*, 1. Aufl., Essen 1992

Goebbels, Joseph, *Tagebücher*, hg. von Ralf Georg Reuth, Bd. 3, München 1999

Grüne, Hardy, *90 Jahre deutscher Liga-Fußball*, Kassel 1995

Grüne, Hardy, *Enzyklopädie des deutschen Ligafußballs*, Bd. 1, Kassel 1996

Grüne, Hardy/Melchior, Claus, *Legenden in Weiß und Blau. 100 Jahre Fußballgeschichte eines Münchner Traditionsvereins*, Göttingen 1999

Harres, Wolfgang, *Sportpolitik an der Saar: 1945–1957*, Saarbrücken 1997

Heinrich, Arthur, *Der Deutsche Fußball-Bund. Eine politische Geschichte*, Köln 2000

John, Michael, »Fußballsport in Österreich«, in: Eisenberg, Christiane (Hg.): *Geschichte des Fußballsports*, 1996

Koppehel, Carl, *Geschichte des Deutschen Fußballsports*, hg. in Zusammenarbeit mit dem Deutschen Fußball-Bund, Frankfurt [1954]

Kühnst, Peter, *Der mißbrauchte Sport*, Köln 1982

Leinemann, Jürgen, *Sepp Herberger. Ein Leben, eine Legende*, Berlin 1997

Lindner, Gerhard/Fischer, Ulrich, *Stürmer für Hitler. Vom Zusammenspiel von Fußball und Nationalsozialismus*, Göttingen 1999

Martin, Hans Günter, »Festtage des Fußballs. Die Endspiele der Deutschen Meisterschaft und des DFB-Pokals«, in: Deutscher Fußball-Bund (Hg.): *100 Jahre DFB. Die Geschichte des Deutschen Fußball-Bundes*, 3. Aufl., Berlin 1999, S. 369–386

Matheja, Ulrich, *Eintracht Frankfurt. Schlappekicker und Himmelsstürmer*, Göttingen 1998

Mayer, Claudius, *Fußball. Geschichte eines Traditionsvereins – TSV München von 1860*, hg. vom TSV München von 1860 e. V., München 1997

München und der Fußball. Von den Anfängen 1896 bis zur Gegenwart, hg. vom Stadtarchiv München, München 1997

Racquet, F.W., *Moderne englische Spiele. Zum Zweck der Einführung in Deutschland*, Göttingen 1882

Salzmann, Peter, *Fußballheimat Dresden. Geschichte und Geschichten zwischen Abpfiff und Anstoß*, Dresden [1998]

Sanss, Walter, »10 Jahre Verbandsgeschichte«, in: *Westdeutscher Spielverband. Festschrift zur Erinnerung an die Feier des 10-jährigen Bestehens*, hg. vom Kölner Ballspielclub, Köln 1908

Scherer, Karl Adolf, »Die Geschichte erwartet das von uns. Fußball im Dritten Reich«, in: Deutscher Fußball-Bund (Hg.): *100 Jahre DFB. Die Geschichte des Deutschen Fußball-Bundes*, 3. Aufl., Berlin 1999, S. 283–310

Schön, Helmut, *Fußball*, Frankfurt/Berlin/Wien 1978

Schulze-Marmeling, Dietrich, *Fußball. Zur Geschichte eines globalen Sports*, Göttingen 2000

Schwarz-Pich, Karl-Heinz, *Der DFB im Dritten Reich. Einer Legende auf der Spur*, Kassel 2000

Schwind, Karl-Heinz, *Geschichten aus einem Fußballjahrhundert*, Wien 1994

Sombart, Werner, *Händler und Helden. Patriotische Besinnungen*, München/Leipzig 1915

Walter, Fritz, *Elf rote Jäger*, o. O. 1959

Weber, Ludwig, »25 Jahre Westdeutscher Spielverband«, in: *Jubiläums-Schrift des Westdeutschen Spielverbandes e. V. 1899–1924*, Elberfeld [1924]

Zeitschriften/Zeitungen/Jahrbücher

»Bericht über den ersten allgemeinen deutschen Fußballtag am 28. Januar 1900 zu Leipzig«, in: *Spiel und Sport*, Heft 5 (1900), S. 100–102

Berner, Martin, »Fußballsport und Staat«, in: *Deutsches Fußball-Jahrbuch 1912*, Dortmund [1912], S. 108–114

Deutscher Fußball-Bund (Hg.), *Jahresbericht 1912–1913*, Dortmund [1913]

Deutscher Fußball-Bund (Hg.), *Jahresbericht 1918–19*, Kiel [1919]

Diem, Carl, »... und sie haben die Probe bestanden«, in: *Reichssportblatt*, Heft 26 (1940)

»Die drei scharfen T des WSV« [3], in: *Kicker*, Heft 19 (1924), S. 490

»Die Entwicklung des Deutschen Fußballsportes«, in: *Deutsches Fußball-Jahrbuch 1921/1922*, o. J. [1922]

Frankfurter Rundschau vom 1. August 1945

Fußball 22/1934, S. 22

Fußball-Sport 7/1936, S. 167

»Geschichtsunterricht für Fußball-Unkundige 1939–1943«, in: *DSC-Fanjournal*, Heft 2 (1997)

Grolms, Friedrich, »Kritikers Rundschau«, in: *Fußball und Leichtathletik*, (1918)

Grolms, Friedrich, »Von Meilenstein zu Meilenstein. Episoden, Streiflichter und zwanglos geführte Berichte aus der Tätigkeit des Verbands-Vorstandes 1920/21«, in: *Jahrbuch des Westdeutschen Spielverbandes 1921*, Elberfeld 1921

Gürich, »Turner, auf zum Streite«, in: *Deutsche Turnzeitung (DTZ)*, Heft 48 (1901), S. 1031 f.

Haeffs, Heinz, »November«, in: *D.F.B.-Mitteilungen*, Heft 1 (1926)

Hefner, Robert, »Internationales. Glossen zur Stockholmer Sitzung der F.I.F.A.« (30. Juni und 1. Juli 1912), in: *Deutsches Fußball-Jahrbuch 1912*, Dortmund [1912], S. 52–57

Heinrich, Arthur, »Rücksichtslos deutsch. Peco Bauwens, das Fachamt Fußball und die FIFA«, in: Pfeiffer, Lorenz (Hg.): *SportZeiten. Sport in Geschichte, Kultur und Gesellschaft*, Heft 2 (2002), S. 39–51

Hood, Robin, »Erinnerungen«, in: *Rasensport*, Heft 35 (1914)

»Königsbraun«, in: *Tagesspiegel*, Online-Ausgabe vom 2. Februar 2002

Kicker, Heft 13 (1933), S. 485

Kicker, Heft 15 (1933), S. 565

Kicker, Heft 16 (1933), S. 635

Kicker, Heft 17 (1933), S. 648

Klein, Josef, »Die drei scharfen T des WSV«, in: *Fußball und Leichtathletik*, Heft 1 (1924), S. 4–6

Koch, Konrad, »Fichtes Reden an die deutsche Nation und der Wert der Leibesübungen«, in: *Jahrbuch für Volks- und Jugendspiele 1908*, Leipzig 1908, S. 10–25

Koch, Konrad, »Das Fußballspiel im Jahre 1900«, in: *Jahrbuch für Volks- und Jugendspiele 1901*, Leipzig 1901, S. 283–286

Markus, Karl, »Die Entwicklung des Fußballspiels«, in: *Deutsches Fußball-Jahrbuch 1912*, Dortmund [1912], S. 23–30

Markus, Karl, »Die Verwaltungsaufgaben der Landesverbände des DFB im Kriege«, in: *Kriegsjahrbuch des Deutschen Fußballbundes*, o. O., [1915], S. 61–65

»Nachrichten und Vermischtes«, in: *Deutsche Turnzeitung (DTZ)*, Heft 1 (1900), S. 14

»Nachrichten und Vermischtes«, in: Deutsche Turnzeitung (*DTZ*), Heft 2 (1900), S. 36

Widmung des Preußischen Kriegsministers, in: *Deutsches Fußball-Jahrbuch 1913*, Dortmund [1913], S. 13–15

Interviews mit Zeitzeugen

Reinhard Appel in einem Beitrag der Sendung *Monitor* vom 26. Oktober 1995.

Appel wurde als Hitlerjunge von Sportfunktionär Carl Diem zur Verteidigung des Reichssportfeldes in Berlin gegen die näherrückenden Alliierten aufgefordert. Nach Kriegsende arbeitete er als Journalist, unter anderem als Chefredakteur beim ZDF 1976–1988.

Klaus Gramlich im Rahmen eines Interviews für den ARD-Film *Stürmen für Deutschland.*

Sohn der Frankfurter Spielerlegende Rudolf »Rudi« Gramlich, der nach Beendigung seiner aktiven Karriere von 1939–1942 und 1955–1970 als Präsident dem Verein vorstand. Klaus Gramlich bekleidet diesen Posten von 1983 bis 1988.

Wolfgang Hempel im Rahmen eines Interviews für den ARD-Film *Stürmen für Deutschland.*

Wolfgang Hempel ist in der DDR einer der bekanntesten Rundfunk- und TV-Reporter, erklärt der DDR-Bevölkerung 1954 live aus dem Wankdorf-Stadion das »Wunder von Bern«.

Norbert Lopper im Rahmen eines Interviews für den ARD-Film *Stürmen für Deutschland.*

Norbert Lopper ist seit frühester Jugend Fan von Austria Wien und glühender Verehrer von deren Spieler Matthias Sindelar. Flieht vor der

Judenverfolgung aus Wien. Nach seiner Rückkehr erfolgreich als Manager des Vereins.

Herbert Pohl im Rahmen eines Interviews für den ARD-Film *Stürmen für Deutschland.*

Ehemaliger Spieler des Dresdner SC, verliert als Soldat bei einem versehentlichen Angriff der deutschen Luftwaffe den linken Arm, Gewinnt dennoch als Spieler des DSC 1943 und 1944 die Deutsche Meisterschaft. Nach der erzwungenen Umbenennung des Vereins auch Spieler beim Nachfolgeverein SG Friedrichstadt.

Hans Schiefele im Rahmen eines Interviews für den ARD-Film *Stürmen für Deutschland.*

Ehrenpräsident des FC Bayern, in jungen Jahren Spieler in der Vereinsjugend. Die Einberufung als Soldat verhindert eine Fußballer-Karriere. Nach dem Krieg Sport-Journalist bei der SZ, Schiefele verpaßt dem Torwart Petar Radenkovic den Spitznamen »Radi«.

Otto Schweizer im Rahmen eines Interviews für den ARD-Film *Stürmen für Deutschland.*

Rückt im Krieg als Ersatz für eingezogene Spieler in die erste Mannschaft des FC Bayern auf. Spielt hier auch nach dem Krieg und verdient sich durch Fußball sein Studium. Begleitet bis heute, wenn möglich, die Mannschaft zu internationalen Auswärtsspielen.

Albert Sing im Rahmen eines Interviews für den ARD-Film *Stürmen für Deutschland*

Ehemaliger Spieler der Stuttgarter Kickers der Nationalelf. Im Krieg auch Mitglied der Pariser Soldatenelf. Nach dem Krieg emigriert Sing in die Schweiz, trainiert erfolgreich die Young Boys Bern. Erspart der Deutschen Elf 1954 das Quartier gegenüber dem Glockenturm von Solothurn. Das erhält Endspielgegner Ungarn …

Archivmaterialien und sonstige Quellen

Bundesarchiv Berlin, BDC, Personenakte Wilhelm Erbach

Bundesarchiv Berlin, BDC, Personenakte Carl Koppehel

DFB-Archiv Frankfurt, Nachlass Peco Bauwens. Brief an Reichssportführer Hans von Tschammer und Osten vom 28.10.1939

DFB-Archiv Frankfurt, Nachlass Peco Bauwens, Brief Ivo Schricker an Bauwens vom 11.10.1945

DFB-Archiv Frankfurt, Nachlass Peco Bauwens, Brief Bauwens an Ivo Schricker vom 15.11.1945. Hier findet sich auch das vorgenannte Telegramm vom 11.11.1945

DFB-Archiv Frankfurt, Nachlass Peco Bauwens, Brief Bauwens an den Verband Düsseldorfer Sportvereine vom 23.4.1946

DFB-Archiv Frankfurt, Nachlass Peco Bauwens, Brief an Ivo Schricker vom 21.1.1949

DFB-Archiv Frankfurt, Nachlass Peco Bauwens, Brief Schaffner an Bauwens vom 3.1.1949

DFB-Archiv Frankfurt, Nachlass Peco Bauwens, Brief Ivo Schricker an Bauwens vom 26.1.1948

DFB-Archiv Frankfurt, Nachlass Peco Bauwens, Brief Bauwens an Ernst Thommen vom 23.11.1948.

DFB-Archiv Frankfurt, Nachlass Peco Bauwens, Brief Bauwens an Ivo Schricker vom 14.1.1948

DFB-Archiv Frankfurt, Nachlass Peco Bauwens, Zeitungsausschnitt »Der neue Tag«, Nr. 236 vom 29.8.1935

Stadtarchiv München, Amt für Leibesübungen, Nr. 146

Stadtarchiv München, Amt für Leibesübungen, Nr. 151

Stadtarchiv München, Amt für Leibesübungen, Nr. 217

Stadtarchiv München, Brief von Emil Ketterer an Wilhelm Brückner vom 11.3.1937

Stadtarchiv München, Ratsprotokolle 1950, Nr. 723/20

Aus einem Brief Hermann Grafs, der am 18. Dezember 1944 in der gemeinsamen Kriegsausgabe von *Kicker* und *Fußball* abgedruckt wurde.

Bildnachweise

Zur Geschichte des Nationalsozialismus

Günter Schubert
Der Fleck auf Uncle Sams weißer Weste
Amerika und die jüdischen Flüchtlinge 1938–1945
2003. Ca. 270 Seiten · ISBN 3-593-37275-4

Kåre Olsen
Vater: Deutscher
Das Schicksal der norwegischen Lebensbornkinder und ihrer Mütter von 1940 bis heute
2002. 398 Seiten · ISBN 3-593-37002-6

Gerhard Hirschfeld, Tobias Jersak (Hg.)
Karrieren im Nationalsozialismus
Funktionseliten zwischen Mitwirkung und Distanz
2003. Ca. 240 Seiten · ISBN 3-593-37156-1

Irmtrud Wojak
Eichmanns Memoiren
Ein kritischer Essay
Wissenschaftliche Reihe des Fritz Bauer Instituts
2001. 279 Seiten · ISBN 3-593-36381-X

Gerne schicken wir Ihnen unsere aktuellen Prospekte:
Campus Verlag · Kurfürstenstr. 49 · 60486 Frankfurt/M.
Tel.: 069/97 65 16-0 · Fax -78 · www.campus.de

campus
Frankfurt / New York

Lesen Sie täglich eine Neuerscheinung: uns.

Auf unseren Buch-Seiten und in unseren Literatur-Beilagen finden Sie Besprechungen der interessantesten Neuerscheinungen. Testen Sie uns. Mit dem Probeabo, zwei Wochen kostenlos. Tel.: 0800/8 666 8 66. Online: www.fr-aktuell.de

Frankfurter Rundschau

Eine Perspektive, die Sie weiterbringt.